Christine Schlickum

Selbst- und Fremdzuschreibungen im Kontext von Europa

Christine Schlickum

Selbst- und Fremdzuschreibungen im Kontext von Europa

Eine quantitative Studie zum Umgang von Schülerinnen und Schülern mit kultureller Vielfalt

VS VERLAG

Bibliografische Information der Deutschen Nationalbibliothek
Die Deutsche Nationalbibliothek verzeichnet diese Publikation in der
Deutschen Nationalbibliografie; detaillierte bibliografische Daten sind im Internet über
<http://dnb.d-nb.de> abrufbar.

Die vorliegende Arbeit wurde vom Fachbereich 02 – Sozialwissenschaften, Medien und Sport
der Johannes Gutenberg-Universität Mainz im Jahr 2009 als Dissertation zur Erlangung des
akademischen Grades eines Doktors der Philosophie (Dr. phil.) angenommen.

1. Auflage 2010

Alle Rechte vorbehalten
© VS Verlag für Sozialwissenschaften | Springer Fachmedien Wiesbaden GmbH 2010

Lektorat: Dorothee Koch / Tanja Köhler

VS Verlag für Sozialwissenschaften ist eine Marke von Springer Fachmedien.
Springer Fachmedien ist Teil der Fachverlagsgruppe Springer Science+Business Media.
www.vs-verlag.de

Umschlaggestaltung: KünkelLopka Medienentwicklung, Heidelberg
Druck und buchbinderische Verarbeitung: STRAUSS GMBH, Mörlenbach
Gedruckt auf säurefreiem und chlorfrei gebleichtem Papier
Printed in Germany

ISBN 978-3-531-17081-7

Inhalt

1 Einleitung

Die vorliegende Arbeit geht auf die für die Schulpädagogik relevante Frage nach dem Umgang von Schülerinnen und Schülern mit kultureller Vielfalt und auf dessen Einflussfaktoren ein. Bezug genommen wird dabei sowohl auf die Anforderungen, die die zwischenstaatliche kulturelle Vielfalt – als Folge der europäischen Integration – an die Schülerinnen und Schüler stellt, als auch auf die Anforderungen, die die innergesellschaftliche kulturelle Vielfalt – als Folge der Migration innerhalb von und nach Europa – an die Schülerinnen und Schüler stellt[1]. Auf zwischenstaatlicher Ebene wäre das z. B. die Forderung, Mobilität über die Grenzen der Nationalstaaten hinweg zu entwickeln, auf gesellschaftlicher Ebene ist beispielsweise die Bereitschaft zu interkulturellen Kontakten und Anerkennung integrativer Maßnahmen zu nennen. Vor dem Hintergrund der sowohl auf (politik-)wissenschaftlicher als auch auf bildungspolitischer Ebene angesichts der europäischen Integration geforderten Vermittlung einer alle Bürgerinnen und Bürger umfassenden, gemeinsamen Identität wird vor allem nach der Bedeutung und dem Einfluss sozialer Kategorisierungs- bzw. Identifikationsprozesse auf die Einstellungen im Umgang mit der zwischenstaatlichen und innergesellschaftlichen kulturellen Vielfalt gefragt. Darüber hinausgehend werden jedoch auch die Einflüsse wertbezogener Orientierungen, formaler Schulbildung und Aspekte des Kontaktes bzw. der Erfahrung ‚mit dem Fremden bzw. Anderen‚ in den Blick genommen.

---

1   Die Forschungsarbeit wurde im Rahmen des Graduiertenkollegs „Europäische Gesellschaft" an der Universität Essen, das in den Jahren 2001 bis 2004 von der Deutschen Forschungsgemeinschaft gefördert wurde, unterstützt.

Forschungsmethodisch stützt sich die Arbeit auf eine eigens durchgeführte quantitative Befragung von insgesamt 831 Schülerinnen und Schülern der 9. und 10. Klasse an Haupt-, Gesamtschulen und Gymnasien in Nordrhein-Westfalen, Brandenburg und Baden-Württemberg. Durchgeführt wurde die Untersuchung im Frühjahr/Sommer 2002, noch vor der Osterweiterung der Europäischen Union[2]. Der bis heute andauernde Erweiterungsprozess und die damit einhergehende Notwendigkeit der Integration immer neuer Mitgliedsstaaten in die Europäische Union nötigt nicht nur den Bürgerinnen und Bürgern die Fähigkeit zur kontinuierlichen Anpassung ihres Europabildes[3] auf, sondern erfordert auch ein Konzept einer europäischen Identität, das Veränderungsprozesse aufnehmen und integrieren kann. Die Ergebnisse der vorliegenden Studie leisten dazu ihren Beitrag, indem sie zeigen, wie Identitätsbekundungen im Wandlungsprozess geäußert werden und durch welche Faktoren diese beeinflusst sind. Im Mittelpunkt der Studie steht folglich die Erhebung und Auswertung der Einstellungen von Schülerinnen und Schülern gegenüber ausgesuchten Aspekten europäischer und gesellschaftlicher Integrationsüberlegungen einerseits sowie die Analyse ihrer Bedingungen andererseits. Theoretisch knüpft die Arbeit dabei an vier komplexe Forschungstraditionen an und versucht diese zu verbinden:

— erstens werden Ansätze und Theorien aus der Sozialpsychologie in die Arbeit integriert, die sich mit dem Thema Vorurteile auseinandersetzen;

---

2 Die acht osteuropäischen Staaten – Estland, Lettland, Litauen, Polen, Slowakei, Slowenien, Tschechien und Ungarn – sind zusammen mit Malta und Zypern erst zwei Jahre später, im Mai 2004 der Europäischen Union beigetreten. Der Beitritt von Bulgarien und Rumänien wurde erst im Januar 2007 vollzogen.

3 Europa ist ein vielfältig definierter Begriff, der geographisch, kulturell und politisch verstanden werden kann. Einen einführenden Überblick über die verschiedenen Europadefinitionen bietet die Arbeit von Breit (2004). Die vorliegende Arbeit unterscheidet vor allem zwischen der politischen Institution Europa (Europäische Union) und den individuell verschiedenen Europabildern von Schülerinnen und Schülern.

- zweitens knüpft die Studie an Ansätze und Ergebnisse aus der Europaforschung an, die sich mit den Einstellungen von Personen zur europäischen Integration beschäftigen;
- drittens wird die sozial- und politikwissenschaftlich orientierte Jugendforschung berücksichtigt, die speziell die Einstellungen von Jugendlichen in den Blick nimmt, und
- viertens gilt es, Ansätze und Theorien aus der Erziehungswissenschaft, die sich mit der Frage nach einem adäquaten Umgang mit sozialer, kultureller und sprachlicher Heterogenität auseinandersetzen, mit zu reflektieren.

Die interkulturelle Pädagogik ist als eine Bezugsdimension dieser Untersuchung besonders hervorzuheben (zusammenfassend vgl. Leiprecht/ Kerber 2006: 11); und in Bezug auf die Anforderungen, die die europäische Integration an die Schülerinnen und Schüler stellt, knüpft diese Studie an diejenigen Ansätze und Überlegungen zur politischen Bildung an, die sich die Frage nach der Bereitschaft zur politischen Partizipation – auch in Bezug auf Europa – stellen und sich mit dem Thema der Förderung und Sicherung einer europäischen Identität auseinandersetzen (stellvertretend vgl. Massing 2004; Schelle 2004; Richter 2004). Im Folgenden wird, ausgehend von schulpädagogisch relevanten Überlegungen und dem als defizitär zu beurteilenden Stand der Forschung auf diesem Gebiet, die Problemstellung entwickelt.

Grundsätzlich ist hier zunächst zu konstatieren, dass es Aufgabe von Schule ist, zwischen den gesellschaftlichen Anforderungen und den individuellen Strukturen und Voraussetzungen der einzelnen Schülerinnen und Schüler zu vermitteln (vgl. Combe/Helsper 2002: 40). Als eine der zentralen Anforderungen kann der Umgang mit kultureller Vielfalt genannt werden. Kinder und Jugendliche heute sind mit „einer immer weiter voranschreitenden Ausdifferenzierung von Handlungsbereichen, der Pluralisierung von Lebensformen und Weltdeutungen" (Helsper et al. 2001: 63) und einer dem entgegengesetzten Entwicklung konfrontiert, nämlich einer sich verstärkenden gesellschaftlichen Tendenz zur Vereinheitlichung, Generalisierung und Standardisierung (vgl. ebd.; siehe auch

Helsper 2004: 68 ff.). Ökonomische und ökologische, politische und soziale Entwicklungen vollziehen sich in hohem Maße in weltweiten Bezügen. Ereignisse aus entfernten Regionen werden von den Medien täglich und unmittelbar präsentiert, moderne Kommunikations- und Verkehrsnetze ermöglichen weltweite Kontakte und Verbindungen, durch persönliche und berufliche Mobilität werden staatliche und kulturelle Grenzen überschritten – um nur einige wesentliche Charakterzüge der aktuellen Situation zu pointieren (vgl. KMK 1996; ausführlich siehe Beck/Giddens/Lash 1996; Giddens 1996). In diesem Zusammenhang wird von den Schülerinnen und Schülern gefordert, dass sie vorurteilsfrei mit Personen aus anderen kulturellen Zusammenhängen umgehen können, Interesse an anderen Kulturen entwickeln, Vorurteile gegenüber Fremden und Fremdem wahr- und ernst nehmen (und in der Folge ‚abbauen„) und dass sie sich prinzipiell mit internationalen Prozessen und Entwicklungen auseinandersetzen. Dieser tendenziell universalistischen Orientierung steht die vor allem auf politischer und bildungspolitischer Ebene diskutierte Forderung nach einer alle Bürgerinnen und Bürger der Europäischen Union umfassenden spezifisch europäischen Identität gegenüber. Die politischen Hintergründe für diese Entwicklung und ihre Verankerung in die Bildungs- und Erziehungsdiskurse wird nachstehend skizziert.

Angestoßen wurden die Debatten über „europäische Identität" auf politischer Ebene durch den Bericht von Leo Tindeman aus dem Jahr 1976, der den Titel „Die Europäische Union" trägt (vgl. Thiele 2000: 102). Ausgangspunkt der Überlegungen war die Frage nach den Voraussetzungen für die Weiterentwicklung der europäischen Integration. Für einen erfolgreichen Verlauf eines demokratischen europäischen Integrationsprozesses wurde die emotionale und legitimatorische Bindung der Bürgerinnen und Bürger an das Konstrukt Europa als notwendige Voraussetzung erkannt (vgl. ebd.: 103): Nur unter diesen Bedingungen seien legitime Mehrheitsentscheidungen letztendlich möglich (vgl. dazu auch die Debatten in den Sozial- und Politikwissenschaften u. a. in Hurrelmann 2005; Habermas 2001; Scharpf 1999). Auch wenn der von Tindeman angeregte Ansatz „Europa der Bürger" nicht zu einem eigenständigen Programm der Europäischen Gemeinschaft wurde, beeinflusste er die europäische Politik[4] und die EG/EU-Bildungspolitik jedoch zusehends: So wurde 1982 in der „Entschließung zu einem Programm der Gemeinschaft im Bildungsbereich" vom Europäischen Parlament die Notwendigkeit einer Erziehung zur europäischen Identität formuliert; 1984 wurde in dem „Entwurf eines Vertrages zur Gründung der Europäischen Union" dem Bildungswesen und der Forschung beispielsweise die Aufgabe gestellt, „einen Rahmen zu schaffen, der den Bürgern zum Bewusstsein einer eigenen Identität der Union verhilft" (Mickel 1993: 94). Konkretisiert wurden die Überlegungen 1988 in der „Entschließung zur europäischen Dimension im Bildungswesen" (Rat der EG 1988/Amtsblatt Nr. C 177). In dieser Verlautbarung wurde von den nationalen Bildungssystemen „eine verstärkte Berücksichtigung der europäischen Dimension im Bildungswesen" gefordert (ebd.: 5). Folgende Ziele wurden anvisiert:

> „- das Bewusstsein der jungen Menschen für die europäische Identität [...] stärken und ihnen den Wert der europäischen Kultur und der Grundlagen, auf welche die Völker Europas ihre Entwicklung heute stützen wollen, nämlich insbesondere die Wahrung der Grundsätze der Demokratie, der sozialen Gerechtigkeit und der Achtung der Menschenrechte (Erklärung von Kopenhagen, April 1978), [...] verdeutlichen;
> - die junge Generation auf ihre Beteiligung an der wirtschaftlichen und sozialen Entwicklung der Gemeinschaft und an der Erzielung konkreter Fortschritte zur Verwirklichung der Europäischen Union gemäß der Einheitlichen Europäischen Akte vor[...]bereiten;
> - ihr sowohl die Vorteile als auch die Herausforderungen zum Bewusstsein [...] bringen, die die Gemeinschaft durch die Eröffnung eines wirtschaftlichen und sozialen Raumes mit sich bringt;
> - den jungen Menschen eine bessere Kenntnis der Gemeinschaft und ihrer Mitgliedstaaten in ihren historischen, kulturellen, wirtschaftlichen und sozialen Aspekten [...] vermitteln und ihnen die Bedeutung der Zusammenarbeit der Staaten der Europäischen Gemeinschaft mit anderen Staaten Europas und der Welt näher[...]bringen" (ebd.).

---

4 Zur politischen Weiterentwicklung des Konzeptes „Europa der Bürger" bis zur Einführung der Unionsbürgerschaft in Artikel 17 EBV vgl. Thiele 2000: 103 ff.; vgl. auch Mickel 2002.

Auf bundesdeutscher Ebene erfuhr die „Entschließung zur europäischen Dimension im Unterricht" im Beschluss der KMK vom 7. 12. 1990, „Europa im Unterricht", erstmals ihre Umsetzung (vgl. KMK 1990). Der Beschluss wurde am 5. 5. 2008 unter anderem vor dem Hintergrund der „Einrichtung der europäischen Bildungsprogramme" weiter fortgeschrieben (KMK 2008: 2). Unter Punkt 2 „Europäisches Bewusstsein als pädagogischer Auftrag" wird als Aufgabe der Schule definiert:

> „die Annäherung der europäischen Völker und Staaten und die Neuordnung ihrer Beziehungen bewusst zu machen. Sie soll dazu beitragen, dass in der heranwachsenden Generation ein Bewusstsein europäischer Zusammengehörigkeit entsteht und Verständnis dafür entwickelt wird, dass in vielen Bereichen unseres Lebens europäische Bezüge wirksam sind und europäische Entscheidungen verlangt werden." (ebd.: 5).

Erreicht werden soll dies durch die Vermittlung „europaorientierter Kompetenzen" und der Europäischen Union gegenüber wohlwollenden Einstellungen. Im Einzelnen werden genannt:

> „- die Bereitschaft zur Verständigung, zum Abbau von Vorurteilen und zur Anerkennung des Gemeinsamen unter gleichzeitiger Bejahung der europäischen Vielfalt;
> - eine kulturübergreifende Aufgeschlossenheit, die die eigene kulturelle Identität wahrt;
> - die Achtung des Wertes europäischer Rechtsbindungen und der Rechtsprechung im Rahmen der in Europa anerkannten Menschenrechte;
> - die Fähigkeit zum nachbarschaftlichen Miteinander und die Bereitschaft, Kompromisse bei der Verwirklichung der unterschiedlichen Interessen in Europa einzugehen;
> - das Eintreten für Freiheit Demokratie, Menschenrechte, Gerechtigkeit, wirtschaftliche Sicherheit und Frieden sowie
> - die Absicht, zukünftige Entwicklungen verantwortungsvoll mitzugestalten und sich für die Sicherung bzw. einen Ausbau der Zusammenarbeit in Europa aktiv einzusetzen".

Ziel der pädagogischen Arbeit soll sein, „in den jungen Menschen das Bewusstsein einer europäischen Identität zu wecken und zu fördern" (ebd.: 6 f.). Was aber hat es mit dieser Forderung auf sich?

Unabhängig von der harschen, wenn auch berechtigten Kritik Peter Massings, der konstatiert, dass sich der von der KMK schon 1990 postulierte Auftrag, in den Jugendlichen eine europäische Identität zu wecken, „hart an der Grenze zur Indoktrination" bewege (ders. 2004: 154; ebenso Thiele 2000: 221 ff.; Richter 2004: 172 ff.), geht die vorliegende Arbeit der Frage nach den *Grenzen* und *Möglichkeiten* eines alle Bürgerinnen und Bürger der europäischen Gemeinschaft umfassenden Gemeinschaftsgefühls nach. Entgegen den gängigen Forschungsdesigns wird dabei sowohl der Einfluss der Identifikation mit Europa auf die Einstellungen von Schülerinnen und Schülern zur europäischen Integration als auch auf die Einstellungen von Schülerinnen und Schülern zur innergesellschaftlichen kulturellen Vielfalt in den Blick genommen.

In der empirischen Forschung werden die Einstellungen von Personen zu Europa bzw. zur europäischen Einigung und zur innergesellschaftlichen kulturellen Vielfalt zumeist getrennt voneinander erfasst und diskutiert. Arbeiten, die systematisch beide Teilbereiche sozialer Einstellungen in den Mittelpunkt ihres Interesses rücken, werden nur selten realisiert. Ein kurzer Überblick über die für die Arbeit relevanten empirischen Untersuchungen verdeutlicht, auf welches Desiderat die hier vorliegende Arbeit antworten soll.

Das Feld der empirischen (Einstellungs-)Forschung betrachtend lassen sich vor allem drei Forschungsbereiche benennen, die sich mit Fragen der Einstellungen gegenüber Europa, der europäischen Integration und gesellschaftlichen Integration auseinandersetzten: die Europaforschung, die Vorurteilsforschung sowie einzelne Arbeiten im Bereich der Jugendforschung. Insgesamt unterscheiden lassen sich die Studien sowohl hinsichtlich ihrer Motivation und des Interesses, der Zielgruppe und Fragestellung als auch hinsichtlich ihrer Erhebungs- und Auswertungsmethode: So gilt das Interesse der Studien im Rahmen der Europaforschung insbesondere der Frage nach dem Ausmaß und der historischen Entwicklung der Unterstützung des europäischen Integrationsprozesses durch die Bürgerinnen und Bürger der Europäischen Union sowie der Frage nach der kollektiven Identität (zusammenfassend vgl. Brettschneider 2003: 10 f.). Während die Studien im Bereich der Vorurteilsforschung mit Schwerpunkt nach den Einflussfaktoren für Vorurteile, Rechtsextremismus und Ausländerfeindlichkeit fragen (stellvertretend vgl. Zick 1997), lassen sich nur im Bereich der Jugendforschung Arbeiten finden, die sowohl nach den Einstellungen von Jugendlichen zur europäischen Integration als auch nach den Einstellungen zur innergesellschaftlichen Vielfalt fragen. Zu nennen sind hier insbesondere die Shell-Jugendstudien (2000, 2002, 2006) sowie die Einzeluntersuchungen von Iffert et al. (1995) und Noak/Kracke (1995). Eine systematische Überprüfung der Zusammenhänge wird jedoch auch in diesen Arbeiten nicht vorgenommen, auch wird nicht nach den beiden Einstellungsbereichen betreffenden grundlegenden Einflussfaktoren gefragt. Auch das Interesse der Forschung zur europäischen Identität gilt weniger der Frage, welchen Einfluss eine solche auf die Einstellungen von Personen ausübt, als der Frage, in welchem Ausmaß eine solche bereits vorliegt und welche Ansatzpunkte es für ihre Herausbildung gibt (vgl. Brettschneider et al. 2003: 11). Ausschließlich Westle fragt, auf der Datenbasis der Eurobarometererhebungen, nach dem Einfluss bzw. den Grenzen einer europäischen Identität (2003: 119 ff.). Die Ergebnisse referierend konstatiert sie:

> „Die große Mehrheit der Europäer zieht zwar untereinander offenbar weniger ausgeprägte Grenzen als zum außereuropäischen (Kultur-)Raum. Allerdings bildet diese Grenzziehung keine Grundlage der europäischen Identifikation. Im Gegenteil: Es sind gerade die ausschließlich national Orientierten, die diese Außenabgrenzung am schärfsten vornehmen, während sich diejenigen, die sich sowohl national als auch europäisch definieren, größere Offenheit nicht nur gegenüber anderen Europäern, sondern auch gegenüber Menschen außerhalb der EU bzw. außerhalb des europäischen Raumes artikulieren. Lediglich bei den wenigen ausschließlich europäisch Orientierten deuten sich schwache Tendenzen zur Abgrenzung gegenüber Nicht-Europa im Gegensatz zur Offenheit innerhalb Europas an" (Westle 2003: 146).

Zusammenfassend lässt sich also festhalten, dass das Verhältnis zwischen den Einstellungen von Schülerinnen und Schülern zur europäischen Integration, zwischenstaatlichen kulturellen Vielfalt und innergesellschaftlichen kulturellen Vielfalt kaum untersucht worden ist und die Relevanz sozialer Identifikationsbezüge als Bedingungsfaktoren für die Einstellungen im Umgang mit kultureller Vielfalt dabei zu wenig berücksichtigt worden sind. Es fehlen zudem komplex angelegte Studien, die die Herausbildung der Einstellungen von Jugendlichen zur kulturellen Vielfalt vor dem Hintergrund des Zusammenspiels von individuellen, gruppalen und sozialen Faktoren untersuchen.

Genau an diesen Forschungsdefiziten setzt die hier vorgestellte Studie an, indem sie Fragen der Europaforschung, Jugendforschung und Vorurteilsforschung verbindet: Anknüpfend an die Perspektiven der Europaforschung und Jugendforschung, fokussiert die Studie in einem ersten Schritt auf die Analyse des Zusammenspiels der Einstellungen[5] von Jugendlichen gegenüber der europäischen Integration und multikulturellen Vielfalt. Auf der Basis eines eigens hierfür neu entwickelten Instruments zur Erfassung der Einstellungen von Schülerinnen und Schülern gegenüber der innergesellschaftlichen und zwischenstaatlichen kulturellen Vielfalt wurde gezielt nach den die Teilbereiche umfassenden gemeinsamen Strukturen gefragt.[6] Grundlegend unterschieden wurden

---

5   Unter einer Einstellung wird mit Bezug auf die der Arbeit zugrunde liegende Forschungsmethode die subjektive Bewertung einer Aussage durch die Schülerinnen und Schüler entlang einer bipolaren Urteilsdimension verstanden.

6   Ein grundlegendes Problem, vor dem wissenschaftliche Arbeiten stehen, insbesondere solche mit quantitativer Ausrichtung, ist die Verwendung von Kategorien. Nicht nur die Geschlechterkategorie, welche schon vielfach in der geistes- und sozialwissenschaftlichen Diskussion kritisiert wurde (vgl. u. a. Butler 1998), sondern grundsätzlich die Einordnung von Personen durch oder ihre Reduktion auf Einzelmerkmale ist zu problematisieren. Nicht nur aufgrund ihrer undifferenzierten, teilweise sogar stereotypen Zuschreibung und der damit verbundenen Suggestion, dass es sich hierbei um eine homogene Gruppe handle, sondern auch hinsichtlich ihrer konstitutiven Funktion (vgl. Kapitel 2.3). Trotzdem kann auch diese Arbeit nicht vollständig vermeiden, auf ordnende Kategorien zurückzugreifen, wenn es um die Operationalisierung der Fragestellung geht, da bisher noch keine Methode entwickelt wurde, die zufriedenstellend sowohl das Problem berücksichtigt, als auch ein effektives Arbeiten ermöglicht.

vor allem integrative von separatistischen Überlegungen, wirtschaftliche von kulturellen Assoziationskriterien sowie die Bereitschaft oder Ablehnung, in Kontakt mit Personen unterschiedlicher kultureller Hintergründe zu treten. Den Hauptpunkt der Arbeit stellt indes die Analyse der die Einstellungen beeinflussenden Faktoren dar. Im Fokus der Betrachtung stehen die Bedeutung und der Einfluss sozialer Kategorisierungs- bzw. Identifikationsprozesse auf die Einstellungen von Schülerinnen und Schülern im Umgang mit der zwischenstaatlichen und innergesellschaftlichen kulturellen Vielfalt. Die Analyse sozialer Kategorisierungs- und Identifikationsprozesse verspricht, Aufschluss über den Stand und die Bedeutung europabezogener Identitätskonzepte zu geben, auch im Vergleich mit nationalen/ethnischen Bezügen und universellen Identitätsangeboten[7]. Vor dem Hintergrund der bildungspolitisch relevanten Diskussion um die Etablierung einer europäischen Identität wird vor allem nach den Möglichkeiten und den Grenzen europäischer Identifikationsprozesse im Umgang mit kultureller Vielfalt gefragt. Überdies zur Diskussion stehen die Einflüsse wertbezogener Orientierungen, formaler Schulbildung und interkultureller Kontakte.

Die Orientierung an verschiedenen Werten und Lebenszielen wird in Anlehnung an die Überlegungen zur autoritären Persönlichkeit als Ausdruck grundlegender persönlichkeitsstrukturierender Charakteristika betrachtet. Erwartet wird, dass Personen, die autoritär-konservativen Werten gegenüber positiv eingestellt sind, eher bereit sind, sich den gesellschaftlich vorgegebenen Kategorien unterzuordnen bzw. sich und andere einzuordnen, als Personen, die sich durch liberalere Orientierungen auszeichnen. Überdies ist anzunehmen, dass sich Personen mit einer autoritären Orientierung gegen die Tendenz aussprechen, bestehende Konventionen zu verändern. Sie neigen dazu, einmal getroffene Gruppengrenzen verstärkt zu verteidigen. Personen und Gruppen, die als ‚schwächer,, wahrgenommen werden, dürfte dieser Personenkreis tendenziell ablehnend gegenüberstehen. Bezogen auf die Einstellungen zur zwischenstaatlichen und innergesellschaftlichen kulturellen Vielfalt ließe

---

7   Für eine vorläufige Erörterung zu diesem Thema vgl. Schlickum 2005.

sich schlussfolgern, dass sich Personen, die sich durch eine autoritär-konservative Orientierung auszeichnen, eher gegen integrative Konzepte aussprechen.

Der Einbezug der formalen Schulbildung sowie des Bildungsstands der Eltern ermöglicht die Überprüfung von Ansätzen, die einerseits die Entwicklung kognitiver Fähigkeiten, andererseits den mit der formalen Schulform verbundenen sozialen Status einer Person als ausschlaggebend im Umgang mit kultureller Vielfalt diskutieren. Ferner lassen sich Wechselwirkungen zwischen dem familiären und schulischen Kontext einer Person und deren wertbezogenen Orientierungen annehmen.

Und schließlich ermöglicht der Einbezug der Erfahrungen im Umgang mit kultureller Vielfalt die Überprüfung affektiver Komponenten des Umgangs mit kultureller Vielfalt. Überdies zur Diskussion stehen Aspekte der Redefinition sozialer Kategorien vor dem Hintergrund intergruppaler Kontakte. Damit ist ein recht umfangreiches und komplexes Modell von Einflussfaktoren skizziert, das einer empirischen Überprüfung unterzogen werden soll.

Die vorliegende Arbeit versteht sich in dreierlei Hinsicht als ein pädagogischer Beitrag zur Erforschung der Einstellungen von Schülerinnen und Schülern. Im Zentrum steht zweifellos die beschreibende Ebene. Als relevante Einflussgrößen werden nicht nur, aber wesentlich pädagogisch relevante Faktoren betrachtet. Zum anderen wird in der Arbeit mit Einstellungen von Jugendlichen gegenüber kultureller Vielfalt ein erziehungswissenschaftlich/bildungstheoretisch bedeutsames Konstrukt vorgelegt, das an grundsätzliche Erziehungsziele anknüpft. Neben einer deskriptiven und pädagogischen Betrachtung liegt der Arbeit ebenso ein präskriptiver Ansatz zugrunde. Abhängig von den empirischen Ergebnissen ist es denkbar, Schlussfolgerungen für pädagogisch relevante Fragestellungen zuzulassen. Abschließend gilt es, den inhaltlichen Aufbau der Arbeit kurz zu skizzieren.

Die Arbeit ist in fünf Kapitel unterteilt: Der Einleitung nachstehend werden im *zweiten* Kapitel die verschiedenen sozialpsychologischen Theorien und Erklärungsansätze dargelegt und diskutiert. Im Rückgriff auf die theoretische Auseinandersetzung wird zu verschiedenen Einflussfaktoren hingeführt. Grundlegend unterschieden werden intra- und interpersonale sowie inner- und intergruppale Erklärungsebenen. Als relevante theoretische Bezüge werden die Ansätze und Überlegungen zur autoritären Persönlichkeit (2.1), die Überlegungen und Ansätze zum Einfluss formaler Schulbildung und dem sozialen Status einer Person, die im Rahmen des so genannten Poor-White-Racism-Phänomens entstanden sind (2.2), sowie der Social Identity Approach (2.3) diskutiert. Der Schwerpunkt der theoretischen Diskussion liegt auf der Entwicklung der Einflussgrößen, Merkmale und strukturellen Bezüge sozialer Identifikationsprozesse. Im *dritten* Kapitel stehen die grundlegenden Annahmen und methodischen Grundlagen der empirischen Studie zur Diskussion. Zunächst wird das heuristische Modell sowie die daraus abgeleitete Fragestellung und die Hypothesen erläutert (3.1.). Anschließend folgen die Beschreibung der Erhebungsinstrumente, das Verfahren der Datenanalyse und die Beschreibung der Stichprobe (3.2). Im *vierten* Teil der Arbeit werden die Forschungsergebnisse präsentiert: Unter Punkt 4.1 werden die Ergebnisse zur Struktur und dem Zusammenspiel der Einstellungen der Schülerinnen und Schüler im Umgang mit der innergesellschaftlichen und zwischenstaatlichen kulturellen Vielfalt aufgeführt. Der Darstellung der Einstellungskomponenten folgt die Überprüfung der angenommenen Hypothesen (4.2). Eine zusammenfassende Einordnung der Ergebnisse schließt die Darstellung des Kapitels ab (4.3). Im *fünften* und letzten Kapitel wird die Relevanz der Untersuchung und ihrer Ergebnisse für die Schulpädagogik diskutiert.

2 Theoretische Bezüge

In den folgenden Kapiteln geht es um die für die Analyse der Einstellungsunterschiede von Schülerinnen und Schülern im Umgang mit kultureller Vielfalt als relevant erachteter theoretischer Erklärungsansätze. Bezug wird insbesondere auf Theorien der sozialpsychologischen (Vorurteils-)Forschung[8] genommen, die sich mit Blick auf die hier verhandelte Forschungsfrage – welchen Einfluss nehmen soziale Kategorien und damit verbundene Identifikationsprozesse auf die Einstellungen der Schülerinnen und Schüler im Umgang mit kultureller Vielfalt – als aufschlussreich erwiesen haben. Die Orientierung an den Ansätzen der sozialpsychologischen (Vorurteils-) Forschung birgt den Vorteil, auf eine Vielzahl schon vorhandener empirischer Studien zurückgreifen zu können und theoretische Annahmen zu integrieren, die mehrfach empirisch überprüft worden sind. Der folgende Überblick nimmt Bezug auf die Systematik der zu behandelnden theoretischen Perspektiven.

In Kapitel 2.1 wird nach den Wechselbeziehungen zwischen gesellschaftlich relevanten Kategorien und personalen Dispositionen gefragt. Zur Beantwortung dieser Frage wird auf die Überlegungen zur „Autoritären Persönlichkeit" rekurriert. Bei der Theorie zur „Autoritären Persönlichkeit" handelt es sich um einen psychologischen Ansatz, der auf einer individuellen Erklärungsebene anzusiedeln ist, die zugleich einen Bezug zur Sozialität des Menschen herstellt. Einstellungsunterschiede im Umgang mit Personen anderer kultureller oder ethnischer Herkunft lassen sich auf intrapersonale Determinanten – genauer: auf die Persönlichkeitsstruktur – zurückführen. Zusätzlich liefert die Theorie der „Autoritären

---

8 Einen systematischen Überblick über die verschiedenen Theorien und Erklärungsansätze der Vorurteilsforschung bieten die Arbeiten von Zick 1992 und 1997.

Persönlichkeit" Antworten auf die Frage, welchen Einfluss gesellschaftliche Prozesse und Strukturen auf die Persönlichkeitsentwicklung ausüben: Psychologische Aspekte der Persönlichkeitsentwicklung werden mit soziologischen Erklärungsansätzen verbunden.[9]

In Kapitel 2.2 wird der Einfluss bildungsspezifischer Merkmale erörtert. Bezug genommen wird diesbezüglich auf die im Rahmen des so genannten „Poor-White-Racism"-Konzepts (Zick 1997: 187) entwickelten Erklärungsansätze. In diesem Zusammenhang werden sowohl diejenigen Erklärungsansätze, die gesellschaftliche Bedingungen und Möglichkeiten in Abhängigkeit von der Schicht- und Bildungszugehörigkeit in den Mittelpunkt ihrer Überlegungen stellen, als auch Ansätze, die den Einfluss unterschiedlicher kognitiver und affektiver Möglichkeiten in Abhängigkeit vom Bildungsniveau einer Person diskutieren, behandelt.

Und schließlich, in Kapitel 2.3, steht der Einfluss sozialer Identifikationsprozesse zur Diskussion. Zurückgegriffen wird auf die im Rahmen des Social Identity Approach aufgestellten Theorien und Erklärungsansätze. Der Social Identity Approach ist ein kognitiv-motivationaler Ansatz, der Kontexteinflüsse auf intergruppale Prozesse in die Analyse der psychischen Determinanten einbezieht; die Betrachtung intergruppaler Prozesse steht hier geradezu im Mittelpunkt. Als relevante Bezugsgrößen werden das Wechselverhältnis zwischen Gruppenzugehörigkeit und sozialer Identität (2.3.1), Selbstkategorisierungsprozesse (2.3.2) und der Einfluss von Kontakt und Erfahrung auf soziale Identifikationsprozesse (2.3.3) diskutiert. Ausgehend von diesen theoretisch fundierten Perspektiven wird es möglich, eine systematische Analyse der europäischen Identitätsfrage im Kontext des Spannungsverhältnisses zwischen nationalen, europäischen und außereuropäischen (Identitäts-)Bezügen vorzunehmen.

---

9 Zudem ist anzumerken, dass dem Prozess der (primären und sekundären) Sozialisation im Rahmen des „Social Identity Approach" nur beiläufig Aufmerksamkeit geschenkt wird. Auf gewisse Weise füllen die Integration der Theorie zur „Autoritären Persönlichkeit" sowie die Ausführungen zum „Poor-White-Racism"-Phänomen (ausführlich im Verlauf) diese ‚theoretische Lücke'.

2.1 Autoritäre Persönlichkeit im Spannungsfeld von Erziehung und Gesellschaft

Im Fokus des folgenden Kapitels steht die Frage nach dem Einfluss charakterlicher Dispositionen auf den Umgang von Personen mit gesellschaftlich relevanten Kategorien. Die Arbeit knüpft hier an die Überlegungen zur „Autoritären Persönlichkeit" von Horkheimer et al. (1987), Adorno et al. (1950) und Adorno (1973) an. Bei der Theorie der „Autoritären Persönlichkeit" handelt es sich um einen psychologischen Ansatz, der hauptsächlich auf einer individuellen Erklärungsebene argumentiert (vgl. Zick 1997: 58). Gefragt wird nach den personalen Bedingungen der „Empfänglichkeit" einer Person für gesellschaftlich verankerte Ideologien (Adorno 1973: 6).[10] Als entscheidender Faktor wird die bezeichnende Disposition einer Person, sich autoritären Strukturen unhinterfragt unterzuordnen, genannt. Wie eine solche Charakterstruktur entsteht, ist Gegenstand der nachfolgenden Überlegungen. Zurückgegriffen wird in der Darstellung vor allem auf die theoretischen Überlegungen zur „Autoritären Persönlichkeit". Vorab soll jedoch kurz der aktuelle Diskurs zur „Autoritären Persönlichkeit" umrissen werden[11].

Die meisten Studien, die sich heute mit der Thematik „Autoritarismus" befassen, konzentrieren sich auf die Frage der quantitativen Erfassung autoritärer Orientierungen (vgl. Funke 2003, 2005; Stellmacher/ Petzel 2005; Hiel et al. 2007; Dukitt/Sibley 2007), oftmals unter Berücksichtigung verschiedener kultureller Kontexte (vgl. Lederer/Kindervater 1995; Feldman/Watts 2000; Todosijevic 2005; Rubinstein 2005; Duriez/ Hiel/Kossowska 2005), und auf die Analyse möglicher Korrelate. Sehr häufig werden Autoritarismusskalen als erklärende Faktoren für ethno-

---

10 Ideologien werden definiert als ein „System von Meinungen, Attitüden und Wertvorstellungen – für eine Denkweise über Mensch und Gesellschaft" (Adorno 1973: 2). Sie bestehen unabhängig vom Einzelnen und sind ebenso Resultat historischer Prozesse wie des sozialen Zeitgeschehens (ebd.: 3).

11 Eine ausführliche Diskussion der empirischen Studien zum autoritären Charakter wird hier nicht angestrebt. Für einen Überblick über die Aktualität des Ansatzes und deren Folgearbeiten vgl. Six 2006; Rippl/Kindervater/Seipel 2000; Zick 1997; Lederer 1995; kritisch vor allem Oesterreich 1993, 1996, 2000, 2005.

zentrische, rechtsextreme oder antisemitische Orientierungen eingesetzt (vgl. z. B. Oepke 2005; Hadjar 2007; Kindervater et al. 2007). Überdies wird der Zusammenhang zwischen Autoritarismusneigung und verschiedenen Persönlichkeitsmerkmalen (z. B. Buttler 2000; Feldman 2003; Duriez/Soenens 2006), zwischen ethischen bzw. moralischen Orientierungen/Werten (z. B. Wilson 2003; McFarland/Mathews 2005) sowie Freizeitverhalten (z. B. Peterson/Pan 2006) untersucht. Im Bereich der Prädiktorenforschung stellt sich insbesondere die Frage nach dem Zusammenhang zwischen gesellschaftlichen Strukturen und individuellem Autoritarismus (vgl. u. a. Hopf, W. 2000; Scheuregger/Spier 2007). Der Einfluss von Erziehungspraktiken auf autoritäre Einstellungen (insbesondere Milburn et al. 1995; für einen Forschungsüberblick siehe Milburn/Conrad 2000; Oedke 2005; Duriez et al. 2007) und der Zusammenhang zwischen Autoritarismus und formaler Schulbildung (z. B. Heyder/Schmidt 2000; zusammenfassend Dekker/Ester 2005) werden in eigenen Studien erörtert. Auch wird der Einfluss „sozialen Bedrohungserlebens" auf autoritäre Reaktionen (z. B. Duckitt/Fisher 2003; Lavine/ Lodge/Freitas 2005; Rippl/Baier/ Boehnke 2007) sowie die Gruppenbezogenheit autoritärer Phänomene (Stellmacher/Petzel 2005) diskutiert. Die zentrale theoretische Diskussion aber dreht sich um die Frage nach der Genese von Autoritarismus, wobei die grundlegenden sozialisationstheoretischen Überlegungen zwar kritiert (vgl. Altemeyer 1981; Hopf et al. 1995; Oesterreich 1993, 1996, 2000, 2005; Duckitt 1989), nicht aber verworfen werden (vgl. Rippl/Kindervater/Seipel 2000: 22 f.). Kritik erfuhr das Konzept des „Autoritarismus" vor allem hinsichtlich seiner methodischen Mängel (ausführlich Oesterreich 1996: 51). Im Folgenden werden diese grundlegenden theoretischen Annahmen, die für die Studie Relevanz besitzen, der Zusammenhang zwischen gesellschaftlichen Strukturen und individuellen Dispositionen sowie der Einfluss von Erziehungspraktiken dargestellt. Zurückgegriffen wird dabei vor allem auf die theoretischen Entwürfe über Autorität und Familie von Horkheimer und Fromm.

Der Theorie der „Autoritären Persönlichkeit" zufolge steht die Charakterstruktur einer Person – ähnlich wie das Selbstkonzept (vgl. Kapitel 2.3) – in enger Beziehung zum gesellschaftlichen Ganzen. Sie ist nicht von Anfang an gegeben, sondern ist als Resultat der jeweiligen Umweltbedingungen aufzufassen. Als ausschlaggebende Momente im Hinblick auf die Entwicklung und Ausgestaltung der Charakterstruktur einer Person gelten die geschichtlich je spezifischen Herrschafts- und Machtverhältnisse einer Gesellschaft; sie bestimmen die charakteristischen Dispositionen und Reaktionsweisen des Menschen. Psychische Zustände, welche das Fühlen, Denken und Handeln der Menschen bedingen, werden als von den gesellschaftlichen Strukturen erzeugte Phänomene definiert.

„Bei allen grundlegenden Verschiedenheiten, durch welche die menschlichen Typen in den einzelnen Zeitabschnitten der Geschichte sich voneinander abheben, ist es ihnen doch gemeinsam, durch das jeweils die Gesellschaft kennzeichnende Herrschaftsverhältnis in allen Wesenszügen bestimmt zu sein. Wenn man die Ansicht, dass der Charakter aus dem völlig isolierten Individuum zu erklären sei […] fallen liess[12] und den Menschen als je schon vergesellschaftetes Wesen begreift, so heisst dies zugleich, dass […] die charaktermässigen Dispositionen und Reaktionsweisen von dem jeweiligen Herrschaftsverhältnis geprägt sind, in dem der gesellschaftliche Lebensprozess sich abspielt. Nicht bloss […] in den Vorstellungen, grundlegenden Begriffen und Urteilen, sondern auch im Herzen des Einzelnen, in seinen Vorlieben und Wünschen spiegelt sich die Klassenordnung wider, in der sein äusseres Schicksal verläuft" (Horkheimer 1987: 23).

Gesellschaften, so Horkheimer, produzieren die Charaktere, die sie am besten reproduzieren können, mit Hilfe des Faktors „Autorität" (vgl. ebd.; ausführlich Meloen 2000). Die „Bejahung" des gegebenen Herrschaftsverhältnisses einer Gesellschaft wird als die Bedingung für das Aufrechterhalten der jeweiligen Ordnung genannt. Kennzeichen dieser bejahenden Abhängigkeit sei „der Glaube des Einzelnen, frei handeln zu

---

12 Die Autorin geht davon aus, dass die Manuskripte auf englischen Schreibmaschinen abgefasst wurden. Aufgrund dessen wird das fehlende ‚ß' im Folgenden nicht als orthographischer Fehler kommentiert.

können, während doch die Grundzüge der gesellschaftlichen Ordnung selbst sich dem Willen des Einzelnen entziehen" (Horkheimer 1987: 43 f.). In Anlehnung an Simmel definiert Fromm Autorität immer als ein Prinzip, dem ein Rest von Freiwilligkeit innewohnt. Das Autoritätsverhältnis ist kein bloß erzwungenes Verhalten, sondern beruht auf einer gefühlsmäßigen Bindung, die sowohl Furcht als auch Liebe, Bewunderung und Respekt mit einschließt. Von Autorität könne man nur dann sprechen, wenn das Verhältnis nicht rein als Zwang empfunden, sondern durch gefühlsmäßige Beziehungen ergänzt und verstärkt wird (vgl. Fromm 1987: 79 f.). Des Weiteren führt der Soziologe aus:

„Das Verhältnis der Individuen zur Autorität [...] bedingt ein dauerndes Zusammenwirken der gesellschaftlichen Institutionen zur Erzeugung und Festigung der ihm entsprechenden Charaktertypen. Diese Wirksamkeit erschöpft sich nicht in bewussten Massnahmen [...], sondern mehr noch als durch die absichtlich auf Menschenbildung gerichteten Handlungen wird diese Funktion durch den stetigen Einfluss der herrschenden Zustände selbst, durch die gestaltende Kraft des öffentlichen und privaten Lebens, durch das Vorbild von Personen, die im Schicksal des Einzelnen eine Rolle spielen, kurz auf Grund vom Bewusstsein nicht kontrollierter Prozesse ausgeübt" (ebd.: 49).

Die Bedeutung der Anerkennung des Autoritätsverhältnisses für die charakterliche Disposition einer Person wird als abhängig vom „Grad der Differenziertheit der von ihm umspannten Individuen" und ihrer gegenwärtigen Funktion in der Gesellschaft definiert (ebd.: 25):

„Ob die faktische Bejahung eines bestehenden Abhängigkeitsverhältnisses [...] tatsächlich den verschieden entwickelten menschlichen Kräften in der betreffenden Periode entspricht und daher objektiv angemessen ist, ob die Menschen, indem sie ihre abhängige Existenz instinktiv oder mit vollem Bewusstsein akzeptieren, sich um das ihnen erreichbare Mass an Kräfteentfaltung und Glück betrügen oder dieses für sich selbst oder die Menschheit herbeiführen helfen [...] vermag allein die Analyse der jeweiligen gesellschaftlichen Situation in ihrer Totalität zu beantworten. Es gibt kein allgemein gültiges Urteil in dieser Hinsicht" (ebd.: 25).

Autorität als bejahende Abhängigkeit kann der Theorie nach also sowohl fortschrittliche, die Entfaltung menschlicher Kräfte begünstigende Verhältnisse einschließen als auch auf hemmende, die Freiheit des Menschen einschränkende Verhältnisse hinweisen. Die Anerkennung der gegebenen Herrschaftsverhältnisse sagt wenig über die Wirksamkeit des Verhältnisses aus: Erst die „bewusst betriebene Verklärung des Bestehenden" schaffe die Gefahr (ebd.: 26; vgl. auch Horkheimer/Adorno 1988).

Als entscheidender Aspekt hinsichtlich der Entwicklung der individuellen Charaktere wird die Familie angeführt: „Die Familie besorgt, als eine der wichtigsten erzieherischen Mächte, die Reproduktion der menschlichen Charaktere, wie sie das gesellschaftliche Leben erfordert" (Horkheimer 1987: 49 f.; vgl. auch Meloen 2000: 232 f.). Die Familie ist dem Kind gegenüber zeitlich gesehen die erste Vermittlungsinstanz, allerdings verschränken sich familiäre und gesellschaftliche Bedingungen: Die Familie reproduziert die gegebene gesellschaftliche Ordnung. In ihr erfährt das Kind die erste Ausbildung bezüglich des gesellschaftlich fundierten Autoritätsverhältnisses, allein indem es die hierarchischen Verhältnisse innerhalb der Familie anerkennen und respektieren lernt. „So wie im Medium dieses Kreises die Wirklichkeit sich spiegelt, erfährt das Kind, das in ihm aufwächst, ihren Einfluss" (Horkheimer 1987: 51). Die Notwendigkeit einer auf natürlichen, zufälligen und/oder irrationalen Prinzipien beruhenden Hierarchie und Spaltung der Menschheit wird dem Kinde so vertraut und selbstverständlich. Die Ein- bzw. Unterordnung von Personen und Stimuli in Klassen sowie in hierarchische Strukturen wird so selbstverständlich. Zur Situation in der Familie merkt Horkheimer ausführend an:

„Nicht bloss erfährt der Einzelne in ihrem Kreis zuerst den Einfluss der kulturellen Lebensmächte, so dass seine Auffassung der geistigen Inhalte und ihrer Rolle in seinem seelischen Leben wesentlich durch dieses Medium bestimmt ist, sondern die patriarchalische Struktur der Familie […] wirkt selbst als entscheidende Vorbereitung auf die Autorität in der Gesellschaft, die der Einzelne im späteren Leben anerkennen soll" (Horkheimer 1987: VII).

Ob in der Erziehung Zwang oder Milde waltet, ist in dieser Konzeption von sekundärer Bedeutung.[13] Die Anerkennung autoritärer Strukturen wird weit mehr durch die Struktur der Familie selbst als durch die bewussten Absichten und Methoden der Erziehung gebildet. Unterschiede ergeben sich angesichts der Frage, ob innerhalb der Familie ausschließlich die blinde Reproduktion der herrschenden gesellschaftlichen Widersprüche das Eltern-Kinder-Verhältnis charakterisiert oder ob die Möglichkeit der Kritik und Überwindung dieses Verhältnisses eingeschlossen ist (vgl. Horkheimer 1987: 61).[14]

> „Für die Herausbildung des autoritären Charakters ist besonders entscheidend, dass Kinder unter […] Druck […] lernen, jeden Misserfolg nicht bis zu seinen gesellschaftlichen Ursachen zurückzuführen, sondern bei den individuellen stehen zu bleiben und diese entweder religiös als Schuld oder naturalistisch als mangelnde Begabung zu hypostasieren" (Horkheimer 1987: 59).

Neben den familiären Verhältnissen, die die ideologische Empfänglichkeit des Einzelnen konstituieren, nimmt die Zugehörigkeit zu sozialen Gruppen (z. B. Beruf, Freizeit, Religion) Einfluss auf die Form des Charakters. Die Teilung der Gesellschaft in Klassen, so Horkheimer, wirke auf die unteren sozialen Schichten hemmend, und zwar zum einen in Bezug auf die Möglichkeit einer aktiven Gestaltung der Lebenspraxis und zum anderen hinsichtlich der Möglichkeit der Partizipation an ge-

---

13 Ausführlich zur Bedeutung von Familienklima, Erziehungsstil und Erziehungszielen vgl. Oesterreich 1993; Hefler et al. 1999; Hopf, Ch. 2000; Oedke 2005: 134; Duriez/ Soenens/Vansteenkiste 2007.

14 Ähnliches konstatiert auch Oesterreich, wenn er „die Art und Weise, in der die kindliche Selbständigkeit und eigenständige Realitätsbewältigung gefördert werden" (ders. 2000: 78) als entscheidende Faktoren für die Sozialisation autoritärer Persönlichkeiten betrachtet und elterliche Zuwendung im Vergleich nachordnet. Hopf hingegen fokussiert und kritisiert konkrete Erziehungspraktiken, die das Kind dazu auffordern, „sich an kleinlich vorgegebene Regeln anzupassen", und die darauf verzichten, „die Anforderungen an das Kind zu begründen und ihren Bezug zu allgemeineren Werten oder Prinzipien zu verdeutlichen" (Hopf, Ch. 2000: 35).

sellschaftlicher Macht (vgl. ebd.: 102 f.).[15] Zur Erklärung der Frage, wie das Wechselverhältnis zwischen Individuen, familiärer Erziehung und Gesellschaft genau zu denken ist, stützen sich die Autoren auf die Überlegungen Fromms zum sadomasochistischen bzw. autoritären Charakter. Mit Bezug auf Freud diskutiert Fromm die psychologische Dynamik der Einstellung von Personen gegenüber Autoritäten in Abhängigkeit von der Bildung und Funktion des Über-Ichs. Das Über-Ich wird als die Verinnerlichung des äußeren Zwanges definiert:

> „Die Autoritäten [...] werden verinnerlicht und das Individuum handelt ihren Geboten und Verboten entsprechend nun nicht mehr allein aus Furcht vor äusseren Strafen, sondern aus Furcht vor der psychischen Instanz, die es in sich selbst aufgerichtet hat" (Fromm 1987: 84.).

Das Über-Ich ist seiner Stärke und seinem Inhalt nach die Widerspiegelung und das Erbe der gesellschaftlichen Verhältnisse in der Familie. Es wird zum Träger der Traditionen. In den Ideologien des Über-Ichs lebt die Vergangenheit fort, die den Einflüssen der Gegenwart nur langsam weicht (vgl. Fromm 1987: 88 ff.). Das Verhältnis von Über-Ich und Autorität wird als dialektisches Prinzip beschrieben:

> „Die äussere in der Gesellschaft wirksame Gewalt tritt dem in der Familie aufwachsenden Kind in der Person der Eltern [...] gegenüber. Durch die Verinnerlichung der Ge- und Verbote in der familiären Erziehung wird das Über-Ich als eine Instanz mit den Attributen der Moral und Macht bekleidet. Ist aber diese Instanz einmal aufgerichtet, so vollzieht sich mit dem Prozess der Identifizierung gleichzeitig ein umgekehrter Vorgang. Das Über-Ich wird immer wieder von neuem auf die in der Gesellschaft herrschenden Autoritätsträger projiziert, mit anderen Worten, das Individuum bekleidet die

---

15 In den vergangenen 40 Jahren hat es im Klassen- bzw. Schichtungsgefüge moderner Gesellschaften erhebliche Veränderungen gegeben, auf die mit geänderten theoretischen Vorstellungen von sozialer Ungleichheit reagiert wurde (vgl. u. a. Hradil 2001; Weiß et al. 2001; Eder 2001). Zur Frage, ob und inwieweit sich diese Entwicklung auf die gesellschaftliche Analyse von Autoritarismus auswirkt und ob die „unteren sozialen Klassen" tatsächlich autoritärer sind, vgl. Hopf, W. 2000; Hennig 2001; Vester 2001; Scheuregger/Spier 2007.

faktischen Autoritäten mit den Eigenschaften seines eigenen Über-Ichs. Durch diesen Akt der Projektion des Über-Ichs auf die Autoritäten werden diese weitgehend der rationalen Kritik entzogen. Es wird an ihre Moral, Weisheit, Stärke in einem von ihrer realen Erscheinung bis zu einem hohen Grade unabhängigen Masse geglaubt. Dadurch aber werden diese Autoritäten umgekehrt wiederum geeignet, immer von neuem verinnerlicht und zu Trägern des Über-Ichs zu werden" (Fromm 1987: 84).

Die Erfahrungen der Kindheit sind es also, die die Dispositionen schaffen, welche eine relative Schwerfälligkeit und Trägheit des psychischen Apparates den realen Veränderungen gegenüber bewirken (vgl. Horkheimer 1987: 86). Das Über-Ich ist aber keineswegs eine Instanz, die in der Kindheit einmal gebildet wird und von da an im Menschen gleich bleibt. Die Ausgestaltung des Über-Ichs ist abhängig von den in einer Gesellschaft maßgebenden Autoritäten. Das Verhältnis der Individuen zur Autorität bedingt ein dauerndes Zusammenwirken der gesellschaftlichen Institutionen zur Erzeugung und Festigung der entsprechenden Charaktertypen (vgl. Fromm 1987: 85; ebenso Horkheimer 1987: 49).

Neben der Ausbildung des Über-Ichs spielt die Entfaltung und Entwicklung des Ichs eine wesentliche Rolle bei der Entstehung „autoritärer Charaktere". Das Ich repräsentiert die Fähigkeit des Einzelnen im Horizont des aktiv planenden, die Umwelt verändernden Handelns (vgl. Fromm 1987: 101 f.). Im Unterschied zum Über-Ich sind die Vorgänge im Ich bewusst; Triebfeder des Ichs ist das „vernünftige Denken" (ebd.: 99). Ein starkes Ich ist in der Lage, Entscheidungen durch das Abwägen von Informationen zu treffen. Das Denken ist der Handlung vorgeschaltet. Die Vorgänge im Über-Ich tauchen dagegen nicht im Bewusstsein auf, können nicht hinterfragt werden. Das „Denken" im Zeichen des Über-Ichs übt die Funktion der „Rationalisierung" aus, d. h. der Legitimation des Handelns. Es ist der Handlung nachgeschaltet. Der Hauptunterschied zwischen dem Ich und dem Über-Ich ist demzufolge also die Annahme der Möglichkeit zur Veränderung und/oder zur aktiven Auswahl und Gestaltung der eigenen Handlungen. Als Determinanten der Ich-Entwicklung beim Kind werden die „Erziehung zur Selbstständigkeit" und das „Fehlen von Angst" genannt.

„Je mehr die Erziehung darauf abzielt, das vernünftige Denken und im Masse der sich entwickelnden kindlichen Kräfte die aktive Tätigkeit des Kindes zu stärken, desto mehr trägt sie dazu bei, das Ich des Kindes zu entfalten. Eine Erziehung, die das Kind täuscht, statt es aufzuklären, und die das Kind an aktiv planender Lebensgestaltung im Rahmen seiner Möglichkeiten hindert, bedeutet dagegen eine Schwächung der Ich-Entwicklung" (Fromm 1987: 102).

Je schwächer das Ich, desto wahrscheinlicher ist es, dass sich die Person den gegebenen gesellschaftlichen Verhältnissen unhinterfragt unterordnet, diese unhinterfragt übernimmt, eben aufgrund ihrer psychischen Abhängigkeit von diesen Strukturen. Das Verhältnis von Ich und Über-Ich spielt eine entscheidende Rolle bei der Ausbildung der unterschiedlichen Charaktere bzw. Charakterstrukturen. Die Fähigkeit, Kritik zu üben, ist abhängig von der Ich-Entwicklung. Personen, die ein schwaches Ich besitzen, sind weitaus weniger in der Lage, ihr Leben ohne die Hilfe „der irrationalen Gefühlsbeziehung zur Autorität und ihrem innerseelischen Repräsentanten, dem Über-Ich" (Fromm 1987: 110) zu meistern.

Die Empfänglichkeit einer Person für die in einer Gesellschaft vorherrschenden Ideologien und Machtstrukturen wird also maßgeblich von der Stärke der Ich-Entwicklung beeinflusst.[16] Von dieser Bestimmung ausgehend kann autoritäres Handeln als unkritisches, unhinterfragtes Festhalten an den gegebenen hierarchischen Strukturen und Ordnungsprinzipien verstanden werden; die Wahrnehmung derselben gestaltet sich als „natürlich gegeben", „unveränderbar" (vgl. Horkheimer 1987: 40 ff.). Personen, die sich durch einen autoritären Charakter auszeichnen, sind demnach nicht dazu in der Lage, die gegebenen Verhältnisse kritisch zu hinterfragen – „durch theoretisches Denken selbständig über die bloße Feststellung, das heißt die Aufnahme des Stoffs in konventionellen

---

16 Anders konzeptionalisiert Oesterreich das Verhältnis: Nicht die Stärke der Ich-Entwicklung, sondern die Autonomie steht im Mittelpunkt seiner Überlegungen (Oesterreich 2000: 78); während Hopf die Entwicklung autoritärer Charaktere in Abhängigkeit vom „Aufbau einer inneren moralischen Instanz" (u. a. Hopf, Ch. 2000: 35) diskutiert. Die Pointierungen fallen also in neueren Konzeptionalisierungen unterschiedlich aus.

Begriffen, hinauszugehen, vermögen sie nicht" (ebd.: 59). Gesellschaftliche Einteilungen, wie z. B. nach Geschlecht, Religion oder Nationalität, werden von ihnen kritiklos übernommen und als natürlich gegeben (v)erkannt (vgl. ebd.; aktuell ebenso Buttler 2000; Feldman 2000, 2003; Duriez/Soenens 2006). Doch ist die Familie, die bislang im Zentrum der Ausführungen stand, nur eine, wenngleich zentrale Sozialisationsagentur; die Institution Schule aber stellt einen weiteren, wesentlichen Faktor dar. Die Erklärungsmodelle in diesem Feld sind wiederum unterschiedlichen Theorietraditionen und -ansätzen verpflichtet.

2.2 Sozialisationsagenturen jenseits der Familie: Formale Schulbildung und sozialer Status

Im Folgenden geht es um den Einfluss *formaler* Schulbildung auf den Umgang von Personen mit sozialen Kategorien und Identifikationsprozessen. Zahlreiche empirische Studien belegen nicht nur einen Zusammenhang zwischen formaler Schulbildung und Autoritarismus (vgl. Hopf, W. 2000: 114 f.; Dekker/Ester 2005), sondern ebenso zwischen formaler Schulbildung und Vorurteilen, rechtsextremistischen Einstellungen, Antisemitismus, Ausländerfeindlichkeit, spezifischen politischen Orientierungen usw. (zusammenfassend vgl. Zick 1997: 187 ff.; Oedke 2005: 142 ff.). Ebenso vielfältig wie die Untersuchungsschwerpunkte fallen die Erklärungsansätze aus: Grundsätzlich lassen sich soziologisch orientierte von sozialpsychologischen Erklärungsansätzen differenzieren (vgl. Zick 1997: 195). Während Letztere primär den Einfluss unterschiedlicher kognitiver und affektiver Möglichkeiten in Abhängigkeit vom Bildungsniveau einer Person diskutieren, stellen die soziologischen Ansätze die gesellschaftlichen Bedingungen und Möglichkeiten in Abhängigkeit vom Bildungsniveau einer Person in den Mittelpunkt ihrer Überlegungen. Angeführt werden sozioökonomische Aspekte, wie die Konkurrenz um ähnliche gesellschaftliche Ressourcen (Arbeitsplatz, Wohnung etc.) oder Bildungsunterschiede und die damit einhergehenden Unterschiede hinsichtlich der Vermittlung sozialer und demokratischer Werte (vgl.

Zick 1997: 195 f.). Prinzipiell gehen Heyder und Schmidt davon aus, dass der Grad der Bildung mindestens drei Merkmale beeinflusst: a) den sozialen Status, b) die Werte und c) die kognitiven Fähigkeiten einer Person (vgl. dies. 2000: 125; ferner Weins 2004: 15 ff.). Es lohnt sich an dieser Stelle, näher auf diese `Bildungseffekte´ und ihre institutionellen Rahmungen einzugehen.

Als eine der Hauptaufgaben des „modernen" Bildungswesens identifiziert Hradil – neben der Vermittlung von Kenntnissen, Fähigkeiten und eines „Grundkonsens von Grundwerten und gemeinsamen ‚Spielregeln‚" – die Statuszuweisung:

> „Den Bildungseinrichtungen wurde seit dem Ende der Ständegesellschaft immer konsequenter die Aufgabe übertragen, die individuelle Leistungsfähigkeit bzw. -bereitschaft zu messen und zu bestätigen. Mit diesen Leistungsnachweisen soll den einzelnen der gesellschaftliche Status zugewiesen werden, der ihnen gemäß ihren individuellen Leistungen zukommt" (Hradil 2001: 150).

Bildungsunterschiede lassen sich also als Ausdruck sozialer Ungleichheit, die durch die Institution Schule gefördert wird, verstehen, während der Bildungsgrad einer Person auf die damit verbundene bzw. antizipierte soziale Stellung, die als Benachteiligung (sozioökonomische Deprivation) zum Ausdruck kommen kann, verweist (vgl. u. a. Oedkle 2000: 144; zum Stellenwert der Bildung in modernen Gesellschaften siehe auch Hradil 2001: 148 ff., 270 ff., 274 ff.).

> „In a post-industrial service economy, higher education implies higher job mobility and greater job security. Education-as-an-individual-resource means better economic protection and less relative deprivation. Education enhances one´s social and cultural capital, securing success in adulthood. In times of economic crisis, the lower educated become the first victims precisely because their low education level reflects their lack of human capital to be competitive in the labor market. Their deficiency (in terms of ego security) puts the lower educated at a disadvantage" (Dekker/Ester 2005: 216; Allmendinger/Leibfried thematisieren diese Problematik unter dem Begriff Bildungsarmut, vgl. dies. 2002).

Mit der formalen Schulbildung verbunden sind nicht nur unterschiedliche Chancen der Machtteilhabe (vgl. Dekker/Ester 2005: 270), sondern auch unterschiedliches Prestige (vgl. ebd.: 274 ff.).[17] So verweisen z. B. die Ausführungen Helspers nicht nur auf die – von der formalen Schulform abhängigen – antizipierten Chancenunterschiede von Schülerinnen und Schülern, sondern implizit auch auf das damit verbundene Ansehen:

> „Die Hauptschule ist ein schulischer Bildungsraum, in dem sich Jugendliche […] sammeln, die von schulischem Scheitern bzw. von entwerteten Bildungsabschlüssen bedroht sind, so dass die Schülerschaft der Hauptschule sich zusehends aus negativ ausgelesenen Schülern rekrutiert, deren soziales und kulturelles Kapital gesunken ist" (Helsper 2006: 301).

Im Gegensatz dazu zeichne sich das Gymnasium durch eine „privilegierte Schülerschaft" aus, eröffne alle Optionen und „verheißt schulische Abschlüsse, die zwar keine Garantie auf Erfolgskarrieren mehr darstellen, aber nachschulischen Erfolg erwarten lassen" (vgl. Helsper 2006: 303 f.). Sowohl mit der formalen Schulbildung als auch der besuchten Schulform verknüpft sind also nicht nur ungleiche Lebensbedingungen und Chancen, sondern auch damit verbundene (selbst)wertbezogene Einschätzungen der an diese Position gebundenen sozialen Identität einer Person (vgl. u. a. Wagner 1994; Malka/Miller 2007; ausführlich siehe Kapitel 2.3). Hradil hypostasiert, dass „das Sinnen und Trachten vieler Menschen sich auf die Erhöhung ihres Ansehens, auf die Vermeidung von Ansehensverlusten, auf die Einschätzung anderer [richtet]" (2001:

---

17 Hradil definiert Prestige als eine „symbolische" Dimension sozialer Ungleichheit. „Prestiges in einem generellen Sinne liegen immer bestimmte Merkmale von Menschen zugrunde, die Mitmenschen Anlaß zu Bewertung und zu bewertenden Verhaltensweisen geben. Prestige besteht aus den, oft in bestimmter Weise ‚verzerrten', symbolischen ‚Widerspiegelungen' von Kennzeichen wie dem Beruf, der Nationalität, der Herkunft, dem Aussehen, dem Wohnort, charakteristischen Eigenschaften, typischen Verhaltensweisen etc." (ders. 2001: 275). Im Gegensatz dazu definiert Hradil Macht „im Sinne der Überlegenheit von Menschen über andere Menschen" (ders. 2001: 258): „Macht soll jede wesentliche Beeinflussung heißen, die ein Bestandteil der Gesellschaft über einen anderen ausübt bzw. ausüben kann, ohne daß dieser in der Lage ist, sich der Einwirkung zu entziehen" (ebd.).

274). Infolge drohender Benachteiligung hinsichtlich der gesellschaftlichen Partizipation impliziert ein niedrigerer sozialer Status demnach gleichzeitig auch eine Gefährdung der an diese Position gebundenen Identität, die es zu kompensieren gilt. So kann Wagner unter anderem zeigen, dass Mitglieder einer statusniedrigeren Gruppe verstärkt bemüht sind, Intergruppenvergleiche mit einer dritten Gruppe auszutragen. Die Abwertung einer „dritten" Fremdgruppe bzw. die Aufwertung der Eigengruppe sei insbesondere dann zu erwarten, wenn die Eigengruppe im Vergleich zu einer (zweiten) Bezugsgruppe einen niedrigen Status einnimmt (vgl. ders. 1994: 17 ff.). Die jeweils besuchte Schulform verweist aber nicht nur auf den sozialen Status der Person, sondern lässt überdies Rückschlüsse auf den der Eltern zu (vgl. u. a. Hradil 2001: 165 ff.; Fuchs/ Sixt 2007[18]). Neben unterschiedlichen sozioökonomischen Bedingungen – abhängig von der formalen Schulbildung, dem Beruf und Einkommen der Eltern – können ferner auch unterschiedliche Erziehungs- und Sozialisationsbedingungen angenommen werden (vgl. u. a. Hradil 2001: 447 ff.; Vester 2001). Nicht zuletzt werden im Kontext Erziehung bzw. Sozialisation auch Werte vermittelt, die als „grundlegende, zentrale Zielvorstellungen", als „Orientierungsrichtlinien" für das Handeln sowie als Grundlagen des sozialen Zusammenlebens von Menschen innerhalb von (Sub-)Kulturen angesehen (Hillmann 1994: 928). Da dieser Perspektive angesichts der zentralen Forschungsfragen Relevanz zu bescheinigen ist, wird das Thema Bildung und Werte nachstehend verhandelt.

Sowohl in der soziologischen als auch sozialpsychologischen Forschung wird die These vertreten, dass Bildung Einfluss auf die Übernahme verschiedener wertbezogener Orientierungen zeitigt (vgl. zusammenfassend u. a. Zick 1997: 195 ff.; Trüdinger 2006: 32 ff.). Neben dem Verweis auf die unterschiedlichen Lebensbedingungen und die damit zusammenhängenden Unterschiede in den Erziehungs- und Sozialisationsbedingungen wird diskutiert, ob bzw. inwiefern Bildung Einfluss

---

18 Fuchs und Sixt können zeigen, dass der sozialen Vererbung von Bildungserfolgen ein sich über mehrere Generationen erstreckender Mechanismus zugrunde liegt, so dass nicht nur das Bildungsniveau der Eltern, sondern auch das der Großeltern noch einen beträchtlichen Einfluss auf die Bildungschancen der Enkel ausübt (vgl. dies. 2007: 1).

auf die Werte- bzw. die moralische Entwicklung nimmt (vgl. u. a. Hopf, Ch. 2000; Trüdinger 2006: 31). Je nach individuellem Bildungs- und Wissensstand, so eine der zentralen Thesen, verändert sich der Charakter des Entscheidungsprozesses und die Organisation der Entscheidungsstrukturen (vgl. u.a. Van Hiel/Mervielde 2003; Dekker/Ester 2005). Überdies werden die schulischen Anerkennungsbeziehungen – das restriktive oder autoritäre Lehrerverhalten sowie die ausgeprägten oder geringen Partizipationsmöglichkeiten der Schülerinnen und Schüler – „als bedeutsame Größe für moralisch-kognitive Achtung" betrachtet (vgl. Helsper 2006: 293; Helsper/Krüger 2006; Sandring 2006). Beispielsweise können Helsper, Böhm-Kasper und Sandring auf der Basis von qualitativen und quantitativen Studien zeigen, dass abhängig von der Schulform jeweils andere Anerkennungsbeziehungen und Integrationspotenziale relevant werden. Zugleich eröffnen sich unterschiedliche Möglichkeitsräume für politische Bildungsprozesse:

> „In der Hauptschule steht die Stärkung der Schülerpersönlichkeit über die emotionale Zuwendung im Vordergrund. Erst auf dieser Grundlage werden Mitwirkungsmöglichkeiten in Unterricht und Schule für die Schüler bedeutsam. Kurz: die Relevanz der Achtung und emotionalen Stützung ist für die Schüler grundlegender als die Partizipation[...]. Im Gymnasium steht demgegenüber die Einforderung und Eröffnung der Beteiligung von Schülern im Horizont des an Kritikfähigkeit und sozialer Verantwortung orientierten Schülerideals im Vordergrund. Partizipation wird damit umfassend eröffnet, aber auch von den Schülern eingefordert, so dass davon auszugehen ist, dass Schüler an dieser Schule nur selten an Grenzen ihrer Partizipation stoßen. Allerdings geht mit der Eröffnung von Partizipationsräumen hier die Forderung der richtigen Partizipation einher. Die Schüler am Gymnasium machen damit – viel deutlicher als die Schüler der Hauptschule – die Erfahrung, dass sie hinsichtlich ihrer Fähigkeiten und Haltungen mit Bezug auf das hohe Schülerideal auch kritisiert und mit Defizitdiagnosen konfrontiert werden." (Helsper/Böhm-Kasper/Sandring 2006: 335 f.).

Helsper zufolge entsteht in der untersuchten Hauptschule demnach zwar ein „partikularistisch an die Klassengemeinschaft gebundenes politisches Gemeinschaftshandeln" (Helsper 2006: 316), welches aber von den Schülerinnen und Schülern selbst nicht als politische Option gedeutet werden könne, während das Gymnasium „ein breites Feld für politische Teilhabe" zur Verfügung stelle, „so dass von einer *schulischen Polis* und einem *pädagogischen Raum kritisch-diskursiver Öffentlichkeit* gesprochen werden kann" (ebd.: 317). Demgegenüber erzeuge die untersuchte Sekundarschule einen „autoritative[n], paternalistische[n] Raum der Unterordnung und Unterwerfung" (ebd.: 316 f.), welcher von den Schülerinnen und Schülern entweder Unterordnung oder aber Rebellion erzwinge, während die Gesamtschule lediglich einen „inkonsistente[n], demokratisch-politische[n] Scheinraum" eröffne (ebd.: 317). Ebenso zeigen sich im Umgang mit und in der Konstruktion des Fremden abhängig von der Schulform jeweils spezifische Anerkennungsverhältnisse. So ist der Bezug auf das Fremde und Andere im Gymnasium wie in der Hauptschule inhaltlich gegeben, im Unterschied zur Hauptschule wird der Bezug auf das Fremde am Gymnasium jedoch nicht durch eine diffuse, identifikatorische Übernahme entsprechender Werte geleitet, sondern als Aufforderung zur kritischen, reflexiven Auseinandersetzung verstanden.

> „Der positive Bezug auf das Fremde ist im Gymnasium somit weniger als Ausdruck emotionaler Hinwendung oder aufwertender Stilisierung des Fremden zu verstehen, sondern in eine umfassende kritische, rationale Haltung eingebettet" (Helsper 2006: 314).

Heteronomie, reproduktive Bindungen, Anpassung, Passivität, blinder expressiver Aktionismus, Egoismus etc. werden hingegen als abzulehnende Haltungen konstruiert (vgl. ebd.: 314 ff.). Nicht die Ausbildung an sich, so ließe sich zusammenfassen, sondern die Art der schulischen Sozialisation, die Vermittlung toleranzfördernder Werte ist entscheidend (vgl. Weins 2004: 16). Offen bleibt allerdings die Frage, ob Schulbildung tatsächlich differenzierte Sichtweisen und Toleranz fördert oder ob diese Form der Bildung die Befragten nicht lediglich in die Lage versetzt, wenn nicht sogar dazu auffordert, ihre wahren Einstellungen besser zu maskieren. Von dieser Warte aus könnte geschlossen werden, dass Personen mit einem höheren Bildungsniveau leichter lernen bzw. internalisieren, welche Antworten sozial erwünscht sind (grundlegend Jackman 1978, 1981 und Jackman/Muha 1984). Zudem würden bestimmte Frageformate unterschiedliche Reaktionen in Abhängigkeit vom Bildungsstand hervorrufen; „sozial aufgeladene" und vereinfachende Fragen würden von höher Gebildeten eher abgelehnt (vgl. Weins 2004: 17). Die Überlegungen zusammenfassend lässt sich festhalten, „je länger der Verbleib im Bildungssystem [...] um so stärker ist die Tendenz zu sozial erwünschtem Antwortverhalten ausgeprägt" (ebd.). Des Weiteren lassen sich Theorieansätze finden, die Bildungsdifferenzen auf unterschiedliche Formen der Informationsverarbeitung zurückführen (zusammenfassend Oepke 2005:143 f.). Der Grundgedanke lautet, dass Personen mit einem höheren Bildungsniveau über ein höheres Maß an kognitiver und assoziativer Flexibilität und verbaler Intelligenz verfügen, was ihnen erlaubt, Informationen stärker zu differenzieren.

> „Education broadens, multiplies, and diversifies the individual`s world view. It expands awareness and knowledge of alternative social and cultural perspectives, preventing narrowness and reinforcing broadmindedness"(Dekker/Ester 2005: 215).

Personen, die sich durch einen hohen Grad an kognitiver Differenziertheit und Integriertheit auszeichnen, werden „flexibler" in ihren Urteilen und Handlungen, weil sie mehr alternative Gesichtspunkte erzeugen können und abzuwägen vermögen. Umgekehrt sei ein Mensch, der ein geringes kognitives Integrationsniveau aufweist, „unfähig, seine Vorstellungen und Begriffe den sich verändernden Bedingungen der Situation anzupassen" (Wagner 1982: 29). Sie tendieren infolgedessen „zu Übergeneralisierungen, zur Verwendung von dichotomen, wenig nuancierten und absoluten Urteilen, zur Schwarz-Weiß-Malerei" (ebd., ausführlich vgl. Kapitel 2.3). Van Hiel und Mervielde bekräftigen:

> „High complexity indicates that a decision-maker carefully weights all the relevant perspectives on an issue and then integrates them into a coherent position. Low complexity indicates that only one viewpoint is considered, which is maintained with dogmatic tenacity" (van Hiel/Mervielde 2003: 781).

Folgt man den Ausführungen der Autoren, wird deutlich, dass Überzeugungen, unter anderem im Feld der autoritär orientierten und intoleranten Einstellungen, nicht ausschließlich auf die familiäre Sozialisation, sondern ganz allgemein auf unterschiedliche Erziehungspraktiken und Erziehungsziele zurückzuführen sind. In Anlehnung an Mandl und Hubert konstatiert Wagner schon 1982, dass „schulische Einflüße dann die Entwicklung von Komplexität behindern, wenn bevorzugt eine produktionsorientierte Leistungsforderung gestellt wird" (ders. 1982: 57 f.). Ob eine Person über ein ausdifferenziertes kognitives System verfügt, wird also – ähnlich wie in den Überlegungen zur autoritären Persönlichkeit – als abhängig von der sozialen Entwicklungsgeschichte eines Menschen und vom Erziehungsstil beschrieben. Als entwicklungshemmend werden u. a. Erziehungsstile und Techniken eingestuft, die durch ein Übermaß an externer Kontrolle, durch Überbewertung formaler Regeln und äußerer Verhaltensmaßstäbe charakterisiert sind. Sie lassen keinen Spielraum für alternative Entwicklungen und Kreativität und das Persönlichkeitsspektrum einer Person wird eingegrenzt. Im Gegensatz dazu würden Erziehungspraktiken, die die Neugier fördern und möglichst viele Wahrnehmungen bzw. Interpretationen einer Situation zulassen das zunehmend selbständige Erforschen und Urteilen fördern (vgl. Wagner 1982: 56 f.; siehe auch Tulodziecki/Herzig/Blömeke 2004).

Die Überlegungen zusammenfassend lässt sich festhalten, dass der Umgang mit sozialen Kategorien in hohem Maße auch von der sozialen Schichtzugehörigkeit und dem Grad formaler Bildung bestimmt ist. Je nach Schichtzugehörigkeit und Schulform können unterschiedliche Lernbedingungen, Erziehungsstile und Lernziele angenommen werden, die Einfluss auf die Differenziertheit und Integriertheit des kognitiven Systems und damit auf das soziale Kategoriensystem einer Person ausüben. Personen mit einer niedrigen Schichtzugehörigkeit und einem niedrigen formalen Bildungsniveau verfügen demnach über einen geringeren Grad an kognitiver Strukturiertheit und über ein vergleichsweise weniger stark ausdifferenziertes soziales Kategoriensystem. Im Mittelpunkt der bisher erörterten theoretischen Ansätze steht der Einfluss verschiedener Sozialisationsinstanzen auf den Umgang von Personen mit sozialen Kategorien und deren Relevanz für soziale Identifikationsprozesse. Welche Rolle aber spielt das soziale Kategoriensystem einer Person und welche Bedeutung kommt den sozialen Identifikationsprozessen zu, wenn es um die Wahrnehmung und den Umgang von Personen mit kultureller Vielfalt geht? Auf diese und ähnliche Fragen geht das folgende Kapitel ein. Als theoretische Bezugsgrößen dienen die im Rahmen des Social Identity Approach formulierten Theorieansätze.

2.3 Soziale Kategorien und Identifikationsprozesse: Der Social Identity Approach

Der Social Identity Approach besteht aus einer Reihe historisch aufeinander folgender Ansätze und Theorien (für einen Überblick vgl. Hogg/ Abrams 1999; Brown 2000; Hewstone/Rubin/Willis 2002). Die Teilkonzepte des Social Identity Approach umfassen

- die Akzentuierungstheorie oder auch Theorie der Reizklassifikation von Tajfel (1957, 1959, 1975) und Lilli (1975),
- die Theorie sozialer Kategorisierung (Tajfel 1981),
- die Theorie sozialer Identität von Tajfel und Turner (1979, 1986) und
- die (Selbst-)Kategorisierungstheorie von Turner et al. (1987).

Im Zentrum der Überlegungen des Social Identity Approach steht die Frage nach der Bedeutung und Funktion sozialer Kategorisierungsprozesse für die Wahrnehmung und Beurteilung von Personen bzw. Personengruppen. Forschungstheoretisch knüpfen die Ansätze vor allen Dingen an kognitionswissenschaftliche Überlegungen an. So konzentriert sich insbesondere die Akzentuierungstheorie oder Theorie der Reizklassifikation rein auf die Analyse der kognitiven Funktion sozialer Kategorien (kognitive Analyse der Ursachen und Folgen sozialer Stereotype). Erst später wurde auch deren soziale Funktion – ihre Rolle bei der Entstehung und Erhaltung von Gruppenideologien sowie bei der Schaffung positiv bewerteter Differenzierung zwischen Gruppen – in den Blick genommen (vgl. Stroebe 1982: 7 f.; siehe auch Wagner 2006).

Den frühesten Ansatz des Social Identity Approach stellt die „Akzentuierungstheorie" (Tajfel 1982: 23), die auch unter der Bezeichnung „Theorie der Reizklassifikation" (vgl. Wagner/Zick 1990: 319 f.) firmiert, dar. Die Akzentuierungstheorie knüpft an die Forschungsarbeiten über „organisierende Faktoren in der Perzeption" an und beschäftigt sich mit dem „Phänomen der perzeptuellen Überschätzung" von Personen in Abhängigkeit von gegebenen Stimuli (Tajfel 1982: 28 ff.).[19] Die Untersuchungen zeigen, dass die Einschätzung von Personen hinsichtlich der physikalischen Dimension (Größe, Gewicht usw.) immer dann überschätzt wird, wenn die Stimuli in Klassen oder Serien unterteilt werden (vgl. Tajfel 1957: 192 ff., 1959: 16 ff.). Bildet die Klassifikation zudem einen Wert für die Person oder wird sie in irgendeiner Form als emotional relevante Kategorie erlebt, nimmt die auftretende Überschätzung der Differenzen zwischen den Klassen noch einmal zu (vgl. Marchand 1970: 264 ff.; Lilli 1970: 57 ff.; Lilli/Lehner 1971: 285 ff.; Wagner 2006: 663). Die Ergebnisse zusammenfassend konstatiert Tajfel:

> „Wenn eine Folge von Stimuli in der Umwelt durch Kategorisierung auf der Grundlage eines Kriteriums systematisiert oder geordnet worden ist, dann wird diese Anordnung bestimmte vorhersagbare Auswirkungen auf die Beurteilung dieser Stimuli ausüben. Diese Auswirkungen bestehen aus Veränderungen in den wahrgenommenen Beziehungen zwischen den Stimuli [...]. Die sich daraus ergebende Urteilspolarisierung und das besondere Gewicht, das einige Stimuli erhalten, dienen als Anhaltspunkte bei der Einführung

---

19 In der klassischen Studie von Tajfel und Wilkes (1963) werden den Versuchspersonen einzelne Linien von unterschiedlicher Länge vorgelegt. In der Klassifikationsbedienung wurden die kürzeren Linien immer gleichzeitig mit dem Buchstaben „A", die längeren Linien immer zusammen mit dem Buchstaben „B" präsentiert. Die Aufgabe der Versuchspersonen besteht darin, die Längen der Linien einzuschätzen. In den Urteilen zeigt sich, dass die Einstellung der Stimuli in Klassen bzw. Serien die Versuchspersonen dazu veranlasst, die Längenunterschiede zwischen den beiden Klassen zu überschätzen und die Unterschiede innerhalb der Klassen zu unterschätzen (vgl. u. a. Wagner 2006: 663).

subjektiver Ordnung und Vorhersagbarkeit in eine ansonsten ziemlich chaotische Umwelt" (ders. 1982: 48).

Tajfel geht davon aus, dass der Überschätzung von Unterschieden zwischen Kategorien und der Unterschätzung der Unterschiede innerhalb einer Kategorie hauptsächlich ein funktionaler Mechanismus zugrunde liegt, der zur Orientierung des Individuums in seinem Umfeld dient (vgl. ebd.: 34 ff.; ebenso Lilli 1970: 58; Grier/McGill 2000; Urada/Stenstrom/ Miller 2007). Allein die Verwendung von Klassifikationen kann also zu Urteilsverzerrungen führen, wobei die Größe und das Gewicht der Urteilsverzerrung vom wahrgenommenen Bedeutungsgehalt der Merkmale abhängt, d. h. von der Relevanz, die eine Person den Stimuli zuweist (vgl. u. a. Clement/Krüger 2002). Auf soziale Kategorien angewandt hieße das, dass die bloße Einteilung von Personen in Gruppen sowohl intra- als auch intergruppale Prozesse hervorrufen würde. Die klassischen Indikatoren von Interdependenz und Kohäsion wahrgenommener Ähnlichkeiten innerhalb einer Gruppe und Sympathie für die Mitglieder der eigenen Gruppe wären demnach aus der Perspektive des Social Identity Approach keine konstituierenden Merkmale einer Gruppe, sondern vielmehr das Ergebnis eines vorgeordneten Kategorisierungsprozesses: Sie sind nicht als unabhängige, sondern als abhängige Variablen zu betrachten (vgl. u.a. Clement/Krueger 2002: 219).

Gestützt wird die These durch die Untersuchungen zu den minimalen Bedingungen der Gruppenbildung, wonach die völlig zufällige Einteilung von Personen in Gruppen, unabhängig von der Interaktion der Mitglieder zwischen und innerhalb der Gruppen, das Verhalten von Personen beeinflusst, und zwar insofern, dass die Mitglieder der Eigengruppe gegenüber denen anderer Gruppen nicht nur als ähnlicher wahrgenommen, sondern überdies durchgängig bevorzugt werden:

„Participants, after being divided into groups according to trivial categories, are asked to allocate resources (e.g. points or money) between members of their own group ("in-group") and members of another group ("out-group") on specially prepared allocation matrices. During these allocations, participants (a) cannot allocate resources to themselves, (b) do not know the persons to whom they allocate resources, and (c) cannot expect further interactions with the other group members. The only thing they know for sure is the group membership of the allocation targets. The usual finding in such MGP [minimal group paradigm, C.SCH.] is that, on averarage, participants give significantly more resources to in-group members than to out-group members" (Hertel/Kerr 2001: 316).

Verschiedene Studien zeigen, dass Personen ihre eigene Gruppe selbst dann noch aufwerten, wenn die Probandinnen bzw. Probanden eine Wahl zwischen Handlungen haben, die Vorteile für alle, für die eigene Gruppe und die Fremdgruppen, einschließen (vgl. Tajfel et al. 1971: 154 ff.), und sie sich der Willkür der Einteilung der Gruppen bewusst sind (vgl. Tajfel/Billig 1973: 32 ff.). Wilder argumentiert in diesem Zusammenhang und auf Basis empirischer Daten, dass alleine die Anwesenheit einer Fremdgruppe ausreicht, um Intragruppenprozesse zu aktivieren (vgl. ders. 1984: 323 ff.; für einen Überblick über das Minimal-Group-Paradigma vgl. Zick 1997: 123 ff.; Wagner 1994: 13 f.; Clement/Krueger 2002; Hodson/Dovidio/Esses 2003; Rubini/Moscatelli/Palmonari 2007; kritisch Hertel/Kerr 2001).

Soziale Kategorien werden im Rahmen des Social Identity Approach als kognitive Werkzeuge interpretiert, die es erlauben, die soziale Umwelt zu unterteilen, zu klassifizieren und zu systematisieren. Diese `Operationen´ versetzen Individuen erst in die Lage, verschiedene Formen sozialer Aktionen zu unternehmen und sich in der sozialen Umgebung zurechtzufinden. Sie systematisieren aber nicht nur die soziale Welt, sondern liefern auch ein System zur Orientierung im Hinblick auf den Selbstbezug. Sie definieren die Stellung des Individuums in der Gesellschaft.

„Groups serve many functions, and people affiliate for many reasons. One function and reason for affiliation is provision of an identity and associated consensual belief system that informs us who we are and how we should view and treat others, and how others will view and treat us" (Hogg et al. 2007: 135).

Ausgehend von den Überlegungen zur Reizreaktionstheorie und den Ergebnissen zu den minimalen Bedingungen von Gruppenzugehörigkeiten gehen Tajfel und Turner (1979, 1986) der Frage nach der besonderen Bedeutung und Funktion sozialer Kategorisierungsprozesse, die der Einteilung von Personen in Gruppen zugrunde liegen, nach. Die Grundannahme besagt, dass die Einteilung von Personen in Gruppen – die als Kategorien sozialer Zugehörigkeit definiert werden können – nicht nur der Systematisierung der sozialen Umwelt dient, sondern darüber hinaus ihren Mitgliedern ein selbstreferenzielles System bereitstellt (vgl. u. a. Scheepers/Ellemers 2005: 192). Gestützt werden diese Überlegungen durch die „Theorie sozialer Identität", die nun in aller gebotenen Ausführlichkeit rekapituliert wird, da sie eine der zentralen Grundlagen dieser empirischen Studie bildet.

2.3.1 Gruppenzugehörigkeiten und soziale Identität

Die Theorie sozialer Identität basiert auf drei voneinander abhängigen Grundannahmen:

> „1. Individuals strive to maintain or enhance their self-esteem: they strive for a positive self-concept.
> 2. Social groups or categories and the membership of them are associated with positive or negative value connotations. Hence, social identity may be positive or negative according to the evaluations (which tend to be socially consensual, either within or across groups) of those groups that contribute to an individual's social identity.
> 3. The evaluation of one's own group is determined with reference to specific other groups through social comparisons in terms of value-laden attributes and characteristics. Positively discrepant comparison between in-group and out-group produce high prestige, negatively discrepant comparisons between in-group and out-group result in low prestige" (Tajfel/Turner 1979: 40).

Die Aufwertung der eigenen Gruppe gegenüber Fremdgruppen ergibt sich also aus der Motivation einer Person, die eigene Position innerhalb gesellschaftlich bedeutsamer Bezüge positiv von anderen abzugrenzen, kurz: Menschen streben nach einem positiven Selbstkonzept. Die Zugehörigkeit zu einer Vielzahl sozialer Gruppen ist Teil der sozialen Wirklichkeit und zugleich Teil des Selbstbildes bzw. -konzepts von Personen. Die soziale Bedeutung der Mitgliedschaft in einer Gruppe ist abhängig von der Existenz möglicher Vergleichsgruppen; die Bewertung ergibt sich aus dem Vergleich.

> „According to social identity theory, this in-group favoritism is a consequence of sociomotivational processes, whereby people try to maintain positive distinctiveness in social comparisons by increasing the status of a group when it is part of their social self-concept" (Hertel/Kerr 2001: 316 f.).

Die soziale Identität eines Individuums – sein Wissen, einer bestimmten sozialen Gruppe anzugehören, und die emotionale und wertbezogene Bedeutung, die es dieser Mitgliedschaft beimisst – ist also vor dem Hintergrund sozialer Kategorisierungen, die die soziale Umwelt in eigene und fremde Gruppen einteilt und Wertbezüge herstellt, definierbar. Diese Bedingungen bilden die Grundlage für die Einschätzung der eigenen sozialen Identität. Erst der Vergleich ermöglicht die Bewertung und Einordnung. Ziel des Vergleichens ist es, Überlegenheit im Hinblick auf eine als relevant angesehene Fremdgruppe herzustellen, ein Vorgang, der wiederum dem Schutz der eigenen sozialen Identität dient (vgl. Tajfel/Turner 1979: 40).

Wird die eigene soziale Identität bzw. Gruppenidentität durch Veränderungen im sozialen Umfeld bedroht oder als bedroht wahrgenommen, werden Strategien verfolgt, die diese Bedrohungen abwenden (vgl. insbesondere Scheepers/Ellemers 2005). Tajfel und Turner unterscheiden insgesamt drei Varianten der Reaktion auf negative soziale Identitätsbezüge: „individuelle Mobilität", „soziale Kreativität" und „sozialer Wettbewerb" (dies. 1979: 43 f.; vgl. auch Roccas 2003: 352). Unter *individueller Mobilität* wird der Wechsel eines Individuums von einer Gruppe in eine andere verstanden. *Soziale Kreativität* bezeichnet den Versuch, die Position der Eigengruppe durch eine Redefinition von Merkmalen, die für den Vergleich relevant sind, zu verbessern. Derartige Prozesse können z. B. auf Basis eines Wechsels der ursprünglichen Vergleichsdimension realisiert werden. So lassen sich Situationen denken, in denen Gruppen, die sich vorher hinsichtlich ihrer relativen ökonomischen Position verglichen haben, diesen Vergleich in den Bereich der kreativen und/oder sozialen Kompetenzen verlagern. Ferner können die Gruppenmitglieder ihre eigene Position verändern, indem sie die negativ konnotierten Merkmale der Eigengruppe positiv umdeuten – sprich: die Vorzeichen des vorherrschenden Wertesystems vertauschen.[20] Auch ist es möglich, die Vergleichsgruppe zu wechseln und sich fortan mit einer niedrigeren Statusgruppe zu vergleichen. Unter *sozialem Wettbewerb* wird schließlich der Versuch verstanden, durch direkten Wettbewerb, z. B. bei Wettkämpfen, die relativen Positionen umzukehren (vgl. u.a. Roccas 2003: 352).

Welche der genannten Strategien angewandt wird, ist vom allgemein wahrgenommenen Status und der Statusstabilität der Gruppe abhängig: „Two important sociostructural factors are the group's place within the *status hierarchy* and the *stability* of the status hierarchy" (Scheepers et al. 2006: 945; vgl. ferner Tajfel 1982: 131; Ellemers/Spears/ Soosje 2002; Roccas 2003; Scheepers/Ellemers 2005). Der Status reflektiert die relative Position der Gruppe im Vergleich zu anderen Gruppen (vgl. u. a. Roccas 2003). Je niedriger die Statusposition in Bezug zu relevanten Vergleichsgruppen wahrgenommen wird, desto geringer ist ihr Beitrag zu einer positiven sozialen Identität (vgl. Wagner 2006). Überdies wird betont, dass die Wahl der Strategien mit der Überlegung, ob es möglich ist, die Gruppe zu verlassen oder nicht, korreliert:

„Sind die Gruppengrenzen permeabel, werden die Mitglieder unterlegener Gruppen individuell versuchen in die überlegene Gruppe aufzusteigen, individuelle Mobilität zeigen. Werden die Gruppengrenzen als undurchlässig

---

20 Tajfel und Turner beziehen sich in diesem Zusammenhang auf das Beispiel „black is beautiful" (dies. 1979: 43); siehe auch Scharenbergs Analyse des Hip- Hop als Protest gegen materielle und symbolische Ausgrenzung der schwarzen „Unterklasse" (ders. 2001).

wahrgenommen, wird soziale Mobilität erforderlich; d.h. die Gruppenmitglieder versuchen, ihre unterlegene Gruppe als Ganze in ihrem Status zu verbessern. Dies kann durch soziale Kreativität geschehen, indem negativen Attributen der eigenen Gruppe eine positive Bedeutung verliehen, neue Vergleichsdimensionen eingeführt oder noch stärker unterlegene Vergleichsgruppen ausgewählt werden" (Wagner 2006: 665).

In Situationen, in welchen der als übergeordnet wahrgenommene soziale Status der Gruppe als gefährdet angesehen wird und in denen es schwierig oder gar unmöglich scheint, von einer Gruppe zu einer anderen zu wechseln, wird es als wahrscheinlich angesehen, dass die Gruppe versucht, Vorsichtsmaßnahmen zu ergreifen, um die übergeordnete Position zu erhalten: Diese soziale Strategie kann z. B. in Form einer verstärkten Betonung der Unterschiede zwischen den Gruppen zum Ausdruck kommen (vgl. dazu u. a. Turner/Brown 1978: 201 ff.; Scheepers et al. 2006). Konflikte zwischen sozialen Gruppen können vor dem Hintergrund der Theorie sozialer Identität(en) als Streben nach einem positiven Selbstkonzept, einer positiven, an eine soziale Gruppe gebundenen sozialen Identität verstanden werden. Ungeklärt bleiben in diesem theoretischen Rahmen jedoch sowohl die Vorbedingungen und Determinanten sozialer Identitätsbezüge als auch das Wechselverhältnis zwischen personaler und sozialer Identität. Diesen Aspekten geht die Selbstkategorisierungstheorie von Turner et al. (1987) nach. Die Selbstkategorisierungstheorie ist der Theorie sozialer Identität(en) zeitlich nachgeordnet, d. h. sie ist später entstanden. Allerdings werden in diesem Rahmen die theoretischen Grundlagen zum Verständnis sozialer Identifikationsprozesse entwickelt.

2.3.2 *Selbstkategorisierungsprozesse*

Die Theorie der Selbstkategorisierung basiert auf einer Reihe verschiedener Annahmen: Zunächst diskutieren Turner et al. die Grundlagen der Funktion des Selbstkonzeptes bzw. der Selbstkategorisierung von Personen (vgl. dies. 1987: 44 ff.). Das Selbstkonzept einer Person wird grundlegend als „a set of cognitive representations of self available to a person" (ebd.: 44) verstanden. Es besteht aus verschiedenen Komponenten, die hochgradig differenziert sind und relativ unabhängig voneinander funktionieren. Die jeweiligen kognitiven Repräsentationen des Selbst beruhen auf verschiedenen Formen der Selbstkategorisierung, die wiederum als Teil eines hierarchischen Systems von Klassifizierungen aufzufassen sind. Im Hinblick auf die Kategorisierung ist festzuhalten: Je umfassender die Selbstkategorie, desto höher ist die Ebene der Abstraktion.[21]

> „The division of stimuli into classes depends upon perceived similarities and differences (comparative relations), but stimuli can only be compared in so far as they have already been categorized as identical, alike, or equivalent at some higher level of abstraction, which in turn presupposes a prior process of comparison, and so on ad infinitum (at least logically if not psychologically)" (ebd.: 46).

Unterschieden werden insbesondere drei Ebenen der Abstraktion, die ausschlaggebend für das Selbstkonzept einer Person sind:

1. die übergeordnete Ebene des Selbst als menschliches Wesen im Vergleich zu anderen Lebensformen;
2. die mittlere Ebene des Selbst als Mitglied einer oder verschiedener Gruppen im Unterschied zu Mitgliedern anderer Gruppen und
3. die untergeordnete Ebene des Selbst als einzigartiges Individuum im Vergleich zu Mitgliedern der Eigengruppe (vgl. ebd.).

Die Bedeutung einer jeden Ebene der Selbstkategorisierung variiert je nach Bezugsrahmen, d. h. das personale Selbst wird erst dann relevant, wenn Vergleiche auf die Mitglieder der Eigengruppe eingeschränkt sind, während die Eigengruppenmitgliedschaften einer Person Bedeutung

---

21 Als Beispiel nennen Turner et al. hier die Einordnung von hölzernen Stühlen im Vergleich zu ledernen Stühlen. Sowohl hölzerne als auch lederne Stühle sind Unterkategorien der nächsthöheren Kategorie Stuhl und die Kategorie Stuhl ist wiederum Unterkategorie der nächsthöheren Kategorie Möbel usw. (vgl. dies. 1987: 45).

erlangen, wenn Vergleiche sowohl die Mitglieder der Eigengruppe als auch die der Fremdgruppen als menschliche Wesen mit einbeziehen.

„Self-categorization theory draws a distinction between personal identity (the personal self) and social identity (the collective self). Personal identity refers to `me´ versus not `me´ categorizations - all the attributes that come to the fore when the perceiver makes interpersonal comparisons with other in-group members. Social identity, on the other hand, refers to `us´ versus `them´ categorizations - all the attributes that come to the fore when the perceiver compares his or her group (as a collective) to a psychologically relevant out-group" (Onorato/Turner 2004: 259; vgl. auch Simon/Trötschel 2006).

Das Ausmaß, in dem ein Aspekt des Selbstkonzeptes einer Person verhaltenswirksam wird, wird als kontinuierliche Größe gedacht. Turner et al. beschreiben die soziale Selbstwahrnehmung einer Person entlang eines Kontinuums: Die Selbstwahrnehmung kann aus der Perspektive des Ichs als einer einzigartigen Person (maximale intra-personale Identität bei gleichzeitig wahrgenommenem maximalen Unterschied zwischen dem Selbst und anderen Mitgliedern der Eigengruppe) bis hin zur Wahrnehmung des Selbst als Mitglied einer relevanten Gruppe (maximale Ähnlichkeit mit den Mitgliedern der Eigengruppe bei maximal wahrgenommenen Unterschieden zu Mitgliedern anderer Gruppen) erfolgen (vgl. dies. 1987: 49; ebenso Onorato/Turner 2004). Die Wahrnehmungsebene, die dahin tendiert, Ähnlichkeiten innerhalb und Unterschiede zwischen Kategorien zu maximieren, wird als Variable definiert (ausführlich dazu Turner et al. 1987: 44 ff.). In jedem gegebenen Moment variieren also sowohl die Ähnlichkeiten und Unterschiede zwischen der Person, der Eigengruppe und der Fremdgruppe als auch die Ebenen der Abstraktion. Soziale Identitäten variieren aber nicht nur hinsichtlich ihrer Inklusivität, sondern Individuen gehören meist mehreren sozialen Gruppen gleichzeitig an, ohne dass diese Zugehörigkeiten sich vollständig in ein System der logischen Über- und Unterordnung integrieren lassen (vgl. Simon/Trötschel 2006: 687; Sinclair/Hardin/Lowery 2006).

„Some groups may be completely embedded in others (e.g. all Catholics are Christians), some may be completely orthogonal (e.g. Muslims and women) and some may overlap only slightly (e.g. corporate executives and women)" (Roccas/Brewer 2002: 89).

Die Bedingung, unter der eine bestimmte Selbstkategorie in der Selbstwahrnehmung kognitiv vorherrschend wird, um als unmittelbarer Einfluss auf die Wahrnehmung und das Verhalten hin zu wirken, wird als abhängig von der Salienz der Kategorie, d. h. von ihrer „Verfügbarkeit" im Kategorienrepertoire einer Person und ihrer „Passung" für die Stimulussituation, definiert. Anders formuliert:

> „salience of some ingroup-outgroup categorization in a specific situation is a function of an interaction between the `relative accessibility´ of that categorization for the perceiver and the `fit´ between the stimulus input and category specifications" (Turner et al. 1987: 44.; vgl. auch Oakes 1987: 127; Haslam et al. 1999; Sinclair/Hardin/Lowery 2006).

Die Verfügbarkeit einer Kategorie hängt von den Erfahrungen einer Person und den daraus resultierenden Erwartungen an eine bestimmte Situation ab (ausführlich vgl. auch Oakes 1987: 118 ff.; Wegener 2000: 23 ff.). Die Idee der Passung bezieht sich auf den Grad, in dem die Realität tatsächlich zu den Kriterien passt, die die Kategorie definieren (vgl. u. a. Haslam et al. 1999; Sinclair/Hardin/Lowery 2006; Simon/Trötschel 2006). Als entscheidende Bedingung für intergruppales Verhalten gilt jedoch die Stärke der Selbstkategorisierung einer Person. „A process of self-categorization must transform the category `out there´ into the category `in here´" (Grieve/ Hogg 1999: 937). Die Betonung der Mitgliedschaft führt zu einer Aufwertung der Eigengruppe, gleichzeitig aber auch zur Abwertung der Fremdgruppe. Die Wahrnehmung von Ähnlichkeiten hängt von der Kategorisierung ab und steht im direkten Zusammenhang mit dem Schutz der eigenen sozialen Identität. Demnach würde die Wahrnehmung der Relevanz spezifischer ethnischer Bezüge in einer bestimmten Situation – z. B. im Vergleich zwischen deutschen und türkischen Jugendlichen – zu einer Betonung der Unterschiede zwischen den

Ethnien im Allgemeinen und zur Negierung der Unterschiede zwischen den Mitgliedern innerhalb einer Ethnie führen.

> „Discrimination is one of a number of generic consequences of self-categorization that can also include conformity, stereotyping, social attraction, group cohesion, ethnocentrism, and enhanced self-esteem or self-evaluation" (Grieve/Hogg 1999: 937).

Die soziale Identität einer Person ist also kein Merkmal, das in allen Situationen von gleichbleibender Bedeutung für eine Person ist. Persönliche Bedürfnisse und Erfahrungen, aber auch situative Faktoren legen fest, ob eine bestimmte Kategorie salient wird, während die Genese der auf eine Gruppe bezogenen sozialen Identität im Wesentlichen von der Identifikation einer Person mit dieser Gruppe bedingt ist. Je eindeutiger sich eine Person als Mitglied einer Gruppe identifiziert, desto stärker empfindet sie Sympathie, Identität, Ähnlichkeit und Austauschbarkeit mit den anderen Gruppenmitgliedern und umso vehementer wird sie sich von anderen Vergleichsgruppen abgrenzen (vgl. ebd.: 57 ff.; ausführlich auch Hogg 1987; Hogg/Turner 1987; Grieve/Hogg 1999; Verkuyten/Drabbles/ Nieuwenhuijzen 1999; Hodson/Dovidio/Esses 2003).

Sind die Prozesse der Kategorisierung und Zuordnungen zu bzw. Abgrenzung von Gruppen im Hinblick auf die personale und soziale Identität einer Person nun hinreichend erläutert worden, gilt es, im nachfolgenden Passus ein soziales Phänomen, das auch im Social Identity Approach verhandelt wird, näher zu beleuchten. Die Parameter Kontakt und Erfahrung im Umgang mit Fremdgruppenmitgliedern nehmen erheblichen Einfluss auf die Entstehung von Selbst- und Gruppenbildern bzw. -identitäten: „Cross-group contact, and expecially friendship", so die gängige These, „enables one to empathize with and take the perspective of the outgroup" (Pettigrew 2007: 413). Theoretisch knüpft die Studie hier an die „Kontakthypothese" von Allport (1954) an.

2.3.3 Interkulturelle Kontakte

Vielfältige Untersuchungen zeigen, dass Kontakte zwischen Mitgliedern unterschiedlicher sozialer Gruppen zur Reduktion sozialer Stereotype führt (ausführlich vgl. u. a. Fritzsche 2006; Pettigrew/Tropp 2006). Die Kontakthypothese beruht auf der Annahme, dass der Kontakt zwischen Mitgliedern unterschiedlicher sozialer Gruppen zur Reduktion sozialer Stereotype führt, da durch den Kontakt Informationen über die Mitglieder der Fremdgruppe zugänglich werden. Brewer und Miller fassen die Überlegungen zur Kontakthypothese wie folgt zusammen:

> „Misperceptions and distrust between groups are also fed by lack of contact between members of different social categories. Hostile groups tend to maintain high social distance, avoiding interactions with outgroup members and perpetuating a cycle of further hostility and avoidance. […] If ignorance and unfamiliarity promote hostility, then opportunities for personal contact between members of opposing groups should reduce hostility by increasing mutual knowledge and acquaintance" (1996: 107).

Ausgehend von den Überlegungen des Social Identity Approach lassen sich die Ergebnisse der Forschung zur Kontakthypothese wie folgt analysieren: Der „Fremde" wird nicht primär als handelndes Individuum mit spezifischen Eigenschaften, Zielen und Motiven wahrgenommen, sondern als Mitglied einer fremden Gruppe betrachtet und als ein solches kategorisiert, eingeschätzt und oftmals mit Blick auf die eigene soziale Identität abgewertet. Intensive Kontakte und die Arbeit an gemeinsamen Zielen können dazu führen, dass die vorher bestehenden Kategorisierungen in Eigen- und Fremdgruppe aufgehoben bzw. aufgeweicht werden. Der Forschungsschwerpunkt zur Kontakthypothese konzentriert sich auf die Identifikation notwendiger und hinreichender Bedingungen, unter denen Kontakt zur Reduktion inter-gruppaler Differenzierungen führt. Diskutiert werden einerseits unterschiedliche Rahmenbedingungen der Kontaktsituation, andererseits der Einfluss von sozialen Kategorien in einer gegebenen Situation (für einen Forschungsüberblick vgl. Pettigrew 1998; Klink et al. 1998; Gonzales/Brown 2003; Dixon/Durrheim/Tredoux

2005; Gonzales/Brown 2006). Eine erste ausführliche Diskussion der verschiedenen Bedingungen findet sich bei Allport. Insgesamt verweist Allport auf folgende Kriterien, die Intergruppenkontakte auszeichnen:

– die Quantität bzw. das Ausmaß des Kontaktes,
– der ökonomische und soziale Status der am Kontakt beteiligten Personen,
– die Art und Qualität der Kontakte,
– der Einfluss personaler Größen, wie z. B. bestimmte Charaktereigenschaften, und
– der Einfluss der sozialen, institutionellen und gesellschaftlichen Atmosphäre, in welcher der Kontakt stattfindet (vgl. ders. 1971: 262 ff.; zusammenfassend Pettigrew 1998: 66 f.).

Als quantitative Aspekte von Kontakten nennt Allport: a) die Häufigkeit der Kontakte, b) die Intensität der Kontakte und c) die Anzahl der teilnehmenden Personen. Je länger und intensiver der Kontakt sei, desto eher verhelfe dieser dazu, die vorhandenen Einstellungen, durch den Austausch von Wissen und Informationen, zu verändern. Kontakte, die zufällig, beispielsweise auf der Straße, stattfinden, rufen hingegen keine Einstellungsänderungen hervor (vgl. ders. 1971: 273; ebenso Pettigrew et al. 2007; Turner et al. 2007). Ebenso weisen Brewer und Miller auf den Zusammenhang zwischen der zeitlichen Frequenz der Kontakte und dem Grad der Einstellungsänderungen hin (vgl. dies. 1996: 114). In Bezug auf den Einfluss sind zudem die Statusunterschiede zwischen den am Kontakt beteiligten Personen in Rechnung zu stellen: Kontakte zu Personen mit einem gleichen bzw. höheren sozialen Status führen eher zu Einstellungsänderungen als der Kontakt zu Personen mit einem niedrigeren sozialen Status; Personen mit einem im Vergleich höheren Status sind selten dazu bereit, von Personen mit einem niedrigeren Status zu lernen und/oder sich beeinflussen zu lassen (vgl. Allport 1971: 279 f.; Brewer/Miller 1996: 117 f.; Dick et al. 2004). Hinsichtlich der Art und Qualität der Kontaktsituation unterscheidet Allport zwischen Kontakten, die auf Wettbewerb hin ausgerichtet sind, und solchen, die die Kooperation der beteiligten Personen fördern (vgl. ders. 1971: 281). „Einzig jene Art von Kontakt, die Leute dazu bringt, gemeinsam etwas zu tun, scheint eine Chance zur Änderung von Einstellungen zu haben" (ebd.). Das Streben nach einem gemeinsamen Ziel stifte Solidarität unter den beteiligten Personen und/oder Gruppen und führe dazu, dass die ethnische Zusammensetzung der Gruppe in den Hintergrund rücke, so dass eine neue, gemeinsame Gruppenidentität entstehen kann. Kontakte, die auf Wettbewerb hin ausgerichtet sind, betonen dagegen die verschiedenen Gruppenzugehörigkeiten und fördern darüber hinaus zusätzlich Stressfaktoren für die beteiligten Personen, was sich wiederum negativ auf den Abbau von sozialen Stereotypen auswirken würde. So erläutern auch Brewer und Miller:

> „More experiences of voluntary, pleasant, cooperative, and intimate contact with members of the out-group produced lower levels of anticipated anxiety about future interactions. Lower levels of anxiety were, in turn, predictive of more positive attitudes toward the outgroup as a whole" (dies. 1996: 115).

Des Weiteren diskutiert Allport den Einfluss von Persönlichkeitsunterschieden. Konkret lokalisiert Allport einen Zusammenhang zwischen eher ängstlichen und aggressiven Personen, zerrütteten Familienverhältnissen und dem Festhalten an negativen sozialen Stereotypen (vgl. ders. 1971: 284 f.). Triandis diskutiert überdies den Einfluss individualistischer oder kollektivistischer Orientierung von Personen und/oder Gruppen mit Blick auf die Kontaktsituation (vgl. ders. 1971, 1984, 1990). Und schließlich weist Allport auf den Einfluss der den Kontakt umgebenden sozialen, institutionellen und gesellschaftlichen Situation hin (vgl. ders. 1971: 281). Die Wirkung von Kontakt, so Allport, sei sehr viel größer, „wenn der Kontakt durch die öffentlichen Einrichtungen unterstützt wird (das heißt durch Gesetze, Sitten und örtliche Atmosphäre)" (ebd.: 286; vgl. auch Wagner et al. 2008). Pettigrew fasst die wesentlichen Überlegungen zur Kontakthypothese in einem Modell zusammen (vgl. ders. 1998: 75 ff.): Seiner Ansicht nach benötigen Kontakte vor allen Dingen Zeit und verschiedene Kontaktsituationen. Die am Kontakt beteiligten Personen müssen die Möglichkeit haben, Freundschaft zu schließen (vgl. ebd.: 76).

In Abbildung 1 sind die verschiedenen Kriterien die Intergruppenkontakte beeinflussen in ihrer zeitlichen Dimension beschrieben.

Abbildung 1: Reformulated contact theory, Pettigrew 1998: 77

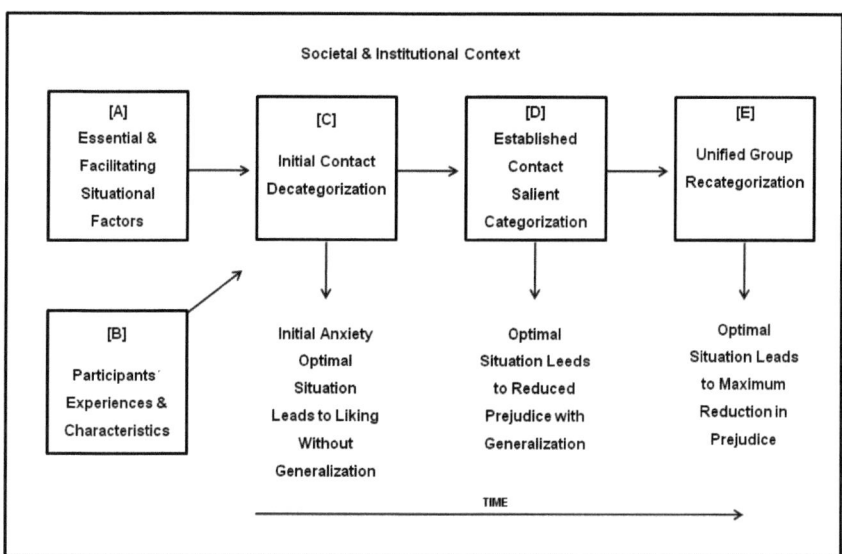

Auf einer ersten Ebene [A] unterscheidet Pettigrew zwischen dem Einfluss notwendiger und förderlicher Situationsfaktoren für die Kontaktsituation. Als notwendige Bedingungen nennt er die bereits von Allport thematisierten Aspekte des gleichen bzw. ähnlichen Status, der gemeinsamen Zielverfolgung, der Kooperation, der Möglichkeit zur Freundschaft und die Unterstützung der Kontaktsituation durch Autoritäten. Auf einer zweiten Ebene [B] stellt sich die Frage nach dem Einfluss individueller Unterschiede von Personen auf die Kontaktsituationen. Vorhergehende Einstellungen und Erfahrungen beeinflussen nicht nur die Haltung einer Person, ob sie bereit ist, Intergruppenkontakte einzugehen, sondern auch die resultierenden Effekte aus der Kontaktsituation. Pettigrew weist in diesem Zusammenhang – neben dem Einfluss von starken anfänglichen Vorurteilen und Kontaktängsten – auf den Einfluss von unterschiedlichen Wertehaltungen hin. Schließlich unterscheidet Pettigrew drei verschiedene Formen von Kontakten, die auf einer Zeitschiene anzuordnen sind: Erste Kontakte [C] werden von hergestellten Kontakten [D] und schließlich geeinigten Gruppen [E] abgelöst. Pettigrew zufolge lässt sich der Einfluss von Kontakten je nach Stadium unterscheiden. Gefragt wird also auch danach, inwieweit die spezifischen Kontakte und die damit verbundenen Erfahrungen auf andere Situationen, Personen und/oder Gruppen übertragbar sind. Insgesamt lässt sich festhalten, dass insbesondere die Wiederholbarkeit der Kontakterfahrungen wie auch die Dauer sowie die Intensität der Erfahrungen und Kontakte mit dem Abstraktionsgrad zusammenfallen. Demnach führen erste Kontakte zwar zu einer Annäherung der Personen, von Generalisierungseffekten im Hinblick auf andere Situationen oder Personen wird jedoch nicht ausgegangen. Für das dritte Stadium der Kontaktsituation nimmt Pettigrew dagegen eine maximale Aufhebung der vorher bestandenen Gruppenkategorien an (vgl. ebd.).

Die Überlegungen Allports, an die auch die Systematisierungen von Pettigrew anschließen, wurden in vielen Studien bestätigt (einen Überblick präsentieren Pettigrew/Tropp 2006). Darüber hinaus werden eine Reihe weiterer Bedingungen diskutiert: Unterschieden wird u. a. auch zwischen direktem und indirektem Kontakt (vgl. Pettigrew et al. 2007; Turner et al. 2007), der wahrgenommenen Wichtigkeit des Kontaktes (vgl. u. a. Dick et al. 2004) oder der „Typikalität" der am Kontakt beteiligten Personen (vgl. u. a. Brown et al. 2007; zusammenfassend Dixon/Durrheim/Tredoux 2005: 699). Zusätzlich wird häufig der Einfluss sozialer Kategorien als relevanter Bezugshorizont für intergruppale Kontakte in die theoretischen Konzeptionen integriert. Unterschieden werden in diesem Zusammenhang insbesondere vier Erklärungsansätze:

- die Aufhebung bzw. Ausdifferenzierung sozialer Kategorien im Rahmen des so genannten „Dekategorisierungsmodells" von Brewer und Miller (1984, 1988),
- die Schaffung einer neuen, die Mitglieder der Fremdgruppe einschließenden sozialen Kategorie, das so genannte „Rekategorisierungsmodell" von Gaertner et al. (1989, 1993, 2000),
- Veränderungen hinsichtlich der Vorzeichen der sozialen Kategorien, das so genannte „Intergruppenmodell" von Hewstone und Brown (1986) bzw. Brown/Vivian/Hewstone (1999) und schließlich
- das „Duale Identitätsmodell" von Dovidio et al. (1998); Gaertner et al. (1994); Gaertner et al. (1996); und Gonzales/Brown (2003) (zusammenfassend vgl. Eller/Abrams 2004; Gonzales/Brown 2006).

Alle vier Ansätze beruhen auf den Überlegungen des Social Identity Approach, kommen jedoch zu höchst unterschiedlichen Ergebnissen im Hinblick auf die Bedingungen für eine erfolgreiche Generalisierung. So gehen Brewer und Miller als Vertreter des Dekategorisierungsmodells, davon aus, dass Kontaktsituationen, in denen sich die beteiligten Personen als Individuen und nicht als Mitglieder der jeweiligen Gruppe wahrnehmen, langfristig die Bedeutung sozialer Kategorien für den Umgang mit einzelnen Personen im Allgemeinen vermindern. Das heißt, wiederholte und häufige interpersonale Kontakte führen dazu, dass Individuen sich selbst und andere zunehmend auf der Basis ihrer individuellen Charakteristika wahrnehmen und sich entsprechend verhalten. Als Interaktionseffekte werden die Übertragung positiver Erfahrungen mit einzelnen Personen auf die Fremdgruppe als Ganzes, eine differenzierte Wahrnehmung der Fremdgruppe durch positive Kontakte mit einzelnen Gruppenmitgliedern, die Minimierung und gänzliche Aufhebung der Bedeutung der Gruppenzugehörigkeiten im Allgemeinen genannt (vgl. dies. 1984; 1988; zusammenfassend Klink et al. 1998). Dem entgegen zielt das Rekategorisierungsmodell oder auch Modell der „gemeinsamen Binnengruppen-Identität" (Klink et al. 1998: 288) auf die Betonung einer die Mitglieder der interagierenden Gruppen umfassenden sozialen Identität ab (vgl. Gaertner et al. 1989; 1993; 2000), während das „Intergruppenmodell" von Hewstone und Brown die Relevanz bzw. Salienz der Gruppenzugehörigkeit sowie der Gruppengrenzen in den Mittelpunkt ihrer Überlegungen stellen. Hier geht es darum, die Vorzeichen der sozialen Kategorien zu verändern, nicht jedoch die Kategorien an sich aufzuheben (vgl. dies. 1986; siehe auch Brown/Vivian/Hewstone 1999). Und schließlich fokussiert das Duale Identitätsmodell die Option einer gemeinsamen Gruppenidentität. So entsteht der Vorteil, jenseits des Kontakts Situationen zu generalisieren, indem eine die Mitglieder der interagierenden Gruppen umfassende soziale Identität schaffen, gleichzeitig aber eine unterscheidbare Gruppenidentität aufrechterhält werde (vgl. Gonzales/Brown 2006).

Empirische Untersuchungen im Kontext der jeweiligen Modelle stützen deren Annahmen. In dem Spannungsfeld zwischen kategorienbetonenden und individuenzentrierten Ansätzen ist bislang kein eindeutiges Votum für eines der dargestellten Modelle getroffen worden. Vielmehr ergeben sich interessante Möglichkeiten, über die Integration der einzelnen Modelle zur Entwicklung von komplexen Interventionsansätzen zu gelangen (vgl. Klink 1998: 289). Neuere empirische Ergebnisse weisen überdies darauf hin, dass sämtliche oben genannten Bedingungen zwar die positiven Effekte des Intergruppenkontaktes erhöhen, dass diese aber keine notwendigen Bedingungen darstellen (vgl. Pettigrew/Tropp 2006: 766). Zusammenfassend bleibt also festzuhalten, dass Kontakte zu Mitgliedern von Fremdgruppen prinzipiell als wesentlich für den Abbau von starren sozialen Kategorien gelten können, wobei der Einfluss freundschaftlicher Kontakte höher einzuschätzen ist (ausführlich vgl. Pettigrew/Tropp 2006; Pettigrew 2007). Der vorliegende Überblick über die insbesondere in der sozialpsychologischen Forschung entwickelten und diskutierten Erklärungsansätze für soziale Einstellungsunterschiede stellt die theoretische Grundlage für die hier präsentierte empirische Untersuchung dar. Basierend auf diesen theoretischen Grundlagen gilt es im Folgenden, das die Untersuchung leitende heuristische Modell zu entwickeln sowie die zu prüfenden Hypothesen zu generieren.

3 Methodische Anlage der Studie

In den folgenden Kapiteln wird ein Überblick über die verschiedenen Ebenen der für die empirische Untersuchung als relevant erachteten Analyseschritte, die Operationalisierung der Fragestellung, die eingesetzten Instrumente, Methoden und die erhobene Stichprobe angestrebt. In den vorangegangenen Kapiteln wurden theoretische und empirische Arbeiten bzw. Perspektiven aus dem Bereich der sozialpsychologischen (Vorurteils-)Forschung zusammengestellt, die das im Folgenden zu untersuchende Bedingungsgefüge der Ausbildung von Orientierungen betreffen. Sie bilden die Grundlage für die Erstellung des heuristischen Modells, das die empirische Untersuchung leitet. Der Darstellung des heuristischen Modells (Kapitel 3.1) folgt die Beschreibung der eingesetzten Instrumente (Kapitel 3.2.) sowie der Analysemethoden und Stichprobe (Kapitel 3.3).

3.1 Heuristisches Modell und Hypothesen

Die vorliegende empirische Studie verfolgt vor allem zwei zentrale Ziele: Zum Ersten gilt es, den relativen Verbreitungsgrad und die Zusammenhänge zwischen den Einstellungen der Schülerinnen und Schüler zur europäischen Integration einerseits und innergesellschaftlichen kulturellen Vielfalt andererseits zu erfassen und auf ihre gemeinsame Struktur hin zu analysieren. Daran anschließend soll zweitens der Einfluss sozialer Identifikationsprozesse im Wechselverhältnis personaler und sozialer Faktoren untersucht werden. Die Konzeptualisierung der empirischen Untersuchung knüpft an die vorab skizzierten theoretischen Diskurse an und versucht, diese in ein mehrere Ebenen umfassendes analytisches

Modell zu integrieren. Der Frage, ob und inwiefern eine Identifikation mit Europa – Stichwort europäische Identität – auch im Vergleich mit anderen Identifikationsangeboten – Bezug wird hier insbesondere auf die Identifikation mit der eigenen Nation genommen – Einfluss auf die Orientierungen der Schülerinnen und Schüler nimmt, wird besondere analytische Aufmerksamkeit gewidmet.

3.1.1 Heuristisches Modell

Die im heuristischen Modell aufgeführten Zusammenhänge schließt direkt an die im ersten Kapitel diskutierten theoretischen Bezüge an. Aufgeführt sind die Merkmalsbereiche: *Soziale Ressourcen, Soziale Orientierungen, Intergruppale Kontakte und Soziale Identifikationsprozesse.* Abbildung 2 zeigt sämtliche der angenommenen Wirkungszusammenhänge zwischen den abhängigen und unabhängigen Variablen. In der Darstellung wird zwischen direkten und indirekten Effekten unterschieden. Die Kennzeichnung der Pfade (a–j) nimmt Bezug auf die im weiteren Verlauf auszuführenden Annahmen über die Beziehungen zwischen den verschiedenen Merkmalsbereichen. Ausgangspunkte für die Erstellung des Modells und Gegenstand des ersten Analysebereiches bilden die formale Schulbildung sowie der Bildungsindex der Eltern, im heuristischen Modell unter dem Merkmalsbereich Soziale Ressourcen zusammengefasst. Als abhängige Variablen sind verschiedene Einstellungsdimensionen aufgeführt. Unterschieden werden integrative von separatistischen Überlegungen, wirtschaftliche von kulturellen und von ethischen Assoziationskriterien sowie die Bereitschaft bzw. Nicht-Bereitschaft zu interkulturellen Kontakten und transnationaler Mobilität. Eine ausführliche Darstellung der verschiedenen Einstellungskomponenten, aus denen sich die Orientierungen der Schülerinnen und Schüler im Hinblick auf innergesellschaftliche und zwischenstaatliche kulturelle Heterogenität zusammensetzten, wird im Kapitel 3.2.2 vorgelegt. Zunächst wird die Struktur des Modells vor dem Hintergrund der vorgestellten theoretischen Diskurse und Forschungsbefunde erläutert.

Abbildung 2: Heuristisches Modell zur Analyse der Einstellungen von Schülerinnen und Schülern im Kontext sozialer Identifikation

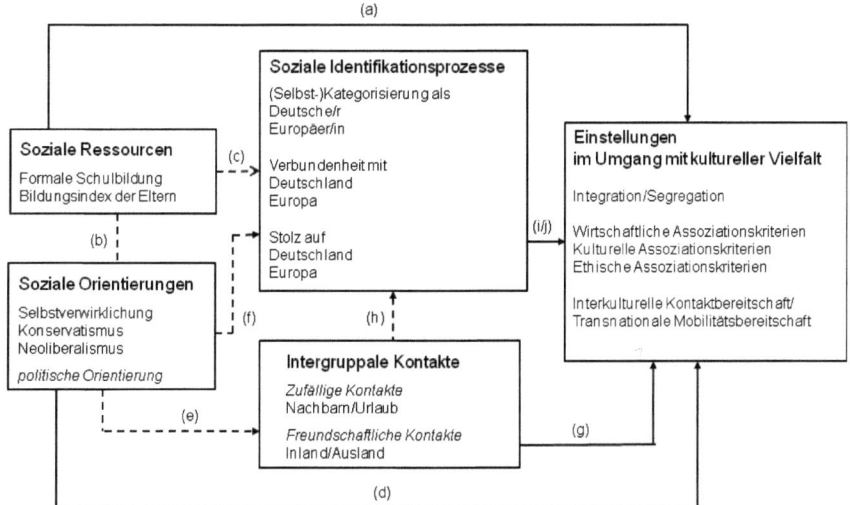

In einem ersten Schritt geht das heuristische Modell auf den Einfluss von bildungs- und schichtbezogenen Merkmalen ein. Betitelt wurde der Merkmalsbereich mit *Soziale Ressourcen.* Analog zu den in Kapitel 2.1 und Kapitel 2.2 verhandelten theoretischen Überlegungen wird zunächst davon ausgegangen, dass die Höhe der formalen Schulbildung sowie die Höhe des Bildungsindexes der Eltern einen positiven Einfluss auf die Einstellungen der Schülerinnen und Schüler im Umgang mit zwischenstaatlicher und innergesellschaftlicher kultureller Vielfalt nehmen (a). Darüber hinaus werden dem direkten Einfluss Sozialer Ressourcen auf die Orientierungen der Schülerinnen und Schüler im Umgang mit der innergesellschaftlichen und zwischenstaatlichen kulturellen Vielfalt verschiedene vermittelte Prozesse gegenübergestellt: Der Einfluss Sozialer Ressourcen wird im Hinblick auf die Sozialen Orientierungen (b) sowie in Hinblick auf die Sozialen Identifikationsprozesse (c) der Schülerinnen und Schüler zu überprüfen sein. Den theoretischen Überlegungen entsprechend lässt sich schlussfolgern: Personen, die über eine höhere formale Schulbildung und deren Eltern über einen höheren Bildungsindex verfügen, stehen autoritär-konservativen Bezügen vergleichsweise ablehnender gegenüber. Darüber hinaus sollten diese über ein ausdifferenzierteres soziales Kategoriensystem verfügen.

In einem zweiten Schritt geht das heuristische Modell auf den Einfluss *Sozialer Orientierungen* ein. Im Einzelnen werden der Einfluss Sozialer Orientierungen auf die Einstellungen der Schülerinnen und Schüler im Umgang mit kultureller Vielfalt (d), der Einfluss Sozialer Orientierungen auf intergruppale Kontakte (e) und der Einfluss Sozialer Orientierungen auf Soziale Identifikationsprozesse (f) berücksichtigt. In Anlehnung an die Überlegungen zur autoritären Persönlichkeit (vgl. Kapitel 2.1) wird erwartet, dass Personen, die autoritär-konservativen Werten gegenüber positiv eingestellt sind, eher bereit sind, sich den gesellschaftlich vorgegebenen Kategorien unterzuordnen bzw. sich und andere einzuordnen, als Personen, die sich durch liberalere Orientierungen auszeichnen. Überdies ist anzunehmen, dass sich Personen mit einer autoritären Orientierung gegen die Tendenz aussprechen, bestehende Konventionen zu verändern. Sie neigen dazu, einmal getroffene Gruppengrenzen verstärkt zu verteidigen. Personen und Gruppen, die als ‚schwächer' wahrgenommen werden, dürfte dieser Personenkreis tendenziell ablehnend gegenüberstehen.

Gemäß der im Rahmen der Kontakthypothese beschrieben Zusammenhänge (vgl. Kapitel 2.3.3) gilt es, in einem dritten Schritt, nach dem Einfluss von Kontakt und Erfahrung auf die Einstellungen der Schülerinnen und Schüler zur innergesellschaftlichen und zwischenstaatlichen kulturellen Vielfalt (g) und dem Einfluss von Kontakten und Erfahrungen auf Soziale Identifikationsprozesse (h) zu fragen. Der Merkmalsbereich wurde mit *Intergruppale Kontakte* betitelt. Grundlegend wird davon ausgegangen, dass Kontakte zu Mitgliedern von Fremdgruppen – insbesondere wenn es sich um freundschaftliche Kontakte handelt – für den Abbau von starren, festgefahrenen sozialen Kategorien sorgen. Sie vermögen die ursprünglich definierten Gruppengrenzen aufzulösen und rücken neue Kategorisierungsmöglichkeiten und Vergleichsdimensionen in den Vordergrund.

Und schließlich geht die Arbeit in einem vierten Schritt auf den Einfluss und die Relationen zwischen nationalen und europäischen Identifikationsbezügen ein (i/j). Der Merkmalsbereich wurde *Soziale Identifikationsprozesse* genannt. Den theoretischen Überlegungen zum Social Identity Approach folgend wird angenommen (vgl. Kapitel 2.3): Personen, die Teile ihrer sozialen Identität als über ihre nationale Zugehörigkeit vermittelt wahrnehmen, tendieren dazu, sich mit Personen anderer nationaler Zugehörigkeiten zu vergleichen und sich abzugrenzen. Eine positive Identifikation als `Deutscher` bzw. `Deutsche` korreliert mit einer ablehnenden Haltung gegenüber Personen anderer nationaler Zugehörigkeiten und führt zu negativen Beurteilungen anderer national(kulturell)er Kollektive. Im Verhältnis zwischen nationalen und europäischen Bezügen ließen sich indes zwei gegenläufige Varianten der Gruppendefinition denken: Einerseits könnte die Identifikation mit Europa mit einer kritischen Haltung gegenüber der eigenen nationalen Zugehörigkeit, die dann als zu beschränkend empfunden wird, einhergehen, andererseits könnte die Zugehörigkeit zu Europa aber auch die Zugehörigkeit zu einer Nation als Kriterium der Gruppenidentifikation einschließen. Eine positive Identifikation mit Europa würde demnach gleichzeitig eine positive Identifikation mit der eigenen nationalen Zugehörigkeit umfassen. Die hier angesprochenen Variationsmöglichkeiten – die Verhältnisse der Zuordnung zu und Abgrenzung von der horizontalen oder vertikalen Anordnung sowie die damit verbundenen negativen oder positiven Konnotationen –, die das Verhältnis zwischen nationaler und europäischer Identität konstituieren, sind in den Analysen zu berücksichtigen.

Im Anschluss an die Formulierung der grundlegenden Annahmen gilt es, entlang der einzelnen Merkmalsbereiche auf der Basis der angenommenen Wirkungszusammenhänge, die sich daraus ableitenden Hypothesen, die im Zuge der Auswertung empirischer Daten überprüft werden, zu konkretisieren.

3.1.2 Hypothesen

Sämtliche Hypothesen wurden vor dem Hintergrund des Arbeitsmodells (vgl. Abb. 3.1.1) und mit Blick auf die theoretische Diskussion formuliert. Bezüglich der Orientierungen der Schülerinnen und Schüler werden sowohl auf nationaler Ebene als auch auf transnationaler Ebene integrative von separatistischen Orientierungen sowie wirtschaftliche von kulturellen und ethischen Assoziationskriterien unterschieden. Überdies werden Thesen über den Grad der Bereitschaft zu interkulturellen Kontakten und transnationaler Mobilität diskutiert. Da der Schwerpunkt der Arbeit die Untersuchung und Erklärung der Orientierungen von Jugendlichen im Umgang mit kultureller Vielfalt betrifft, werden lediglich solche Hypothesen gebildet, die sich auf Zusammenhänge zwischen Indikatoren verschiedener Merkmalsbereiche beziehen. Zusammenhänge innerhalb eines Merkmalsbereichs werden zwar im empirischen Teil der Arbeit in den zu berechnenden Modellen spezifiziert, im Folgenden jedoch nicht ausdrücklich berücksichtigt.

Der Merkmalsbereich *Soziale Ressourcen* umfasst die formale Schulbildung der Schülerinnen und Schüler sowie die Bildungs- und Ausbildungsabschlüsse der Eltern, die unter dem Label Bildungsindex zusammenfasst wurden. Gemäß den theoretischen Überlegungen wirkt der Einfluss Sozialer Ressourcen gleichermaßen auf unterschiedliche Merkmalsbereiche. Neben dem direkten Einfluss Sozialer Ressourcen auf die Orientierungen der Schülerinnen und Schüler im Umgang mit der kulturellen Vielfalt wurde der Einfluss Sozialer Ressourcen auf die Sozialen Orientierungen und der Einfluss Sozialer Ressourcen auf Soziale Identifikationsprozesse diskutiert. Bezogen auf die abhängigen Variablen lässt sich schlussfolgern: Je höher die Sozialen Ressourcen einer Person, desto offener ihr Umgang mit kultureller Vielfalt. Im Einzelnen sollten sich die direkten Effekte wie folgt zeigen:

Hypothese (a1):   Je höher die formale Schulbildung und je höher der formale Bildungsindex der Eltern, desto eher stimmen die Schülerinnen und Schüler sowohl auf nationaler als auch auf transnationaler Ebene integrativen Beziehungskonzepten zu bzw. lehnen separatistische Perspektiven und Haltungen ab.

Hypothese (a2):   Je höher die formale Schulbildung und je höher der formale Bildungsindex der Eltern, desto eher lehnen die Schülerinnen und Schüler an wirtschaftliche Interessen oder kulturelle Bezüge anknüpfende Assoziationskonzepte ab.

Hypothese (a3):   Je höher die formale Schulbildung und je höher der formale Bildungsindex der Eltern, desto eher sind die Schülerinnen und Schüler bereit, sowohl interkulturelle als auch transnationale Kontakte einzugehen.

Die Sozialen Orientierungen der Schülerinnen und Schüler betreffend lässt sich hypothetisieren, dass abhängig von den Sozialen Ressourcen einer Person das Bedürfnis nach Ein- bzw. Unterordnung unter hierarchieorientierte Werte jeweils ein anderes ist. Konkret lässt sich schlussfolgern:

Hypothese (b):   Je höher die formale Bildung und je höher der Bildungsindex der Eltern, desto eher lehnen die Schülerinnen und Schüler autoritär-konservative Wertbezüge ab, stimmen für Prozesse, die auf Selbstverwirklichung hin ausgerichtet sind.

Richtet sich der Fokus auf die Sozialen Identifikationsprozesse, so kann angenommen werden, dass die Höhe der formalen Schulbildung und die Höhe des Bildungsindexes der Eltern positiven Einfluss auf das soziale Identitätskonzept einer Person nimmt: Die Motivation, das Selbstkonzept über nationale/ethnische Identifikationsbezüge zu stärken, fällt in diesen Fällen negativ aus. Es lässt sich die Aussage treffen:

| Hypothese (c): | Je höher die formale Schulbildung und je höher der Bildungsindex der Eltern, desto geringer die Bezugnahme auf nationale bzw. ethnische Identifikationsbezüge. |

Der Merkmalsbereich *Soziale Orientierungen* umfasst verschiedene Werte und Lebensziele, die unterschiedliche Orientierungen repräsentieren sollen. Von besonderem Interesse ist die Unterscheidung zwischen autoritär-konservativen Orientierungen und Einstellungen, die Selbstverwirklichungsprozesse in den Mittelpunkt stellen. Die Annahme lautet: Personen, die autoritären und/oder konservativen Werten gegenüber positiv eingestellt sind, zeigen verstärkt nationalistische bzw. separatistische Einstellungen. Sie sind kaum bereit, Kontakte zu Fremdgruppenmitgliedern einzugehen, und stehen transnationalen Mobilitätsüberlegungen skeptisch gegenüber. In Hinblick auf die abhängigen Variablen kann also formuliert werden:

Hypothese (d1):	Je stärker die Identifikation einer Person mit autoritären, konservativen Orientierungen, desto eher lehnen die Schülerinnen und Schüler integrative Konzepte ab bzw. plädieren für separatistische Strukturen und/oder für Konzepte, die auf Assimilation beruhen.
Hypothese (d2):	Je stärker die Identifikation einer Person mit autoritären, konservativen Orientierungen, desto eher stimmen die Schülerinnen und Schüler für wirtschaftliche und kulturelle Assoziationskonzepte, weniger für ethische Konzepte.
Hypothese (d3):	Je stärker die Identifikation einer Person mit autoritären, konservativen Orientierungen, desto weniger sind die Schülerinnen und Schüler bereit, sowohl interkulturelle als auch transnationale Kontakte einzugehen.

Neben dem Einfluss Sozialer Orientierungen auf die Einstellungen der Schülerinnen und Schüler im Umgang mit kultureller Vielfalt wird weiterhin ihr Einfluss auf die Intergruppalen Kontakte und Sozialen Identifikationsprozesse überprüft. Bezüglich der Intergruppalen Kontakte kann konstatiert werden:

Hypothese (e):   Je stärker die Identifikation einer Person mit autoritären, konservativen Einstellungen, desto geringer die Kontakteffekte.

Und schließlich lassen sich Wirkungen auf die Sozialen Identifikationsbezüge annehmen. Die Hypothese lautet:

Hypothese (f):   Je stärker die Identifikation einer Person mit autoritären, konservativen Einstellungen, desto stärker die Bezugnahme auf nationale/ethnische Kategorisierungen.

Der Merkmalsbereich *Intergruppale Kontakte* unterscheidet zwischen zufälligen Kontakten, Auslandserfahrungen und echten Freundschaften. Grundsätzlich liegt der Hypothesenbildung die Annahme zugrunde, dass Kontakt und Erfahrung im Umgang mit Fremdgruppenmitgliedern einen positiven Einfluss zeitigen und der Formulierung negativer sozialer Stereotype entgegenwirken. Im Hinblick auf die abhängigen Variablen sollte sich folglich zeigen:

Hypothese (g1):   Personen, die zu ihrem engen Freundeskreis Personen anderer ethnischer Herkunft zählen, sind sowohl auf nationaler als auch auf transnationaler Ebene Integrationskonzepten gegenüber positiver eingestellt.

Hypothese (g2):   Personen, die zu ihrem engen Freundeskreis Personen anderer ethnischer Herkunft zählen, stimmen eher gegen an nationale Interessen gebundene Assoziationskonzepte.

Hypothese (g3):   Personen, die zu ihrem engen Freundeskreis Personen anderer ethnischer Herkunft zählen, sind eher bereit, sowohl interkulturelle als auch transnationale Kontakte einzugehen.

Was die nationalen Kategorisierungs- bzw. Identifikationsprozesse betrifft, so lassen intensive Kontakte zu Personen anderer nationaler oder ethnischer Herkunft neue Kategorisierungsmöglichkeiten und Vergleichsdimensionen in den Vordergrund treten. Bezüglich des Einflusses Intergruppaler Kontakte auf die Sozialen Identifikationsprozesse lässt sich also konstatieren:

Hypothese (h):   Personen, die intensive Kontakte zu Mitgliedern anderer ethnischer Gruppen pflegen, identifizieren sich weniger stark über ihre eigene nationale Zugehörigkeit bzw. über ihre ethnische Gruppe.

Im Merkmalsbereich *Soziale Identifikationsprozesse* stehen verschiedene (Selbst-)Kategorisierungsprozesse zur Debatte. Unterschieden wird vor allem zwischen nationalen und europäischen Bezügen. Grundständig wird die These vertreten, dass ausgeprägte nationale Bezüge mit separatistischen Orientierungen zusammenhängen. Im Einzelnen lassen sich, bezogen auf die nationalen Identifikationsangebote, folgende Hypothesen annehmen:

Hypothese (i1):   Je stärker die Identifikation mit der eigenen nationalen Zugehörigkeit bzw. ethnischen Gruppe, desto eher lehnen die Schülerinnen und Schüler integrative Konzepte ab bzw. plädieren für separatistische Strukturen.

Hypothese (i2):   Je stärker die Identifikation mit der eigenen nationalen Zugehörigkeit bzw. ethnischen Gruppe, desto eher stimmen die Schülerinnen und Schüler für an nationale Interessen gebundene Assoziationskonzepte.

Hypothese (i3):   Je stärker die Identifikation mit der eigenen nationalen Zugehörigkeit bzw. ethnischen Gruppe, desto eher lehnen die Schülerinnen und Schüler interkulturelle Kontakte ab.

Bezogen auf die Identifikation mit Europa lassen sich verschiedene Annahmen anderer Art treffen. Die Zustimmung zu separatistischen Orientierungen sollte schwächer ausfallen, ebenso die Zustimmung zu den an nationale Interessen gebundenen Assoziationskriterien. In Hinblick auf die Bereitschaft der Schülerinnen und Schüler zu interkulturellen Kontakten und transnationaler Mobilität lässt sich abhängig von der Identifikation mit Europa eine positive Kontakt- und Mobilitätsbereitschaft im europäischen Rahmen annehmen. Gegenüber Personen und Ländern, die nicht zu Europa dazu gezählt werden, sollten sich indes ablehnende Haltungen zeigen. Die Hypothesen lauten also:

Hypothese(j1):   Je stärker die Identifikation mit Europa, desto eher sind die Schülerinnen und Schüler sowohl auf nationaler als auch auf transnationaler Ebene integrativen Konzepten gegenüber positiver eingestellt.

Hypothese(j2):   Je stärker die Identifikation mit Europa, desto eher lehnen die Schülerinnen und Schüler die an wirtschaftliche und kulturelle Interessen gebundenen Assoziationskonzepte ab.

Hypothese(j3):   Je stärker die Identifikation mit Europa, desto höher die Bereitschaft zu interkulturellen Kontakten und transnationaler Mobilität im europäischen Rahmen.

Bei den vorgestellten Hypothesen handelt es sich um die im Rahmen dieser Studie zu überprüfenden zentralen Annahmen. Nachstehend werden die verwendeten Instrumente, die Auswertungsverfahren und die Stichprobe erörtert.

3.2 Erhebungsinstrumente

Eine wesentliche Herausforderung quantitativer Untersuchungen stellt die Operationalisierung der Fragestellung, die Präzisierung der zur Erklärung verwendeten Konzepte und Begriffe und damit einhergehend die Reduktion der sozialen Wirklichkeit auf messbare Zusammenhänge dar. Im Gegensatz zur qualitativen Forschung muss die quantitative Forschung im Vorfeld der Untersuchung Entscheidungen über die Relevanz von Einstellungsbereichen fällen und konkrete Fragen formulieren. Erhoben und beforscht werden also nicht die sich im Alltag präsentierenden Meinungen und Einstellungen, sondern bestimmte, theoretisch konstruierte Zusammenhänge werden auf ihre Aussage- und Erklärungskraft hin untersucht (vgl. Schnell/Hill/Esser 1999: 10 f.; Kromrey 2006: 71 ff.; eine ausführliche Kritik quantitativer Forschung bietet Lamneck 2005: 6 ff.). Im Folgenden werden die für die Analyse relevanten Erhebungsinstrumente, die Instrumente zur Erfassung der unabhängigen Variablen (3.2.1) und abhängigen Variablen (3.2.2) beschrieben.

3.2.1 Instrumente zur Erfassung der unabhängigen Variablen: Soziale Orientierungen, Kontakt und Soziale Identifikationsprozesse

Bei der Entwicklung der verschiedenen Fragebatterien wurde auf verschiedene Untersuchungen aus dem Bereich der Vorurteils-, Jugend- und Europaforschung zurückgegriffen. Für das Forschungsvorhaben geeignete Items wurden übernommen, andere Items entsprechend modifiziert und ergänzend eigene Items entwickelt. Die Beschreibung der Erhebungsinstrumente orientiert sich an den oben vorgestellten Merkmalsbereichen. Im Wortlaut dargestellt werden die Instrumente zur Erhebung sozialer Wertorientierungen, zur Erfassung der Erfahrung der Schülerinnen und Schüler im Umgang mit dem Ausland bzw. interkulturellen Kontakten und die Instrumente zur Erhebung sozialer Identifikationsprozesse. Es folgt die Darstellung der Instrumente zur Erfassung der Sozialen Orientierungen.

Um unterschiedliche charakterliche Dispositionen erfassen und darstellen zu können, wurden die Einstellungen der Schülerinnen und Schüler zu verschiedenen Werten und Lebenszielen erhoben. Die Zusammenstellung der Fragebatterie ist eine eigenständige Entwicklung. Als Muster dienten maßgeblich die Untersuchungen des Jugendsurvey des Deutschen Jugendinstitutes (DJI) (1997, 1993), der Deutschen Shell Jugendstudie (2000) sowie die Studie von Ahlheim/Heger (2000). Im Einzelnen wurden folgende Werte und Lebensziele abgefragt:

Wie wichtig sind dir folgende Werte und Lebensziele?

	sehr wichtig			überhaupt nicht wichtig		sehr wichtig			überhaupt nicht wichtig
einen sicheren Arbeitsplatz haben	☐	☐	☐	☐	anerkannt sein	☐	☐	☐	☐
den Eltern gehorchen	☐	☐	☐	☐	höflich sein	☐	☐	☐	☐
die eigenen Werte hinterfragen	☐	☐	☐	☐	modebewusst sein	☐	☐	☐	☐
eine eigene Familie gründen	☐	☐	☐	☐	fleißig sein	☐	☐	☐	☐
sich für Politik interessieren	☐	☐	☐	☐	Erfolg haben	☐	☐	☐	☐
am Althergebrachten festhalten	☐	☐	☐	☐	das Leben genießen	☐	☐	☐	☐
sich auf Neues einlassen	☐	☐	☐	☐	eigene Wege gehen	☐	☐	☐	☐
viel Spaß im Leben haben	☐	☐	☐	☐	an Gott glauben	☐	☐	☐	☐
Gesetz und Ordnung respektieren	☐	☐	☐	☐	geliebt werden	☐	☐	☐	☐
sich für die Familie einsetzen	☐	☐	☐	☐	hilfsbereit sein	☐	☐	☐	☐
Macht und Einfluss haben	☐	☐	☐	☐	unabhängig sein	☐	☐	☐	☐
auf Sicherheit bedacht sein	☐	☐	☐	☐	sparsam sein	☐	☐	☐	☐
sich für andere einsetzen	☐	☐	☐	☐	viele Freunde haben	☐	☐	☐	☐
gegen den Strom schwimmen	☐	☐	☐	☐	viel Geld verdienen	☐	☐	☐	☐
risikofreudig sein	☐	☐	☐	☐	religiös leben	☐	☐	☐	☐

Mit den Einstellungen soll ein umfassendes Bild Sozialer Orientierungen aufgezeichnet werden. Auf den Gebrauch einer Autoritarismusskala wurde verzichtet. Autoritarismusskalen reduzieren auf die Analyse der Übernahme oder Ablehnung extrem polarisierender Aussagen. Differenzierte Einordnungen in unterschiedliche Ebenen und Bezüge autoritärer Orientierungen lassen sich nur schwer treffen. Auch zeigt die innere Konsistenz der Skalen oder Fragebatterien eine deutliche Nähe zu vorurteilsvollen und antisemitischen Aussagen (vgl. u. a. Seipel/Rippl 1999; Six 1997; Hopf 1987). Ais dem genannten Gründen kam eine Fragebatterie zum Einsatz, die unterschiedliche inhaltliche Schwerpunkte setzt und auf die Erfassung verschiedener Orientierungen abhebt. Die Aufzeichnung autoritärer Bezüge wird ebenso angestrebt wie die Aufzeichnung hedonistischer, familiärer, religiöser, materieller, selbstreflexiver und politischer Orientierungen. Ferner wurden die Schülerinnen und Schüler hinsichtlich ihrer politischen Präferenz befragt. Operationalisiert wurde diese Frage mit Hilfe einer einfachen Selbstkategorisierung auf einer Politik-Skala, die von „rechts" bis „links" reicht.

Viele Leute gebrauchen die Begriffe links und rechts, wenn es um politische Einstellungen geht. Wenn du an deine eigenen politischen Ansichten denkst, wo würdest du dich selber auf dieser Skala einstufen?

ganz links ☐ ☐ ☐ ☐ ☐ ganz rechts

Die Selbsteinordnung auf der Politik-Skala als politisch „rechts" kann als Indiz zur Überprüfung der Validität der erhobenen Orientierungen behandelt werden. Es wird angenommen, dass Personen, die sich eher „rechts" einordnen, auch konservativer sind (vgl. Seipl/Rippl/Schmidt 1995; Hill 1993 oder Wilamowitz-Moellendorff 1993). Damit sind die relevanten Instrumente zur Erfassung der Sozialen Orientierungen genannt. Es folgt die Darstellung der Instrumente zur Erfassung der Erfahrungen im Umgang mit kultureller Vielfalt.

Kontakte und Erfahrungen im Umgang mit kultureller Vielfalt werden sowohl im Bereich der empirischen Sozialforschung als auch in der interkulturellen Pädagogik als wichtiger Mediator für den vorurteilsfreien Umgang mit sozialer, kultureller und sprachlicher Heterogenität verstanden. In den theoretischen Auseinandersetzungen zur Kontakthypothese werden verschiedene Voraussetzungen und Bedingungen des Kontakts diskutiert. Die Untersuchung unterscheidet zwischen zufälligen Kontakten und echten Freundschaften und Bekannten. Überdies wurden mit Blick auf die transnationale Perspektive der Arbeit zusätzlich die Auslandserfahrungen der Schülerinnen und Schüler erhoben. In Anlehnung an Zick (1997) wurden „zufällige Kontakte" über die Anwesenheit von Personen `ausländischer Herkunft´ in der Nachbarschaft erhoben. Freundschaftliche Kontakte, Bekanntschaften sowie familiäre Beziehungen zu Personen nicht deutscher Herkunft wurden abgefragt und nach Nationalität differenziert. Konkret wurden die Schülerinnen und Schüler wie folgt befragt:

Wie ist das bei dir? Leben in deiner Nachbarschaft (Wohngegend/Straße), deiner Meinung nach...

☐ ausschließlich Deutsche

☐ überwiegend Deutsche

☐ ungefähr genauso viele deutsche Familien wie Familien ausländischer Herkunft

☐ überwiegend Familien ausländischer Herkunft

☐ ausschließlich Familien ausländischer Herkunft

Zählen zu deinen Freunden, Bekannten oder Verwandten Angehörige nicht deutscher Herkunft?

☐ JA   ☐ NEIN (weiter mit Frage ...)

➢ WENN JA, welche Nationalität / Herkunft haben diese Jugendlichen bzw. Erwachsenen genau?

		und darüber hinaus... .
☐ türkische Herkunft	☐ polnische Herkunft	
☐ italienische Herkunft	☐ russische Herkunft	_____
☐ griechische Herkunft	☐ afrikanische Herkunft	_____
☐ spanische Herkunft	☐ asiatische Herkunft	_____
☐ niederländische Herkunft	☐ arabische Herkunft	_____

Die Auslandserfahrungen der Schülerinnen und Schüler wurden ähnlich der Erhebung des Jugend-Euro-Survey (1993) über eine einfache Abfrage der Länder eines Auslandsaufenthaltes erhoben (vgl. Gün 1994; Hess 1994). Im Einzelnen aufgeführt wurden verschiedene südeuropäische, nord- und mitteleuropäische und osteuropäische Länder. Des Weiteren wurden die Schülerinnen und Schüler nach längeren Auslandsaufenthalten gefragt und nach Freunden oder Verwandten, die im Ausland leben.

Im Folgenden kreuze bitte an, in welchen Ländern du schon einmal warst.

☐ war noch nie im Ausland

☐ Frankreich	☐ Belgien	☐ Polen	☐ Bulgarien			
☐ Spanien	☐ Niederlande	☐ Tschechien	☐ Russland	war darüber hinaus noch in....		
☐ Portugal	☐ Dänemark	☐ Slowakei	☐ Kroatien	_____		
☐ Italien	☐ Norwegen	☐ Ungarn	☐ Österreich	_____		
☐ Griechenland	☐ Schweden	☐ Slowenien	☐ Schweiz	_____		
☐ Türkei	☐ England	☐ Rumänien	☐ Luxemburg	_____		

Warst du auch schon einmal für eine längere Zeit, für mehrere Monate oder Jahre, im Ausland?

☐ JA ☐ NEIN

➤ WENN JA, in welchem Land/in welchen Ländern war das?

_____

Und hast du Freunde oder Verwandte im Ausland?

☐ JA ☐ NEIN

➤ WENN JA, in welchem Land/in welchen Ländern?

_____

Aufgrund des Fragebogenaufbaus können bezüglich der Auslandserfahrungen ebenso zufällige Kontakte von dauerhaften Kontakten differenziert betrachtet werden.

Die Identifikation eines Individuums mit einer sozialen Gruppe wurde als entscheidender Faktor für die Einstellungsunterschiede der Schülerinnen und Schüler im Umgang mit kultureller Heterogenität betrachtet. Mit Blick auf die vorliegende Untersuchung sind zwei Gruppenzugehörigkeiten als relevante (Selbst-)Kategorisierungsgrößen hervorzuheben: die Identifikation mit Deutschland und die Identifikation mit Europa. Zur Erhebung der sozialen Identifikationsprozesse wurden drei verschiedene Fragebatterien konzipiert, die unterschiedliche emotionale Passungen abfragen: einfache Identifikationsbezüge werden von dem Gefühl der Verbundenheit und schließlich der idealisierten Bewertung der eigenen nationalen Identität bzw. der europäischen Identität unterschieden. Erhoben wurde dieser Einstellungsbereich wie folgt:

72

Im Folgenden würde ich gerne von dir wissen, als was du dich fühlst, ob als Jugendlicher, Europäer usw. Bitte trage, in die vorgesehenen Kästchen, die für dich wichtigsten Bezüge ein.

☐ Ostdeutscher	☐ Europäer	☐ Jugendlicher	☐ *Angehöriger einer anderen Nationalität, Kultur oder Religion, und zwar als…*
☐ Westdeutscher	☐ Weltbürger	☐ Christ	_____
☐ Deutscher	☐ Ausländer	☐ Moslem	_____

Man kann sich ja unterschiedlich stark verbunden fühlen mit seinem Dorf oder seiner Stadt / seiner Region / mit Deutschland / mit Europa. Bitte sage mir, wie stark du dich verbunden fühlst…

	sehr stark verbunden	überhaupt nicht verbunden
• mit dem Dorf / der Stadt, in der du lebst	☐☐☐☐☐	
• mit der Region	☐☐☐☐☐	
• mit dem Bundesland, in dem du lebst	☐☐☐☐☐	
• mit Deutschland	☐☐☐☐☐	
• mit Europa	☐☐☐☐☐	

Würdest du sagen, dass du stolz bist auf deine Nationalität?

Ja, sehr stolz ☐☐☐☐☐ Nein, überhaupt nicht stolz

Mal ganz allgemein gefragt. Bist du eigentlich stolz darauf, Europäer zu sein?

Ja, sehr stolz ☐☐☐☐☐ Nein, überhaupt nicht stolz

In der ersten Fragebatterie wird ermittelt, ob bzw. inwieweit die theoretisch als relevant erachteten Bezugskategorien Deutschland und Europa für die Schülerinnen und Schüler überhaupt eine Rolle spielen und welche Identifikationsangebote überdies als wesentliche Größen betrachtet werden. Neben den nationalen und europäischen Bezügen wurden regionale, globale, religiöse und soziologische Kategorien zur Auswahl gestellt. Die Fragebatterie wurde in Anlehnung an Boos-Nünning/Karakaşoğlu (2005) konzipiert. Der vergleichsweise ‚´neutralen´ Einordnung werden verschiedene wertbezogene Identifikationsprozesse gegenübergestellt. In Anlehnung an die Fragen des Eurobarometers (u. a. 2000, 2001) wurde nach der Stärke des Verbundenheitsgefühls mit Deutschland und Europa, dem Dorf, der Stadt, der Region, dem Bundesland und auch nach dem Nationalstolz und dem Stolz auf die europäische Identität gefragt (vgl. auch Rippl 1997).[22] Basierend auf Überlegungen, die im Rahmen des Social Identity Approach entwickelt wurden, wird angenommen, dass vor allem die Stärke der (Selbst-)Kategorisierung entscheidende Unterschiede in Bezug auf den Einfluss Sozialer Identifikationsprozesse markiert. Welche Verfahren bei der Überprüfung der Hypothesen zum Einsatz kommen, ist Gegenstand des nachstehenden Kapitels. Vorab sind allerdings die Instrumente, die der Erfassung der Einstellungen der Schülerinnen und Schüler im Umgang mit der innergesellschaftlichen und zwischenstaatlichen Vielfalt dienen, zu spezifizieren.

3.2.2 Instrumente zur Erfassung der abhängigen Variablen: Einstellungen im Umgang mit kultureller Vielfalt

Im Folgenden steht die Operationalisierung der abhängigen Variablen an. Erfasst werden sollen verschiedene Orientierungen im Umgang mit kultureller Vielfalt. Bezug genommen wird dabei sowohl auf die Anforderungen, die die zunehmende kulturelle Vielfalt als Folge weltweiter Migrationsbewegungen an die Schülerinnen und Schüler stellt, als auch auf die Anforderungen, die im Rahmen der europäischen Integration auf sie zukommen. Als ein relevanter Aspekt, der auf den Umgang mit kultureller Vielfalt Einfluss nimmt, wurden die Orientierungen der Schüler und Schülerinnen hinsichtlich der Art und Ziele der Koexistenz verschiedener ethnischer Gruppen in einer Gesellschaft identifiziert (vgl. Nieke 2000; neuer Leiprecht/Kreber 2006).[23] Grundlegend unterschieden wurden vor allem zwei Vorstellungen: Integrationsvorstellungen, die auf das gleichberechtigte Miteinander der Mitglieder unterschiedlicher ethnischer Gruppen und auf die Anerkennung verschiedener kulturelle Bezüge abzielen, und Segregationsvorstellungen bzw. Separationsvorstellungen, die auf einer Abgrenzung der Gruppen und ihrer Mitglieder

---

22 Zum Einfluss von Nationalismus und Patriotismus als Ursache von Fremdenfeindlichkeit siehe Becker/Wagner/Christ 2007; Bornewasser 1999.

23 Zum Zusammenhang zwischen Akkulturationsvorstellungen und Vorurteilen vgl. Zick et al. 2001; Zick/Six 1997.

basieren (vgl. Berry et al. 1989; Bourhis et al. 1997; Evanoff 2006; Navas et al. 2005, 2007). Operational ergeben sich diese Vorstellungen, so Berry et al., aus der Kombination der Antworten (Ja/Nein) bezüglich zweier unabhängiger Einstellungsdimensionen:

- erstens in Bezug auf die Frage, ob die ethnischen oder kulturellen Bezüge der Mitglieder verschiedener ethnischer Gruppen in einer Gesellschaft als wertvoll erachtet und anerkannt oder zugunsten der Gebräuche und Gewohnheiten der Mehrheitskultur aufgegeben werden sollen, und
- zweitens in Bezug auf die Frage, ob Kontakte zwischen den Mitgliedern verschiedener ethnischer Gruppen gewünscht oder abgelehnt werden (vgl. dies. 1989).

Ebenso lassen sich vor dem Hintergrund der europäischen Einigung zwei Einstellungsdimensionen ausmachen, die die Vorstellungen von der Art und den Zielen der Koexistenz von Nationalstaaten beeinflussen:

- erstens die Frage, ob die Öffnung der Grenzen und mit ihr der Austausch nationaler Interessen und kultureller Bezüge gewünscht oder abgelehnt wird, und
- zweitens die Frage, ob Mobilität über die Grenzen der Nationalstaaten hinweg prinzipiell als wertvoll erachtet wird oder nicht.

Zu nennen sind hier insbesondere integrative Konzepte, welche die Öffnung der Grenzen und den kulturellen Austausch der Nationalstaaten befürworten und transnationale Mobilität wertschätzen; dem gegenüber stehen separatistische Konzeptionen, die die „Öffnung der Grenzen" innerhalb Europas ablehnen, transnationale Mobilität ausschließen und die eigenen nationalen Identitäten zu bewahren suchen (vgl. Weidenfeld/Piepenschneider 1990; Kohlschmidt 1995; Kaib 1995; Henschel 1999; Henschel/Rappenglück 1997). Unterscheiden lassen sich also sowohl auf nationaler als auch auf transnationaler Ebene integrative von separatistischen Konzepten entlang der Frage, ob das Zusammenleben von Personen unterschiedlicher ethnischer Zugehörigkeit bzw. Kontakte zwischen Staaten gewünscht oder abgelehnt wird. Erweitert wurde die Fragestellung, indem nach den Kriterien gesellschaftlicher bzw. staatlicher Assoziation gefragt wurde. Unterschieden wurden vor allen Dingen wirtschaftliche von kulturellen und ethischen Kriterien entlang der Frage, welche Kriterien zukünftig bei der Einwanderung von Personen bzw. der Aufnahme von Staaten in die Europäische Union Berücksichtigung finden sollten. Und schließlich wurde nach der individuellen Bereitschaft der Schülerinnen und Schüler zu interkulturellen Kontakten bzw. zu transnationaler Mobilität gefragt. Insgesamt werden also *jeweils* drei Einstellungsbereiche untersucht:

–   erstens die Einstellungen der Schülerinnen und Schüler zur Art und zu den Zielen der Koexistenz verschiedener ethnischer Gruppen in einer Gesellschaft bzw. die Frage nach den Modalitäten der Koexistenz von Nationalstaaten,
–   zweitens die Einstellungen der Schülerinnen und Schüler zu den Kriterien gesellschaftlicher Assoziation bzw. den Kriterien staatlicher Assoziation,
–   drittens die Bereitschaft der Schülerinnen und Schüler im Hinblick auf interkulturelle Kontakte bzw. transnationale Mobilität.

Die hier vorgenommene konzeptionelle Trennung entlang der drei Einstellungsbereiche ist eine vorläufige. Erst aus der Kombination der Antworten bezüglich der verschiedenen Einstellungsbereiche sollten sich die konkreten Orientierungen der Schülerinnen und Schüler ableiten lassen. Zuerst gilt es jedoch, die Operationalisierung der einzelnen Einstellungsbereiche, aus denen sich die Orientierungen zusammensetzen, vorzustellen. Es folgt die Darstellung der Instrumente zur Erfassung der Einstellungsbereiche zur innergesellschaftlichen kulturellen Vielfalt: Art und Ziele der Koexistenz verschiedener ethnischer Gruppen, Kriterien gesellschaftlicher Assoziation und interkulturelle Kontaktbereitschaft.

Die Einstellungen der Schülerinnen und Schüler zur Art und den Zielen der Koexistenz von ethnischen Gruppen in einer Gesellschaft wurden in Anlehnung an die Arbeit von Dick et al. „Einstellungen zur Akkulturation" erhoben (dies. 1997; vgl. auch Bourhis et al. 1997). Entsprechend der Forschungsabsicht wurden die Fragen grundsätzlich so modifiziert, dass sie für den Bezugsrahmen Schule geeignet waren. Insgesamt wurden drei Fragebatterien, die jeweils unterschiedliche Schwerpunkte umfassen, entworfen: Die erste Fragebatterie umfasst Aussagen zur Assimilation, Segregation und Integration. Den Bezugshorizont stellt hierbei der Kontext Schule dar. Überdies umfassen die Aussagen neben den konkret an Personen gebundenen Anforderungen auch themenbezogene Schwerpunkte bzw. kulturelle Anforderungen (vgl. Dick et al. 1997). Die erste Fragebatterie umfasst folgende Items:

Sowohl die europäische Einigung als auch die Anwesenheit von Ausländern in Deutschland könnten Auswirkungen auf die Schulen haben. Kreuze bitte an, ob du den Aussagen auf der Liste zustimmst oder sie ablehnst.

	stimme völlig zu				stimme überhaupt nicht zu
Der Religionsunterricht sollte sich nicht nur mit dem Christentum, sondern auch mit anderen Religionen beschäftigen, z. B. mit dem Islam und dem Judentum.	☐	☐	☐	☐	☐
Lehrer sollten darauf achten, dass die Schülerinnen und Schüler ausländischer Herkunft in den Schulpausen unter sich nur deutsch sprechen.	☐	☐	☐	☐	☐
Es ist wichtig, in der Schule über die Entstehung und Bedeutung von Vorurteilen und Rassismus aufzuklären.	☐	☐	☐	☐	☐
Schule sollte die kulturellen, sprachlichen und religiösen Hintergründe der ausländischen Schülerinnen und Schüler gleichberechtigt berücksichtigen.	☐	☐	☐	☐	☐
Das Tragen von Kopftüchern in der Schule sollte verboten sein.	☐	☐	☐	☐	☐
Die kulturelle und sprachliche Vielfalt der Schülerinnen und Schüler ausländischer Herkunft sollten verstärkt in den Unterricht einbezogen werden.	☐	☐	☐	☐	☐
Kinder verschiedener Nationalität/Herkunft sollten in entsprechend verschiedene Schulen gehen.	☐	☐	☐	☐	☐
Schule sollte darauf achten, dass die ausländischen Schülerinnen und Schüler nicht diskriminiert werden.	☐	☐	☐	☐	☐
Die Muttersprachenkenntnisse der ausländischen Schülerinnen und Schüler sollten als Fremdsprachkenntnisse anerkannt und benotet werden.	☐	☐	☐	☐	☐

Die zweite Fragebatterie umfasst ausschließlich Aussagen, die auf Assimilation hinauslaufen. Als Vorlage diente die Untersuchung von Boos-Nünning/Karakaşoğlu (2005; vgl. auch Wasmer/Koch 2000). Die Fragebatterie zu den Assimilationsanforderungen lautet wie folgt:

Kann man deiner Meinung nach von jemandem, der schon lange in Deutschland lebt, erwarten, dass er/sie....

	auf jeden Fall				auf keinen Fall

- die deutsche Sprache beherrscht.

- sich in religiöser Hinsicht der deutschen Gesellschaft anpasst.

- die Kultur der Eltern aufgibt.

- sich äußerlich, mit der Kleidung, an die Deutschen anpasst.

- die deutschen Ess- und Trinkgewohnheiten übernimmt.

- sich ausschließlich für deutsche Interessen einsetzt.

Und schließlich wurde in einem dritten Schritt konkret nach dem Verhältnis zwischen Deutschen und den in Deutschland lebenden `Ausländern´[24] gefragt: ob die Anwesenheit von Ausländern als Bereicherung oder Gefahr verstanden und ob eine rechtliche Gleichstellung von Ausländern gewünscht oder abgelehnt wird (vgl. u. a. Noack/Kracke 1995, Deutsche Shell 2000). Im Einzelnen beantworteten die Schülerinnen und Schüler folgende Fragen:

Im Folgenden geht es um das Verhältnis zwischen Deutschen und den in Deutschland lebenden Ausländern. Kreuze bitte an, inwieweit du den einzelnen Aussagen eher zustimmst oder eher nicht zustimmst.

	stimme völlig zu				stimme überhaupt nicht zu

Die Anwesenheit von Ausländern in Deutschland ist eine Bereicherung für die deutsche Kultur.

Die in Deutschland lebenden Ausländer sollten die gleichen Rechte haben wie die Deutschen.

Eine Gesellschaft mit einer Vielzahl von Menschen unterschiedlicher kultureller Hintergründe ist eher befähigt, Probleme in Angriff zu nehmen.

Deutsche und Ausländer sollten untereinander nicht heiraten.

Ausländer sollten in der Öffentlichkeit möglichst deutsch sprechen.

Es ist wichtig, dass jede Nation ihre Kultur rein hält, deshalb sollten die einzelnen Völker möglichst unter sich bleiben.

---

24 Bei der Konstruktion der Einstellungsinstrumente zur innergesellschaftlichen Vielfalt wurde auf eine Vielzahl verschiedener Begriffe zur Beschreibung der relevanten Personengruppen zurückgegriffen. Zum Teil wurde auf den Status (Ausländer), zum Teil auf den ethnischen, kulturellen oder sprachlichen Hintergrund der Personen Bezug genommen, auch wenn dadurch jeweils nur ein kleiner Kreis der gemeinten Gruppe konkret benannt wurde. Auf eine einheitliche Begriffswahl wurde verzichtet. Dies hat den Vorteil, dass sämtliche Facetten des Themas in Anschlag gebracht werden konnten.

Damit sind die Instrumente zur Erfassung der Einstellungen der Schülerinnen und Schüler zur Art und den Zielen der Koexistenz verschiedener ethnischer Gruppen in einer Gesellschaft genannt. Es folgt die Operationalisierung der Items zu den Kriterien gesellschaftlicher Assoziation.

Die Kriterien zur gesellschaftlichen Assoziation umfassen verschiedene ethische Überlegungen, wirtschaftliche Interessen und kulturelle Auswahlkriterien. Die erste Fragebatterie fragt nach den Motiven, nach welchen die Aufnahme von Personen in Deutschland grundsätzlich möglich sein sollte. Vorgelegt sind Unterdrückung, Arbeitslosigkeit, Umweltkatastrophen, Krieg, Studienaufenthalt und familiäre Wurzeln. Die Zustimmung zu den Motiven für die Einwanderung von Personen nach Deutschland wurde folgendermaßen abgefragt:

Wie ist deine Meinung, sollte es Personen aus folgenden Gründen möglich sein oder eher nicht möglich sein, nach Deutschland einzuwandern?

Die Einwanderung von Personen...

	sollte uneingeschränkt möglich sein					sollte nicht möglich sein
die in ihrem Heimatland unterdrückt werden.	☐	☐	☐	☐	☐	
die in ihrem Heimatland keine Arbeit finden.	☐	☐	☐	☐	☐	
die aufgrund von Umweltkatastrophen aus ihrer Heimat fliehen mussten.	☐	☐	☐	☐	☐	
in deren Heimatland Krieg herrscht.	☐	☐	☐	☐	☐	
die in Deutschland studieren wollen.	☐	☐	☐	☐	☐	
deren Eltern oder Großeltern Deutsche waren / sind.	☐	☐	☐	☐	☐	

Die zweite Fragebatterie fragt nach den Kriterien für zukünftige Einwanderung. Als Auswahlkriterien werden genannt: die finanzielle Lage einer Person, ihre religiöse Zugehörigkeit, ihre Kultur und Mentalität, ihr Bildungs- und Ausbildungsabschluss, ihr Nutzen für die deutsche Wirtschaft, ihre Remigrationsbereitschaft, ihre Sprachbeherrschung, ihre Assimilationsbereitschaft und möglichst ähnliches Aussehen. Eine konkrete Vorlage zur Erstellung der Fragebatterien gab es nicht. Die Zustimmung zu den Kriterien für die Einwanderung von Personen nach Deutschland wurde wie folgt erfasst:

Im Folgenden geht es um die Frage, welche Kriterien zukünftig bei der Einwanderung von Personen nach Deutschland angewandt werden sollten. Kreuze bitte an, ob du den im Folgenden genannten Gründen zustimmst oder sie eher ablehnst.

Es sollten nur Personen einwandern dürfen,...	sollte uneingeschränkt möglich sein				sollte nicht möglich sein
die finanziell unabhängig sind.	☐	☐	☐	☐	☐
die einer christlichen Religionsgemeinschaft angehören.	☐	☐	☐	☐	☐
die einen hohen Bildungs- und Ausbildungsabschluss haben.	☐	☐	☐	☐	☐
deren Kultur und Mentalität der deutschen sehr nahe kommt.	☐	☐	☐	☐	☐
die für die deutsche Wirtschaft von Nutzen sind.	☐	☐	☐	☐	☐
die bereit sind wieder auszuwandern, wenn es von ihnen verlangt wird.	☐	☐	☐	☐	☐
die die deutsche Sprache beherrschen.	☐	☐	☐	☐	☐
die bereit sind sich der deutschen Kultur völlig anzupassen.	☐	☐	☐	☐	☐
deren Aussehen von dem der Deutschen nicht zu stark abweicht.	☐	☐	☐	☐	☐

Mit Hilfe der Fragebatterien sollte es möglich sein, die Einstellungen der Schülerinnen und Schüler hinsichtlich ihrer Nähe zu wirtschaftlichen, kulturellen oder ethischen Bezügen zu differenzieren. Der Darstellung der Instrumente zur Erfassung der Kriterien gesellschaftlicher Assoziation folgt die Darstellung der Instrumente zur Erfassung der Bereitschaft der Schülerinnen und Schüler zu interkulturellen Kontakten.

Die Bereitschaft der Schülerinnen und Schüler zu interkulturellen Kontakten wurde über zwei Fragebatterien erhoben. Differenziert wird zwischen der Qualität der Kontakte und der Herkunft der am Kontakt beteiligten Personen. Die erste Fragebatterie differenziert verschiedene Kontaktformen wie Nachbarschaft, Freundschaft, gemeinsames Arbeiten, Jugendaustausch oder Ehe (vgl. Fröhlich/Müller 1995).

Kreuze bitte an, ob du zu folgenden Verhaltensweisen bereit wärst.

Ich wäre sicher bereit....	vollkommen				überhaupt nicht
Familien unterschiedlicher Nationalität/Herkunft als Nachbarn zu haben.	☐	☐	☐	☐	☐
mit Jugendlichen unterschiedlicher kultureller Herkunft fest befreundet zu sein.	☐	☐	☐	☐	☐
in ein Firma zu arbeiten, in welcher Menschen verschiedener Herkunft arbeiten.	☐	☐	☐	☐	☐
Jugendliche mit anderen kulturellen und religiösen Hintergründen kennen zu lernen.	☐	☐	☐	☐	☐
jemanden mit einem anderen kulturellen Hintergrund zu heiraten.	☐	☐	☐	☐	☐

80

Die zweite Fragebatterie erfragt, ähnlich dem Feeling-Thermometer (vgl. u. a. Zick 1997), die Bereitschaft, Freundschaften mit Jugendlichen unterschiedlicher Herkunft einzugehen. Aufgeführt sind verschiedene europäische Bezüge sowie diverse amerikanische, afrikanische und asiatische Bezüge. Die Ansichten der Schülerinnen und Schüler wurden wie folgt erhoben:

Im Folgenden würde ich gerne von dir wissen, ob du bereit oder eher nicht bereit dazu wärst mit Jugendlichen folgender Herkunft eng befreundet zu sein?

	wäre sicher bereit				wäre sicher nicht bereit
deutscher Herkunft	☐	☐	☐	☐	☐
österreichischer Herkunft	☐	☐	☐	☐	☐
niederländischer, belgischer Herkunft	☐	☐	☐	☐	☐
skandinavischer Herkunft (dänischer, norwegischer, schwedischer Herkunft)	☐	☐	☐	☐	☐
nordeuropäischer Herkunft (englischer, irischer Herkunft)	☐	☐	☐	☐	☐
französischer Herkunft	☐	☐	☐	☐	☐
südeuropäischer Herkunft (italienischer, spanischer, griechischer Herkunft)	☐	☐	☐	☐	☐
osteuropäischer Herkunft (polnischer, tschechischer Herkunft)	☐	☐	☐	☐	☐
russischer Herkunft	☐	☐	☐	☐	☐
türkischer Herkunft	☐	☐	☐	☐	☐
nordamerikanischer Herkunft (US-amerikanischer, kanadischer Herkunft)	☐	☐	☐	☐	☐
mittel- und südamerikanischer Herkunft (brasilianischer, peruanischer Herkunft)	☐	☐	☐	☐	☐
arabischer Herkunft (saudi-arabischer, kuwaitischer Herkunft)	☐	☐	☐	☐	☐
japanischer Herkunft	☐	☐	☐	☐	☐
asiatischer Herkunft (indischer, thailändischer Herkunft)	☐	☐	☐	☐	☐
nordafrikanischer Herkunft (marokkanischer, tunesischer Herkunft)	☐	☐	☐	☐	☐
sonstige afrikanische Herkunft (kenianischer, südafrikanischer Herkunft)	☐	☐	☐	☐	☐

Damit sind die relevanten Instrumente zur Erfassung der Einstellungen zur innergesellschaftlichen kulturellen Vielfalt genannt. Es folgt die Darstellung der Instrumente im Kontext transnationaler Überlegungen.

Parallel zur Frage nach der Art der Koexistenz ethnischer Gruppen stellt sich im Zusammenhang mit der zwischenstaatlichen kulturellen Vielfalt die Frage nach den Modalitäten und dem Ziel der Koexistenz von Nationalstaaten. Als Bezugshorizont dient die europäische Integration. Unterschieden werden integrative von separatistischen Konzeptionen entlang der Frage, ob die „Öffnung der Grenzen" innerhalb Europas von den Schülerinnen und Schülern eher gewünscht oder abgelehnt wird (vgl. auch Piepenschneider 1993). Angeregt durch die Ergebnisse der qualitativen Studie von Henschel (1993) und vor dem Hintergrund der EurobarometerUmfragen (vgl. 2000, 2001) sowie der Untersuchung von Noack/Kracke (1995) wurden den Schülerinnen und Schüler in einer ersten Fragebatterie neben allgemeinen Aussagen zur Öffnung der Grenzen, verschiedenen Items zu Aspekten der Grenzöffnung, wie der Reise und Niederlassungsfreiheit, sowie den damit verbundenen Risiken vorgelegt. Die Operationalisierung für die Einstellungen zur Art und den Zielen der Koexistenz von Nationalstaaten ist mit folgenden Items gegeben:

Über die europäische Einigung hört man ja die verschiedensten Meinungen. Ich habe einige davon hier zusammengestellt. Kreuze bitte an, inwieweit du den einzelnen Aussagen eher zustimmst oder eher nicht zustimmst

	stimme völlig zu				stimme überhaupt nicht zu
Ich finde es gut, dass die Grenzen in Europa jetzt offen sind und jeder die Möglichkeit hat, uneingeschränkt in jedes europäische Land zu reisen.	□	□	□	□	□
Die europäische Einigung bietet allen Ländern Europas die Chance, sich gemeinsam weiter zu entwickeln.	□	□	□	□	□
Für Deutschland ist die europäische Einigung eher von Nachteil als von Vorteil.	□	□	□	□	□
Die Möglichkeit zu haben, in jedem Land Europas zu leben und zu arbeiten, finde ich toll.	□	□	□	□	□
Ich hoffe, dass die Öffnung der Grenzen in Europa das Zusammenleben von Menschen unterschiedlicher Sprachen und Gewohnheiten fördert.	□	□	□	□	□
Wenn jetzt alle Grenzen offen sind, dann kommen die Menschen aus den ärmeren Ländern nach Deutschland und nehmen uns die Arbeitsplätze weg.	□	□	□	□	□
Deutschland kann viel von den anderen europäischen Ländern lernen.	□	□	□	□	□
Es wäre am besten, wenn die Grenzen in Europa wieder dicht gemacht würden.	□	□	□	□	□

Die Einstellungen zu den Kriterien staatlicher Assoziationen wurden über die Motive und Kriterien für den Beitritt von Staaten in die Europäische Union operationalisiert. Im Wesentlichen wurden ethische, kulturelle und wirtschaftliche Kriterien erfasst. Die konkrete Gestaltung der Fragebatterie wurde analog der Fragebatterie zu den Kriterien gesellschaftlicher Assoziation gestaltet. Um die Einstellungen der Schülerinnen und Schüler zu ihren staatlichen Assoziationskonzepten zu eruieren, sollten folgende Aussagen bewertet werden:

Die Entscheidung, ein Land in die Europäische Union aufzunehmen, kann ja aus unterschiedlichen Gründen getroffen werden. Ich habe einige davon hier zusammengestellt. Kreuze bitte an, ob du den im Folgenden genannten Gründen zustimmst oder nicht zustimmst.

	stimme völlig zu				stimme überhaupt nicht zu
Der Beitritt sollte für die jetzigen Mitgliedsstaaten nicht zu kostspielig werden.	☐	☐	☐	☐	☐
Es sollten nur christliche Länder aufgenommen werden.	☐	☐	☐	☐	☐
Der wirtschaftliche Entwicklungsstand des Landes sollte hoch sein.	☐	☐	☐	☐	☐
Der Bildungs- und Ausbildungsstandard des Landes sollte hoch sein.	☐	☐	☐	☐	☐
Das Land muss die Menschenrechte und die Grundsätze der Demokratie achten.	☐	☐	☐	☐	☐
Die Kultur und Mentalität sollte der der anderen Mitgliedsstaaten nahe kommen.	☐	☐	☐	☐	☐
Das Land muss sich für die Gleichberechtigung von religiösen, nationalen und kulturellen Minderheiten einsetzen.	☐	☐	☐	☐	☐
Das Land muss bereit sein, sich den anderen Ländern völlig anzupassen.	☐	☐	☐	☐	☐
Das Land sollte auf dem europäischen Kontinent liegen.	☐	☐	☐	☐	☐
Der Beitritt sollte für die jetzigen Mitgliedsstaaten ausschließlich von Vorteil sein.	☐	☐	☐	☐	☐
Es sollten nur Länder aufgenommen werden, deren Bürger und Bürgerinnen denen der anderen Mitgliedsstaaten im Aussehen ähnlich sind.	☐	☐	☐	☐	☐

Und schließlich wurde die Bereitschaft der Schülerinnen und Schüler, über nationale Grenzen hinaus mobil zu sein, gemeinsam mit der Zustimmung bzw. Ablehnung interkultureller Kontakte operationalisiert. Unterschieden wurden Aussagen zur allgemeinen Mobilitätsbereitschaft von Aussagen, die die Mobilitätsbereitschaft der Schülerinnen und Schüler differenziert nach Ländern bzw. Ländergruppen thematisiert. Die erste Fragebatterie umfasst neben verschiedenen Gründen dafür, sich im Ausland aufzuhalten, auch Fragen nach der Bereitschaft zu verschiedenen Arten von Kontakten zu Personen im Ausland (vgl. u. a. Henschel 1997). Im Einzelnen wurden die Schülerinnen und Schüler wie folgt befragt:

Kreuze bitte an, ob du zu folgenden Verhaltensweisen bereit wärst.

Ich wäre sicher bereit....	vollkommen			überhaupt nicht
einheimische Jugendliche im Ausland kennen zu lernen.	☐	☐	☐	☐
ein Schul- oder Ausbildungsjahr in einem anderen Land zu verbringen.	☐	☐	☐	☐
für einen Job ins Ausland zu ziehen.	☐	☐	☐	☐
mit jemandem im Ausland fest befreundet zu sein.	☐	☐	☐	☐
in einer Firma zu arbeiten, für die ich öfter mal ins Ausland reisen müsste.	☐	☐	☐	☐
für längere Zeit (mehrere Jahre) im Ausland zu leben.	☐	☐	☐	☐
jemanden im Ausland zu heiraten.	☐	☐	☐	☐

Die zweite Fragebatterie erfasst differenziert nach Ländern bzw. Ländergruppen die Bereitschaft zu einem Auslandsaufenthalt im Rahmen eines Jugendaustausches. Vergleichbare Fragen finden sich auch im Jugend-EuroSurvey (1993). Die Instruktion zu dem Satz von Items lautet:

Einmal angenommen, du könntest im Rahmen eines Jugendaustauschs für längere Zeit (1-2 Monate) kostenlos ins Ausland reisen, wärst du bereit oder nicht bereit in folgende Länder zu reisen?

Ich wäre sicher bereit....

	wäre sicher bereit				wäre sicher nicht bereit
in andere deutschsprachige Länder (z. B. Österreich)	☐	☐	☐	☐	☐
in die Beneluxstaaten (Niederlande, Belgien, Luxemburg)	☐	☐	☐	☐	☐
in skandinavische Länder (Dänemark, Norwegen, Schweden)	☐	☐	☐	☐	☐
in andere nordeuropäische Länder (z. B. England, Schottland, Irland)	☐	☐	☐	☐	☐
nach Frankreich	☐	☐	☐	☐	☐
in südeuropäische Länder (z. B. Italien, Spanien, Griechenland)	☐	☐	☐	☐	☐
in osteuropäische Länder (z. B. Polen, Tschechien, Slowenien)	☐	☐	☐	☐	☐
nach Russland	☐	☐	☐	☐	☐
in die Türkei	☐	☐	☐	☐	☐
in nordamerikanische Länder (USA, Kanada)	☐	☐	☐	☐	☐
in mittel- und südamerikanische Länder (z. B. Brasilien, Peru)	☐	☐	☐	☐	☐
in arabische Länder (z. B. Saudi-Arabien, Jemen, Kuwait)	☐	☐	☐	☐	☐
nach Japan	☐	☐	☐	☐	☐
in asiatische Länder (z. B. Indien, Thailand, Vietnam, Indonesien)	☐	☐	☐	☐	☐
in nordafrikanische Länder (z. B. Marokko, Tunesien)	☐	☐	☐	☐	☐
in andere afrikanische Länder (z. B. Kenia, Namibia, Simbabwe)	☐	☐	☐	☐	☐

Die vorgelegten Fragen bilden die Grundlage für die Analyse der Orientierungen der Schülerinnen und Schüler im Umgang mit kultureller Vielfalt, die in Kapitel 4.1 erfolgt. Nachstehend werden die für die Analyse der Orientierungen eingesetzten Methoden und die erhobene Stichprobe beschrieben und erklärt.

3.3 Analysemethoden und Stichprobe

Bei jeder empirischen Untersuchung stellt sich die Frage nach der Qualität des Messvorgangs, die den Untersuchungserfolg und die Aussagefähigkeit der Ergebnisse entscheidend beeinflusst. Messungen werde u.a.

für die Überprüfung von Theorien verwendet. Die Messergebnisse sind die Kriterien, anhand derer über Beibehaltung oder Verwerfung von Theorien entschieden wird. Unter sonst gleichen Bedingungen sind Entscheidungen umso besser, je präziser die Informationen sind, auf denen sie beruhen. Der Wunsch, möglichst genaue Informationen zu erhalten, führt zur Forderung nach möglichst präzisen „Messungen". In diesem Kapitel werden daher zunächst die Gütekriterien der Messung sowie die für die Analyse relevanten Verfahren der Datenanalyse (3.3.1), anschließend das Auswahlverfahren und die erhobene Stichprobe (3.3.2) beschrieben.

3.3.1 Gütekriterien der Messung

Mit der Quantifizierung von relevanten Untersuchungsmerkmalen bei Fragebögen, Tests oder Beobachtungen wird in der Forschung das Ziel verfolgt, die Vergleichbarkeit von Daten sicher zu stellen und sie statistischen Auswertungsverfahren im Hinblick auf mögliche Vergleiche und Abhängigkeiten zugänglich zu machen. Mit der Transformation in quantitative Größen wird auch ein Rationalisierungseffekt angestrebt, da auf diese Weise auch umfangreiches Datenmaterial auf seinen Kern reduziert werden kann. Um die hierfür erforderliche Vergleichbarkeit überprüfen zu können, wurden verschiedene Gütekriterien entwickelt. Als Hauptkriterien zu nennen sind die Objektivität, die Reliabilität und die Validität (vgl. Schnell/Hill/Esser 1999: 143ff.; Kromrey 2006: 405ff.).

Die *Objektivität* beschreibt das Ausmaß, in dem ein Untersuchungsergebnis in Durchführung, Auswertung und Interpretation weitgehendstes unbeeinflusst bleibt. Neben der Einflussnahme individueller Deutungen bei der Auswertung und Interpretation der Daten gilt das besondere Augenmerk der Erhebung der Daten. Es wird eine maximale Standardisierung der Testsituation und eine minimale soziale Interaktion zwischen der den Test durchführenden und der den Test ausführenden Person gefordert. In der vorliegenden Untersuchung rücken insbesondere die Rahmenbedingungen für die Erhebung der Daten in den Vordergrund des Interesses. Zur Diskussion stehen die Auswahl der Städte, die Wahl der Schulformen und Schulen, die Erhebungssituation sowie die Ausfälle (ausführlich siehe Kapitel 3.3.2).

Die *Reliabilität* gibt die Zuverlässigkeit einer Messmethode an. Eine Untersuchung wird als reliabel bezeichnet, wenn es bei einer Wiederholung der Messung unter denselben Bedingungen und an denselben Gegenständen zu demselben Ergebnis kommt. Die Reliabilität einer Messung kann wiederum mit verschiedenen Methoden eingeschätzt werden (vgl. Schnell/Hill/Esser 1999: 145f.). Im vorliegenden Fall wurde die Zuverlässigkeit nach der Methode der inneren Konsistenz berechnet. Die Maße der inneren Konsistenz geben an, in welchem Umfang alle Einzelindikatoren dasselbe Konstrukt messen. Zum Einsatz kam Cronbachs Alpha. In Anlehnung an Rost wurde ein empirischer Wert von über .55 als akzeptabel betrachtet (ders. 2005: 132). Eine ausführliche Darstellung der Reliabilitätsmaße findet sich jeweils am Ende der Untersuchungssicherung eines Einstellungsbereichs (siehe Kapitel 4.1 und 4.2).

Die *Validität (Gültigkeit)* ist das wichtigste Testgütekriterium, denn es gibt den Grad der Genauigkeit an, mit dem eine Untersuchung das erfasst, was sie erfassen soll[25]. Grundlegend wird die Überprüfung der Gültigkeit eines Messinstrumentes mithilfe der Korrelation mit einem Außenkriterium vorgenommen. Unterschieden werden vor allem drei Formen der Validität: Inhaltsvalidität, Kriteriumsvalidität und Konstruktvalidität (vgl. Schnell/Hill/Esser 1999: 149): Die Inhaltsvalidität hängt eng mit der Operationalisierung der Fragestellung zusammen. Ihr Ziel ist es möglichst alle Aspekte einer Dimension zu berücksichtigen. Die Kriteriumsvalidität bezieht sich auf den Zusammenhang zwischen den empirisch gemessenen Ergebnissen des vorliegenden Messinstrumentes mit einem externen Instrument, das als valide gilt (kritisch Weggener 1983: 95ff.). Konstruktvalidität liegt vor, wenn aus dem Konstrukt empirisch überprüfbare Aussagen über Zusammenhänge dieses Konstrukts mit anderen Konstrukten theoretisch hergeleitet werden können und sich diese Zusammenhänge auch empirisch nachweisen lassen (aus-

---

25 Zur Gültigkeit von Befragungen ausführlich Kromrey 2006: 407f.

führlich Schnell/Hill/Esser 1999: 149ff.). Neben der Operationalisierung der Fragestellung stellt also die Vergleichbarkeit der Ergebnisse mit anderen schon „gängigen" Messmethoden die Basis für die Beurteilung der Validität der Untersuchung dar. Wie in Kapitel 3.2.1 und 3.2.2 ausführlich dargestellt, wurde bei der Operationalisierung der Fragestellung u.a. auch auf schon bewährte Konstrukte zurückgegriffen. Diese stellen bei der Beurteilung der (Kriteriums-)Validität, neben der Überprüfung der Ergebnisse im Rückbezug auf die theoretische Diskussion, einen Eckpfeiler der Untersuchung. Der Beschreibung der Gütekriterien der Messung folgt die Darstellung der angewandten Auswertungsmethoden.

3.3.2 Auswertungsmethoden

Die Beschreibung der angewandten Auswertungsmethoden orientiert sich an den konkreten Analyseschritten. Um die zentralen Forschungsfragen zu bearbeiten, galt es in einem ersten Schritt, die jeweils ausschlaggebenden Komponenten eines Einstellungsbereichs zu ermitteln – möglich ist dies unter Einsatz der Faktorenanalyse (Extraktionsmethode: Hauptkomponentenanalyse/Rotationsmethode: Varimax mit Kaisernormalisierung). Diese Form der Datenbearbeitung dient der Analyse von Beziehungen zwischen verschiedenen untereinander nicht gerichteten Variablen. Ziel der Faktorenanalyse ist es, solche Faktoren zu ermitteln, die die beobachteten Zusammenhänge zwischen den gegebenen Variablen möglichst vollständig erklären. Dabei werden diejenigen Variablen, die stark korrelieren, zu einem Faktor zusammengefasst, Variablen aus verschiedenen Faktorbereichen sollten dementgegen kaum korrelieren (vgl. u. a. Clauß 1999: 311; Bühl/Zöfel 2005: 465). Ausgangpunkt der Faktorenanalyse sind die vom Datenniveau abhängigen Korrelationskoeffizienten, die Korrelationsmatrix. Zu den Problemen der Faktorenanalyse zählt u. a. die Interpretation der Faktoren. Als Empfehlung für die Interpretation gilt:

„1. Ein Faktor kann interpretiert werden, wenn mindestens 4 Variablen eine Ladung über 0,60 aufweisen. Die am höchsten ladenden Variablen sind die Markiervariablen für die Interpretation.

2. Ein Faktor kann interpretiert werden, wenn mindestens 10 Variablen Ladungen über 0,40 haben.

3. Haben weniger als 10 Variablen eine Ladung von 0,40, dann sollte nur interpretiert werden, wenn die Stichprobe aus mindestens 300 Versuchspersonen bestand.

4. Haben weniger als 10 Variablen eine Ladung von 0,40 und ist der Stichprobenumfang kleiner als 300, muß mit zufälligen Ladungsstrukturen gerechnet werden" (Guadagnoli/Velicer zit. nach Clauß 1999: 322).

Im vorliegenden Fall wurden vorerst jeweils sämtliche Faktoren ausgewiesen, deren Eigenwert über 1 liegt.[26] Bei der Rotationsmethode wurde auf das Prinzip der maximalen Varianz nach Kaiser zurückgegriffen. Angesichts des Umfangs der Befragung wurden für die Interpretation der Faktoren all jene Variablen herangezogen, deren Faktorenladungen über .40 liegen. Generell wurde darauf geachtet, welche Variablen negative bzw. Nullladungen innerhalb eines Faktors aufweisen und in welchem inhaltlichen Verhältnis diese zu den so genannten Markierungsvariablen stehen. Zur Überprüfung der statistischen Haltbarkeit wurden die für eine Dimension als relevant identifizierten Items in einem zweiten Schritt auf ihre Reliabilität bzw. Zuverlässigkeit hin überprüft.

Zum Hypothesentesten wird neben einfachen Mittelwertvergleichen und bivariaten Korrelationsanalysen auch auf regressionsanalytische Verfahren zurückgegriffen. Ziel der Regressionsanalyse ist es, den Einfluss einer oder mehreren unabhängigen Variablen auf eine abhängige Variable festzustellen (vgl. Kromrey 2006: 490 ff.). Unter Zuhilfenahme multipler Regressionsanalysen kann beispielsweise getestet werden, auf welche der im heuristischen Modell aufgeführten Einflussgrößen verzichtet werden kann. Im Folgenden werden die grundlegenden Gedanken zu linearen Regressionsanalysen beschrieben. Bei einem linearen

---

26 In der Höhe der Eigenwerte drückt sich aus, in welcher Annäherung man mit einer bestimmten Zahl von Faktorendimensionen den ursprünglichen Datenkörper reproduzieren kann (vgl. Selg/Klapprott/Kamenz 1992: 160).

Regressionsmodell werden die Werte der abhängigen Variablen jedes einzelnen Falles als Summe aus einer Konstanten und der mit einem Regressionskoeffizienten gewichteten unabhängigen Variablen vorhergesagt. Es gilt, eine Gleichung zu finden, die den linearen Zusammenhang zwischen der abhängigen und einer oder mehreren unabhängigen Variablen bestmöglich erklärt. Ausgedrückt wird der Zusammenhang, d. h. der Anteil der erklärten Varianz einer Regression durch den Determinationskoeffizienten R^2. R-Quadrat ist das Maß für die Güte der Anpassung durch die Regressionsgerade und immer zwischen 0 und 1 gelegen. Die Absicherung gegen 0 erfolgt über die Prüfgröße F und das zugeordnete Signifikanzniveau (ausführlich s. u.). Unterscheidet sich R^2 deutlich von 0, kann der Regressionskoeffizient inhaltlich interpretiert werden.

Grundsätzlich stellt sich, bei allen analytischen Verfahren, die Frage nach der Irrtumswahrscheinlichkeit. Diese prüft, mit welcher Wahrscheinlichkeit die beobachteten Effekte lediglich zufällig zustande gekommen sind. Verfahren, die der Beantwortung derartiger Fragen dienen, werden Signifikanztests genannt. Bei Signifikanztests handelt es sich um Verfahren, die aus den gegebenen Stichprobenwerten bzw. den daraus resultierenden Kennwerten nach bestimmten Verteilungsformeln, abhängig vom Skalenniveau und dem Analyseverfahren, so genannte Prüfgrößen berechnen (Bühl/Zöfel 2005: 113). Unterschieden werden u. a. t-Verteilungen, F-Verteilungen und χ^2-Verteilungen. Die Wahrscheinlichkeit selbst wird als Größe zwischen 0 und 1 angeben und mit p gekennzeichnet. Aussagen, die mit einer Irrtumswahrscheinlichkeit von p<,05 behaftet sind, gelten als signifikant, solche mit einer Irrtumswahrscheinlichkeit p < ,00 als sehr signifikant, in Tabellen zumeist durch ns (nicht signifikant), * (p <, 05) und ** (p < ,00) symbolisiert. Einige der gängigen Bezeichnungen und deren Aussagen werden im Folgenden anhand des Chi-Quadrat-Tests kurz dargestellt.

Grundlegend findet der Chi-Quadrat-Test bei der Überprüfung der Unabhängigkeit zweier Variablen in einer Kreuztabelle Anwendung. Berechnet wird die Prüfgröße auf der Grundlage der Chi-Quadrat-Verteilung (χ^2-Verteilungen). Üblicherweise, so auch in dieser Arbeit, wird die von Pearson entwickelte Formel den Berechnungen zugrunde gelegt. Die Kurzfassung des Ergebnisses eines solchen Tests könnte wie folgt lauten: χ^2 = ,444; df = 2; p = ,802. Die χ^2-Verteilung gibt die relative Häufigkeit an, mit der die Summe unabhängiger quadrierter, normalverteilter Variablen mit dem Mittelwert 0 verschiedene Schwellenwerte überschreitet. „df" steht hier für die Freiheitsgrade (degrees of freedom) und gibt die Anzahl der unabhängigen Variablen an, die addiert wurden. Der Wert p zeigt an, auf welchem Signifikanzniveau die beobachteten Ergebnisse von der Indifferenztabelle abweichen. Für das gewählte Beispiel gilt, dass die Annahme der Unabhängigkeit der getesteten Variablen bei einem χ^2-Wert von ,444 und bei zwei Freiheitsgraden mit einer Irrtumswahrscheinlichkeit von über 80 % verworfen werden muss. Neben dem Chi-Quadrat-Test werden verschiedene weitere Tests (vgl. Bühl/Zöfel 2005: 112) zur Anwendung gebracht, die zwar unterschiedlichen Verteilungen zugrunde liegen, deren Ergebnisse aber jeweils ähnlich zu interpretieren sind. Alle Analyseschritte werden mit Hilfe des Programmpakets SPSS for Windows 11.0 und höher durchgeführt. Nach der Klärung der zum Einsatz gebrachten Methoden wird nun dem Datensatz Aufmerksamkeit gewidmet.

3.3.3 *Auswahlverfahren und Stichprobe*

Um die im Rahmen dieser Untersuchung zu behandelnden Forschungsfragen zu bearbeiten, wurde von der Autorin eigenhändig ein Datensatz erhoben. Insgesamt wurden in drei Bundesländern 831 Schülerinnen und Schüler unterschiedlicher Schulformen befragt. Die Erhebung erfolgte im Frühjahr/ Sommer 2002. Die Befragung wurde mittels standardisierter Klassenzimmerinterviews durchgeführt. Die Auswahl der Klassen und Durchführung der Befragung vor Ort oblag den Lehrkräften, wobei die Klassen zumeist von den Vertrauens- bzw. Klassenlehrern und Klassenlehrerinnen und/oder Lehrkräften, die sozialwissenschaftliche oder politikwissenschaftliche Fächer vertreten, ausgesucht wurden. Die Fragebögen wurden den teilnehmenden Schulen auf postalischem Weg übermittelt und nach der Durchführung der Befragung zurückgesandt. Eine ausführliche Instruktion der betreuenden Lehrkräfte erfolgte vorab fernmündlich. Genaue Angaben zur Grundgesamtheit, zum Ziehungsprozess, zu Ausfällen und tatsächlich erhobenen Daten erlauben es, die Studie im Hinblick auf ihre Güte zu beurteilen. Zunächst stellt sich in diesem Kontext die Frage nach der Grundgesamtheit, d. h. „der Definition der Menge von Objekten, für die die Aussagen der Untersuchung gelten sollen" (Schnell/Hill/Esser 1999: 247 f.; vgl. auch Kromrey 2006: 257 ff.).

In der quantitativen Sozialforschung werden Vollerhebungen, Teilerhebungen, Stichproben sowie willkürliche und bewusste Auswahlverfahren voneinander unterschieden. Im Anschluss an die Einordnung dieser Untersuchung werden die Erhebungsmethode und die Regeln für die Auswahl der tatsächlich untersuchten Objekte bzw. Personen vorgestellt. Im vorliegenden Fall handelt es sich um eine bewusste Auswahl, konkret um eine Auswahl extremer Fälle (vgl. Kromrey 2006: 281 ff.). Die Entscheidung für eine Auswahl extremer Fälle wurde vor dem Hintergrund der Zielsetzung der Untersuchung getroffen. Ein Ziel der Untersuchung ist es, Einflussgrößen für die Einstellungsunterschiede von Schülerinnen und Schülern im Umgang mit unterschiedlichen Formen kultureller Vielfalt zu sondieren. Zur Grundgesamtheit zählen in Deutschland lebende Jugendliche, die zum Erhebungszeitpunkt die neunte oder zehnte Abschlussklasse einer weiterführenden Schule besuchten. Die Entscheidung, Schülerinnen und Schüler der zehnten Klassen zu befragen, hing einerseits mit pragmatischen Erwägungen zusammen (z. B. die Erreichbarkeit der Zielgruppe über die Institution Schule), andererseits sollten die Jugendlichen bereits auf einen schulischen Werdegang zurückblicken. Zudem war die Frage nach den Schultypen von Bedeutung. Mit Blick auf die Theoriediskussion ergab sich die Frage nach dem Einfluss des Indikators Bildung für Einstellungsunterschiede nahezu von selbst. Da es sich bei der befragten Gruppe um Personen handelt, deren schulischer Werdegang noch nicht abgeschlossen ist, wurde das Merkmal Bildung über die derzeit besuchte Schulform definiert. Angenommen wurde, dass der größte zu bewertende Unterschied zwischen den Schultypen Hauptschule und Gymnasium zu finden ist. Die Wahl der Länder und die Fokussierung der Schultypen führte dazu, dass zusätzliche Erwägungen notwendig wurden: Das Schulsystem in Brandenburg verfügt über keine Hauptschulen. Stattdessen musste hier auf die Befragung der zehnten Klassen Gesamtschule zurückgegriffen werden. Schließlich – ausgehend von den Überlegungen zur Kontakthypothese – schien es wesentlich, eine räumliche Komponente, die kulturgeographische Lage, zu integrieren. Vor dem Hintergrund dieser theoretischen Überlegungen wurden die Länder Nordrhein-Westfalen, Baden-Württemberg und Brandenburg ausgewählt. Diese Länder verfügen über eine Grenze zu mindestens einem europäischen Nachbarland. Ergibt sich hinsichtlich dieses Aspektes Übereinstimmung im Sample, muss festgehalten werden, dass unterschiedliche Nationalstaaten angrenzen (Belgien/ Niederlande/Nordrhein-Westfalen, Schweiz/Frankreich/Baden-Württemberg, Polen/Brandenburg), so dass letztendlich auch Besonderheiten zu bedenken sind. Vor dem Hintergrund dieser Überlegungen und mit Blick auf die Vergleichbarkeit der Teilstichproben kamen Haupt- bzw. Gesamtschulen und Gymnasien, ohne Festlegung auf ein spezielles Profil, in Städten, deren Einwohnerzahl zwischen 40.000 und 90.000 Personen variierte, in Frage. Der geographischen Lage wurde insofern Rechnung getragen, als die Städte möglichst nah an der Grenze zum jeweiligen Nachbarstaat liegen sollten. Für jedes Bundesland ließen sich vier Städte lokalisieren, die den Festlegungen formal entsprachen. Angeschrieben wurden in jeder Stadt sämtliche Haupt- bzw. Gesamtschulen und Gymnasien ohne spezielle Profile. Tabelle 1 dokumentiert die Zahl der ausgewählten Schulen (Bruttostichprobe), die der angeschriebenen Schulen (Nettostichprobe) und die tatsächlich durchgeführten Schulklassenbefragungen (realisierte Vollinterviews), geordnet nach Schulform und Bundesland.

Tabelle 1: Ausfallstatistik nach Teilstichproben.

		NRW	BW	BB	Gesamt
Bruttostichprobe (ausgewählte Schulen)	Haupt-/ Gesamtschule	14	25	19	58
	Gymnasium	14	16	17	47
neutrale Ausfälle	Haupt-/ Gesamtschule	0	11	4	15
	Gymnasium	1	0	0	1
Nettostichprobe	Haupt-/ Gesamtschule	14	14	15	43
	Gymnasium	13	16	17	46
Verweigerung	Haupt-/ Gesamtschule	7	8	10	25
	Gymnasium	7	9	10	26
Ausschöpfung (realisierte Vollinterviews)	Haupt-/ Gesamtschule	7	6	5	18
	Gymnasium	6	7	7	20

Die höchste Ausschöpfungsquote (Quotient zwischen der Ausschöpfung und der Nettostichprobe) zeigt sich für die Hauptschulen in Nordrhein-Westfalen (50 %), die niedrigste für die Gesamtschulen in Brandenburg (33 %). Befragt wurden insgesamt 831 Schülerinnen und Schüler (realisierte Vollinterviews). Verweigerungen von Seiten der Schülerinnen und Schüler gab es acht, neutrale Ausfälle aus Krankheitsgründen oder wegen sonstiger Verpflichtungen lagen in 44 Fällen vor. Zwei Schülerinnen bzw. Schüler konnten an der Untersuchung nicht teilnehmen, da sie keine Einwilligung der Eltern vorzeigen konnten. Je nach Bundesland bewegt sich die Anzahl der befragten Schülerinnen und Schüler zwischen 272 und 286 (Bundesland: $\chi^2 = ,440$; df = 2; p = ,802). Die Zahl der befragten Gymnasiastinnen und Gymnasiasten ist mit 476 signifikant höher als die der Haupt- und Gesamtschülerinnen und -schüler mit insgesamt 355 (Schulform: $\chi^2 = 17,619$; df = 1; p < ,000). Die einzige Ausnahme bildet hier die Teilstichprobe Nordrhein-Westfalen ($\chi^2 = ,132$; df = 1; p = ,716): In diesem Fall wurden in etwa gleich viele Schülerinnen und Schüler pro Schulform befragt.

Die folgende Beschreibung der Stichprobe gibt die Ergebnisse des demographischen Teils der Fragebogenuntersuchung wieder. In Tabelle 2 werden das Alter der befragten Schülerinnen und Schüler, die Verteilung der Geschlechter, die Nationalität sowie der Migrationshintergrund der Schüler und Schülerinnen erfasst.

Tabelle 2: Stichprobengröße, Alter, Geschlecht; Nationalität und Migrationshintergrund.

		NRW	BW	BB	Gesamt
Gesamt	N =	272	286	273	831
	Ø-Alter (SD)	16,27 (,786)	15,78 (,778)	15,75 (,685)	15,91 (,780)
	Geschlecht (w)	127 46,7%	157 54,9%	156 57,1%	440 53,9%
	Nationalität (D)	236 86,8%	235 82,2%	269 98,5%	740 89,0%
	Migrationshintergrund	51 18,8%	95 33,2%	15 5,5%	161 19,4%
Haupt- und Gesamtschule	N =	133	116	106	355
	Ø-Alter (SD)	16,20 (,841)	15,67 (,794)	15,72 (,670)	15,88 (,853)
	Geschlecht (w)	58 43,6%	58 50,0%	56 52,8%	172 48,5%
	Nationalität (D)	109 82,0%	80 69,0%	105 99,1%	294 82,8%
	Migrationshintergrund	34 25,6%	49 42,2%	8 7,5%	91 25,6%
Gymnasium	N =	139	170	167	476
	Ø-Alter (SD)	16,24 (,732)	15,94 (,670)	15,78 (,693)	15,97 (,712)
	Geschlecht (w)	69 49,6%	99 58,2%	100 59,9%	268 56,3%
	Nationalität (D)	127 91,4%	155 91,2%	164 98,2%	446 93,7%
	Migrationshintergrund	17 12,2%	46 27,1%	7 4,2%	70 14,7%

Das Alter der befragten Schülerinnen und Schüler liegt zwischen 14 und 19 Jahren, das durchschnittliche Alter beträgt 15,91 Jahre. Die Standardabweichung liegt bei ,780. Im Vergleich der Teilstichproben Bundesland (χ^2 = 81,317; df = 6; p < ,000) und Schulform (χ^2 = 23,702; df = 3; p < ,000) zeigen sich jeweils signifikante Altersunterschiede. Gründe dafür liegen zum einen in der höheren Anzahl der 14-jährigen Hauptschüler und Hauptschülerinnen in Baden-Württemberg in Folge der Befragung der neunten statt zehnten Klassen, zum anderen im hohen Anteil der über 17-Jährigen in der Teilstichprobe Nordrhein-Westfalen.

Der Anteil der Mädchen an der Stichprobe überwiegt insgesamt. Signifikante Unterschiede zeigen sich jedoch kaum (χ^2 = 2,889; df = 1; p = ,089), ausgenommen ist die Teilstichprobe Brandenburg (χ^2 = 5,571; df = 1; p = ,018). Im Vergleich der Schulformen fällt auf, dass der Anteil der Mädchen an den Gymnasien mit 56,3 % über dem der Jungen liegt (χ^2 = 7,5631; df = 1; p = ,006), lediglich in der Teilstichprobe Nordrhein-Westfalen ist das Verhältnis ausgeglichen (χ^2 = 007; df = 1; p = ,932).

Der Anteil der Schülerinnen und Schüler nicht deutscher Nationalität in der untersuchten Stichprobe liegt bei 11,0 %. Am höchsten liegt der Anteil der Schülerinnen und Schüler nicht deutscher Nationalität in Baden-Württemberg (17,8 %), am niedrigsten in Brandenburg (1,5 %), in Nordrhein-Westfalen liegt der Anteil bei 13,2 %. Im Vergleich dazu weisen die Daten des Statistischen Bundesamts den Anteil ausländischer Personen in Deutschland für Baden-Württemberg mit 12,2 % aus, in Nordrhein-Westfalen liegt der prozentuale Anteil bei 11,0 %, während er für Brandenburg mit 2,5 % angegeben wird (vgl. Statistisches Bundesamt 2002). Ebenso zeigen sich bezogen auf die Schulform signifikante Unterschiede hinsichtlich des Anteils der Schülerinnen und Schüler nicht deutscher Nationalität (χ^2 = 24,687; df = 1; p < ,000). So liegt der Anteil der Schülerinnen und Schüler nicht deutscher Nationalität an den Haupt- bzw. Gesamtschulen mit 17,2 % etwa dreimal so hoch wie der Anteil an Gymnasien (6,3 %). Auch diese Angaben weichen von den Informationen des Statistischen Bundesamtes ab, das für den Zeitraum 2001/2002 einen Ausländeranteil von 17,6 % an Hauptschulen, einen Anteil von 3,9 % an

Gymnasien und für die Gesamtschulen einen Anteil von 12,2 % errechnet (vgl. Statistisches Bundesamt 2002).

Neben der Nationalität ist der Migrationshintergrund[27] für die vorliegende Untersuchung von Interesse. Der Anteil der Schülerinnen und Schüler mit Migrationshintergrund an der Gesamtstichprobe liegt bei 19,4 %.[28] Am höchsten liegt der Anteil der Schülerinnen und Schüler mit Migrationshintergrund in Baden-Württemberg (33,2 %), Brandenburg zeigt mit 5,5 % den niedrigsten Wert, in Nordrhein-Westfalen liegt der Anteil bei 18,8 %. Die Ergebnisse verweisen, wie auch bei der Nationalität, auf signifikante Unterschiede im Vergleich der Bundesländer sowohl insgesamt (χ^2 = 68,820; df = 2; p < ,000) also auch zwischen Nordrhein-Westfalen und Baden-Württemberg (χ^2 = 15,076; df = 1; p < ,000). Ebenso zeigen sich signifikante Unterschiede im Vergleich der Schulformen (χ^2 = 15,546; df = 1; p < ,000).

Die Diskussion des Datensatzes hat auf einige, zum Teil grundlegende Unterschiede in den Teilstichproben aufmerksam gemacht. Für die nachfolgenden Berechnungen und Analysen dürfte die ungleiche Verteilung der Gymnasiasten erheblich sein. Nicht nur in Bezug auf die Orientierungen der Schülerinnen und Schüler im Umgang mit kultureller Vielfalt, sondern auch in Bezug auf die Identifikationsprozesse und Wertehaltungen wurde die formale Schulbildung als ein entscheidender Faktor interpretiert: Bei der Prüfung des Einflusses von Kontextfaktoren und bei der Prüfung des Einflusses des Faktors Geschlecht muss dementsprechend die Variable formale Schulbildung gesondert kontrolliert werden. Ebenso zu prüfen ist der Einfluss der unterschiedlichen Durchschnittsalter im Vergleich der Länder, aber auch der Schulformen. Zu berücksich-

---

27 Der Migrationshintergrund wurde im Rahmen dieser Untersuchung über die Muttersprache der Eltern erhoben. „Mit Migrationshintergrund" gibt an, dass die Muttersprache mindestens eines Elternteils der befragten Schülerinnen und Schüler nicht Deutsch ist.

28 Insgesamt 88 von 161 Schülerinnen und Schülern mit Migrationshintergrund haben einen osteuropäischen (OEU) oder russischen (RUSS) Hintergrund; 24 haben einen südeuropäischen (SEU), zumeist italienischen Migrationshintergrund; 17 einen türkischen (TR) und 19 einen nord- bzw. mitteleuropäischen (NEU), zumeist niederländischen Migrationshintergrund.

tigen bleibt der überdurchschnittlich hohe Anteil an Schülerinnen und Schülern mit Migrationshintergrund in der Teilstichprobe Baden-Württemberg, insbesondere im Vergleich mit Nordrhein-Westfalen. Dass sich die Teilstichproben Nordrhein-Westfalen und Baden-Württemberg unter dem Gesichtspunkt nationaler, kultureller und religiöser Zugehörigkeiten von der Teilstichprobe Brandenburg unterscheiden, wurde hingegen schon bei der Auswahl der Stichproben berücksichtigt und ist in der Fragestellung verankert. Weitgehend irrelevant für die Überprüfung der Thesen ist die unterschiedliche Verteilung der Geschlechter im Ländervergleich.

4 Forschungsergebnisse

In den vorhergehenden Kapiteln wurden die theoretischen Hintergründe, die Operationalisierung des Forschungsgegenstandes, die Methoden zur Analyse der Daten sowie der erhobene Datensatz vorgestellt. Auf dieser Grundlage werden zunächst die abhängigen Variablen in den Blick genommen. Dargestellt wird der relative Verbreitungsgrad der Haltungen der Schülerinnen und Schüler gegenüber den genannten Aussagen. Die Zusammenhänge zwischen den Einstellungen der Schülerinnen und Schüler zur europäischen Integration und zur kulturellen Vielfalt in der nationalen Rahmung werden auf ihre gemeinsame Struktur hin analysiert (4.1). Der Darstellung der relevanten Einstellungsdimensionen folgt die Überprüfung der im heuristischen Modell aufgeführten Einflussfaktoren (4.2). Soziale Ressourcen, Soziale Orientierungen, Intergruppale Kontakte und Soziale Identifikationsprozesse bilden den Rahmen, in dem die Hypothesen überprüft werden.

4.1 Zur Struktur der Einstellungen im Umgang mit kultureller Vielfalt

Die erste forschungsleitende Frage, die der Untersuchung zugrunde, liegt zielt ab auf die Rekonstruktion der Zusammenhänge der Einstellungen zur innergesellschaftlichen und zwischenstaatlichen kulturellen Vielfalt. Gefragt wird nach der den Einstellungen zugrunde liegenden gemeinsamen Einstellungsstruktur und den Verknüpfungen sich wechselseitig bedingender sowie ausschließender Einstellungsbereiche. Um die jeweils zentralen Einstellungskomponenten, aus denen sich die Orientierungen zusammensetzen, zu ermitteln, werden, gleich der theoretischen Diskussion, zunächst, die Orientierungen im Umgang mit der innergesellschaftlichen kulturellen Vielfalt (Kapitel 4.1.1) und diejenigen zur zwischenstaatlichen kulturellen Vielfalt (Kapitel 4.1.2) getrennt voneinander betrachtet. Dem folgt, in einem zweiten Schritt, die Analyse der Zusammenhänge innerhalb und zwischen den verschiedenen Einstellungsbereichen (Kapitel 4.1.3). Erst auf der Basis dieses „doppelten" Analyseschrittes lassen sich die zentralen Orientierungen und ihre Verknüpfung analysieren.

4.1.1 Analyse der Einstellungskomponenten zur innergesellschaftlichen kulturellen Vielfalt: Art und Ziele der Koexistenz von ethnischen Gruppen, Kriterien gesellschaftlicher Assoziation, Bereitschaft zu interkulturellen Kontakten

Die Analyse der Einstellungskomponenten orientiert sich an den drei genannten Einstellungsbereichen:

–   erstens die Einstellungen zur Art und zu den Zielen der Koexistenz verschiedener ethnischer Gruppen in einer Gesellschaft,
–   zweitens die Einstellungen zu den Kriterien gesellschaftlicher Assoziation und
–   drittens die Einstellungen zur Bereitschaft der Schülerinnen und Schüler im Hinblick auf interkulturelle Kontakte.

Zunächst werden die Einstellungen der Schülerinnen und Schüler zur Art und zu den Zielen der Koexistenz verschiedener ethnischer Gruppen in einer Gesellschaft dargestellt und analysiert. Tabelle 3 zeigt den prozentualen Anteil der Schülerinnen und Schüler, die den ihnen vorgelegten Aussagen positiv gegenüberstehen. Die Variablennamen verweisen auf die in Kapitel 3.2.2 aufgeführten Items. Aufgeführt ist der Prozentsatz für „völlige Zustimmung" und „Zustimmung".

Tabelle 3:   Balkendiagramm zur Koexistenz ethnischer Gruppen in einer Gesellschaft (% < 3).

Die Einstellungen der Schülerinnen und Schüler zur Art und zu den Zielen der Koexistenz verschiedener ethnischer Gruppen in einer Gesellschaft wurden über insgesamt drei Fragebatterien, die jeweils unterschiedliche Schwerpunkte umfassen, ermittelt. Differenziert behandelt wurden vor allen Dingen Aussagen, die auf eine Anpassung der Minderheit(en) an die Kultur der Mehrheit abzielen und/oder eine strikte Trennung der Gruppen und ihrer Mitglieder befürworten, sowie Aussagen, die das gleichberechtigte Miteinander unterschiedlicher ethnischer Gruppen und die Anerkennung verschiedener kultureller Bezüge betonen. Insgesamt befürwortet die Mehrheit der befragten Schülerinnen und Schüler, mit 83,3 %, die Aussage, dass Schule über die Entstehung und Bedeutung von Vorurteilen und Rassismus aufklären sollte. In etwa gleich viele Schülerinnen und Schüler, nämlich 79,5 %, sind der Ansicht, dass Schule darauf achten sollte, Schülerinnen und Schüler nicht aufgrund ihrer Herkunft zu diskriminieren, und immerhin 70,2 % befürworten, dass den in Deutschland lebenden `Ausländern´ die gleichen Rechte wie den Deutschen zugesprochen werden sollten. Der gleichberechtigten Berücksichtigung unterschiedlicher kultureller, sprachlicher und religiöser Bezüge im Unterricht bzw. in der Schule stimmen 65,1 % zu, der Beschäftigung mit anderen Religionen neben dem Christentum im Religionsunterricht 62,7 %. Schon deutlich weniger Schülerinnen und Schüler, 39,9 %, stimmen für eine Integration der kulturellen und sprachlichen Vielfalt in das Unterrichtsgeschehen und nur 34,5 % befürworten die Anerkennung der muttersprachlichen Kenntnisse als Fremdsprachenkenntnisse in der Schule. Dass kulturelle Vielfalt prinzipiell auch als Bereicherung verstanden werden kann, bejahen 48,3 %, und dass dies auch zu Problemlösungen beitragen könnte, wird von 39,8 % der Schülerinnen und Schüler als Option betrachtet. Bezogen auf die Aussagen zur Assimilation erwarten 82,4 % der Schülerinnen und Schüler von Menschen, die schon lange in Deutschland leben, die Beherrschung der deutschen Sprache. Mit 48,8 % stimmt knapp die Hälfte der Schülerinnen und Schüler der Aussage zu, dass `Ausländer´, in der Öffentlichkeit möglichst deutsch sprechen sollten. Die Ansicht, dass Lehrer darauf achten sollten, dass in den Schulpausen nur deutsch gesprochen wird, wird dagegen von nur 28,4 % der befragten Jugendlichen unterstützt. Neben der sprachlichen Anpassung erwarten 25,5 % der Schülerinnen und Schüler eine äußerliche Anpassung in Form der Bekleidung; 26,3 % würden ein Kopftuchverbot in der Schule unterstützen und 20,1 % fordern eine Angleichung an deutsche Ess- und Trinkgewohnheiten. 17,7 % votieren für eine Übernahme religiöser Bezüge. Dass sich Personen, die schon lange in Deutschland leben, ausschließlich für deutsche Interessen einsetzen sollten, fordern 9,0 % der Jugendlichen, in 7,3 % der Fälle wird dafür plädiert, die Kultur der Eltern abzulegen. Und schließlich unterstützen immerhin 9,9 % bzw. 13,0 % die auf Segregation hin ausgerichteten Aussagen: Deutsche und `Ausländer´ sollten untereinander nicht heiraten und jede Nation sollte ihre Kultur `rein halten´.

Zusammengefasst lässt sich festhalten, dass die Mehrheit der Schülerinnen und Schüler sich prinzipiell von denjenigen Aussagen zu distanzieren sucht, die eine völlige Anpassung der Minoritäten an die Kultur- und Wertvorstellungen der Majorität implizieren, eine Ausnahme bildet in diesem Kontext lediglich die sprachliche Anpassung. Auch diejenigen Aussagen, die eine strikte Trennung zwischen Personen unterschiedlicher kultureller Bezüge befürworten, korrespondieren nicht mit den Vor- und Einstellungen der Jugendlichen. Von den Schülerinnen und Schülern verstärkt unterstützt werden dagegen Aussagen, die auf ein gleichberechtigtes Miteinander zielen bzw. Diskriminierung und Rassismus prinzipiell zum Thema machen.

Zur Klärung der Frage, ob und inwiefern sich die erhobenen Äußerungen der Schülerinnen und Schüler tatsächlich unter die angenommenen Akkulturationsvorstellungen Assimilation, Segregation und Integration subsumieren lassen und/oder ob noch weitere Unterscheidungen zu treffen sind, soll die Faktorenanalyse dienen. Trotz der Vorannahmen wurde auf die explorative Faktorenanalyse zurückgegriffen. Auf Grundlage dieses Vorgehens soll sichergestellt werden, dass auch die vom Konzept abweichenden Einstellungsstrukturen Berücksichtigung finden. Tabelle 4 zeigt die Ergebnisse der explorativen Faktorenanalyse zur Art und zu den Zielen der Koexistenz verschiedener ethnischer Gruppen in einer Gesellschaft für die Gesamtgruppe der Jugendlichen[29].

---

29 Zusammen erklären die extrahierten Faktoren 53,0 % der Gesamtvarianz. Die Eigenwerte der Faktoren liegen zwischen 1,8 und 3,3. Die Extraktionswerte für die einzelnen Items liegen zwischen .38 und .68.

Tabelle 4: Rotierte Faktormatrix zur Koexistenz ethnischer Gruppen in einer Gesellschaft.

Items zur Koexistenz ethnischer Gruppen	F1	F2	F3	F4
Ess-/ Trinkgewohnheiten übernehmen	,760	-,140		
sich für deutsche Interessen einsetzen	,732	-,105	,212	
sich mit der Kleidung anpassen	,712	-,187		,222
Kultur der Eltern aufgeben	,711		,217	
Anpassung an die christliche Religion	,675		,155	,218
Verbot von Kopftüchern in der Schule	,426	-,318	,257	,328
sprachliche Vielfalt berücksichtigen		,700		
kulturelle Hintergründe berücksichtigen	-,209	,636	-,214	
Anwesenheit ist Bereicherung	-,185	,633	-,227	-,119
kulturelle Vielfalt hilft Probleme lösen	-,120	,588	-,137	
Muttersprachkenntnisse anerkennen	,120	,579		-,208
Religionsunterricht ausweiten	-,218	,516	-,288	
gleiche Rechte	-,226	,504	-,364	-,153
untereinander nicht heiraten	,198		,763	,170
Kultur rein halten	,257		,708	,173
Diskriminierungsverbot		,395	-,657	
Aufklärung über Rassismus	-,205	,353	-,580	,173
in der Öffentlichkeit deutsch sprechen	,191	-,207	,216	,753
deutsche Sprache beherrschen		-,142	-,144	,681
Verbot der Muttersprache in der Schule	,351		,220	,814

Die Faktorenanalyse weist auf insgesamt vier[30]. Einstellungskomponenten hin: Auf dem *ersten* Faktor laden all diejenigen Variablen hoch, die die kulturelle und religiöse Anpassung der Minderheiten an die Gebräuche und Gewohnheiten der Mehrheit fordern. Als konkrete Bezugsgrößen werden genannt:

---

30 Zur Überprüfung der Ergebnisse wurde die Faktorenanalyse mit insgesamt sieben weiteren Teilstichproben kreuzvalidiert. Angestrebt wurde ein Vergleich zwischen den Schülerinnen und Schülern mit bzw. ohne Migrationshintergrund, je nach Schulform und Land. Insgesamt lassen sich in allen sieben untersuchten Teilanalysen wenn auch nicht gleiche, so doch ähnliche Einstellungsstrukturen finden.

- die Übernahme deutscher Ess- und Trinkgewohnheiten,
- das Sicheinsetzen für ausschließlich deutsche Interessen,
- die Anpassung über die Kleidung,
- die Aufgabe der Kultur der Eltern,
- die Anpassung in religiöser Hinsicht,
- das Verbot von Kopftüchern in der Schule.

Der Faktor wurde mit „kulturelle Assimilation" überschrieben, der Forderung nach einer Anpassung der Minderheiten an die Kultur der Mehrheit. Ein niedriger Wert auf der Skala „kulturelle Assimilation" wird insgesamt als mangelnde Toleranz gegenüber anderen kulturellen Bezügen interpretiert und sollte eng mit nationalen Bezügen zusammenfallen. Demgegenüber laden auf dem *zweiten* Faktor all jene Variablen hoch, die die Berücksichtigung und Anerkennung der kulturellen, sprachlichen und religiösen Hintergründe der Schülerinnen und Schüler in der Schule und im Unterricht fordern, sowie diejenigen Variablen, die die Anwesenheit von `Ausländern´ in Deutschland als Bereicherung beschreiben und gleiche Rechte für in Deutschland lebende Migrantinnen und Migranten fordern. Konkret setzt sich der zweite Faktor aus folgenden Items zusammen:

- Die kulturelle und sprachliche Vielfalt der Schülerinnen und Schüler ausländischer Herkunft sollte verstärkt in den Unterricht einbezogen werden.
- Schule sollte die kulturellen, sprachlichen und religiösen Hintergründe der ausländischen Schülerinnen und Schüler gleichberechtigt berücksichtigen.
- Die Anwesenheit von Ausländern in Deutschland ist eine Bereicherung für die deutsche Kultur.
- Eine Gesellschaft mit einer Vielzahl von Menschen unterschiedlicher kultureller Hintergründe ist eher befähigt, Probleme in Angriff zu nehmen.

- Die Muttersprachenkenntnisse der ausländischen Schülerinnen und Schüler sollten als Fremdsprachenkenntnisse anerkannt und benotet werden.
- Der Religionsunterricht sollte sich nicht nur mit dem Christentum, sondern auch mit anderen Religionen beschäftigen, wie z. B. mit dem Islam und dem Judentum.
- Die in Deutschland lebenden Ausländer sollten die gleichen Rechte haben wie die Deutschen.

Der Faktor wurde mit Hilfe des Konzepts „gesellschaftliche Integration", welche die Forderung nach einer rechtlichen Gleichstellung und gleichberechtigten Anerkennung der unterschiedlichen kulturellen, sprachlichen und religiösen Bezüge von Minderheiten thematisiert, zusammengefasst. Ein niedriger Wert auf der Skala „gesellschaftliche Integration" wird als Offenheit gegenüber kultureller Vielfalt, als tolerante Haltung gegenüber anderen kulturellen Bezügen interpretiert. In Abgrenzung dazu laden auf dem *dritten* Faktor diejenigen Variablen hoch, die auf der Ebene der Einstellungen eine strikte Trennung von Personen mit unterschiedlichen kulturellen Hintergründen favorisieren. Aufgezeigt sind die Items:

- Deutsche und Ausländer sollten untereinander nicht heiraten.
- Es ist wichtig, dass jede Nation ihre Kultur rein hält.

Dazu bemerkenswert sind die hohen negativen Ladungen der Variablen:

- Schule sollte darauf achten, dass die ausländischen Schülerinnen und Schüler nicht diskriminiert werden.
- Es ist wichtig, in der Schule über die Entstehung und Bedeutung von Vorurteilen und Rassismus aufzuklären.

Der Faktor wurde mit „Segregation", der Forderung nach einer strikten Trennung von Personen unterschiedlicher kultureller Kontexte interpretiert. Niedrige Werte auf der Skala „Segregation" sind als Tendenzen in

Richtung einer ausgeprägt „ausländerfeindlichen Haltung" zu bewerten. Sie sollte vor allem mit einer idealisierenden Bewertung der eigenen Nation zusammenhängen und einen Gegenpol zur „gesellschaftlichen Integration" bilden. Der *vierte* Faktor umfasst ebenfalls Aussagen, die mit der Idee der Anpassung ethnischer Minderheiten an die Mehrheitskultur einhergehen. Im Gegensatz zu den im ersten Faktor genannten Anforderungen laden auf diesem Faktor jedoch ausschließlich diejenigen Items hoch, die mit der Vorstellung einer sprachlichen Anpassung korrelieren. Im Einzelnen aufgeführt sind die Items:

– Ausländer sollten in der Öffentlichkeit möglichst deutsch sprechen.
– Von Personen, die schon lange in Deutschland leben, kann man erwarten, dass sie die deutsche Sprache beherrschen.
– Lehrer sollten darauf achten, dass die Schülerinnen und Schüler ausländischer Herkunft in den Schulpausen nur deutsch sprechen.

Der Faktor wurde „sprachliche Anpassung" genannt. Insgesamt konnten also vier Orientierungen unterschieden werden. Die Ergebnisse der Reliabilitätsanalysen weisen für sämtliche Faktoren zufriedenstellende bis sehr gute Alpha-Werte aus. Lediglich für den vierten Faktor ergibt sich ein Cronbachs-Alpha-Wert von unter .70.[31] Damit sind die relevanten Ergebnisse zu den Einstellungen der Schülerinnen und Schüler zur Art und den Zielen der Koexistenz ethnischer Gruppen genannt.

Neben der Frage, welche Form die (Ko-)Existenz verschiedener ethnischer Gruppen in einer Gesellschaft annehmen soll, wurden die Schülerinnen und Schüler auch über ihre Einstellungen zu den Kriterien gesell-

---

31 Der Cronbachs-Alpha-Wert für den ersten Faktor liegt bei .82. Die korrigierten Item-Gesamtwert-Korrelationen liegen zwischen .50 und .64. Für den Faktor Integration ergibt sich ein Wert von .76. Die Trennschärfe (korrigierte Item-Gesamtwert-Korrelationen) für die einzelnen Items liegen zwischen .33 und .57. Für den dritten Faktor (Segregation) ergibt sich ein Wert von .74. Die Variablen Diskriminierungsverbot und Aufklärung über Rassismus wurden umkodiert. Die Trennschärfewerte liegen hier insgesamt zwischen .34 und .65. Schließlich liegt der Alpha-Wert für den vierten Faktor (sprachliche Anpassung) bei .62. Die Trennschärfe für die einzelnen Items liegt zwischen .33 und .54.

schaftlicher Assoziation befragt. Um die Einstellungen in diesem Bereich zu erheben, wurden wirtschaftliche, ethische und kulturelle Aspekte zur Einwanderung von Personen nach Deutschland zur Debatte gestellt (vgl. Kapitel 3.2.2). Tabelle 5 zeigt den prozentualen Anteil der Schülerinnen und Schüler, die den genannten Aussagen positiv gegenüberstehen. Die Variablennamen verweisen auf die in Kapitel 3.2.2 aufgeführten Items. Aufgeführt ist der Prozentsatz für „völlige Zustimmung" und „Zustimmung".

Tabelle 5: Balkendiagramm zu den Kriterien gesellschaftlicher Assoziation (% < 3).

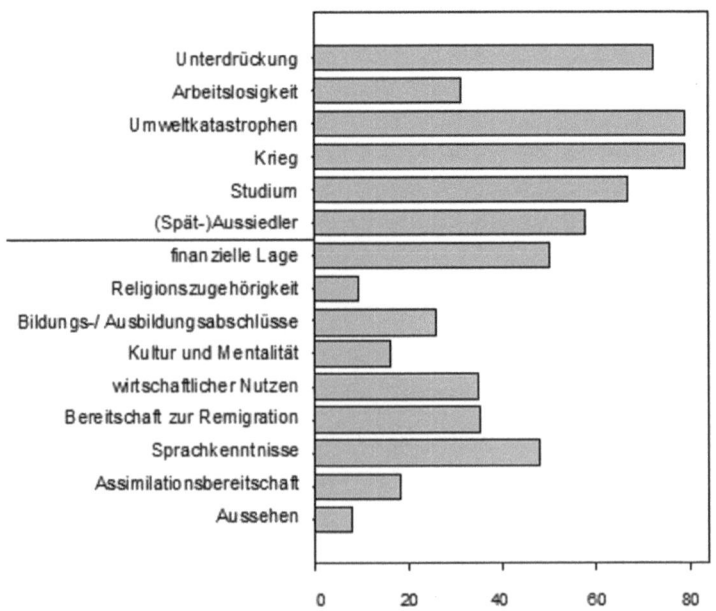

Die höchste Zustimmung entfällt auf die ethischen Assoziationskriterien: Personen, die aufgrund von Umweltkatastrophen aus ihrer Heimat fliehen mussten, erhalten 79,0 % Zustimmung. Das Motiv Einwanderung von Personen, in deren Heimatländern Krieg herrscht, erhält 78,9 % Zustimmung und Unterdrückung als Migrationsmotiv wird von 72,1 % der befragten Jugendlichen akzeptiert. Überdies berücksichtigen 66,9 % eine uneingeschränkte Einwanderung für Menschen, die in Deutschland studieren wollen, und 57,9 % stimmen einer Einwanderung von Personen, deren Eltern oder Großeltern Deutsche waren bzw. sind, zu. Arbeitslosigkeit als Einwanderungsgrund wird dagegen nur von 31,3 % der Jugendlichen toleriert. Bezüglich der Einwanderungsanforderungen unterstützen 47,8 % die Ansicht, dass nur Personen nach Deutschland einwandern dürfen, die die deutsche Sprache beherrschen, 50,0 % halten eine finanzielle Unabhängigkeit für sinnvoll und 35,1 % setzen die Bereitschaft, dass Migrantinnen und Migranten wieder auszuwandern, wenn es von ihnen verlangt wird, voraus. 34,6 % der befragten Schülerinnen und Schüler koppeln die Einwanderung von Personen nach Deutschland an den Nutzen für die deutsche Wirtschaft, 25,7 % wollen Immigration von der Höhe der Bildungs- bzw. Ausbildungsabschlüsse und 18,0 % von der Anpassungsbereitschaft abhängig machen. Mit Abstand die geringste Zustimmung erfahren die Aussagen, die kulturelle oder religiöse Bezüge in den Blick nehmen: So befürworten 10,0 % der Schülerinnen und Schüler die Aussage, dass nur solche Personen nach Deutschland einwandern sollten, deren Kultur und Mentalität der deutschen sehr nahekommt. 8,0 % stellen das Aussehen und 9,3 % die Zugehörigkeit zum Christentum in Rechnung.

Insgesamt, so lässt sich festhalten, variiert die Höhe der Zustimmung entlang der drei genannten Bezugsbereiche, der Orientierung an ethischen, wirtschaftlichen und kulturellen Kriterien bei der Einwanderung von Personen nach Deutschland. Statt realpolitischen Orientierungen stimmen die Schülerinnen und Schüler verstärkt ethischen Motiven für die Einwanderung von Personen nach Deutschland zu. Erst dann folgen wirtschaftliche Interessen, die finanzielle Lage und Sprachkenntnisse. Die religiöse und kulturelle Zugehörigkeit, das Aussehen und die Assimilationsbereitschaft spielen eine untergeordnete Rolle. In Tabelle 6 sind die Ergebnisse der explorativen Faktorenanalyse zu den Kriterien gesellschaftlicher Assoziation aufgeführt.[32]

Tabelle 6: Rotierte Faktormatrix zu den Kriterien gesellschaftlicher Assoziation.

Items zur gesellschaftlichen Assoziation	F1	F2	F3
Sprachkenntnisse	,753	-,120	,164
finanzielle Lage	,721		,107
wirtschaftlicher Nutzen	,705	-,150	,274
Bildungs-/Ausbildungsabschlüsse	,650	-,134	,358
Bereitschaft zur Remigration	,545	-,223	,296
Krieg		,763	-,305
Umweltkatastrophen		,753	-,232
Unterdrückung		,683	-,362
Studium	-,138	,644	
Arbeitslosigkeit	-,349	,644	
(Spät-)Aussiedler	-,229	,567	,248
Aussehen	,159	-,144	,782
Religionszugehörigkeit	,247	-,120	,740
Kultur und Mentalität	,465		,705
Assimilationsbereitschaft	,398	-,123	,667

Die Ergebnisse der Faktorenanalyse verweisen auf drei inhaltlich voneinander unterscheidbare Einstellungskomponenten. Auf dem *ersten* Faktor laden vor allen Dingen diejenigen Variablen hoch, welche die Einwanderung von Personen in Abhängigkeit von Kosten-Nutzen-Kalkülen bestimmen. Als Bezugsgrößen stehen die Dimensionen zur Verfügung, die mit wirtschaftlichen Interessen verknüpft werden können. Einwandern dürfen Personen, die

---

32 Zusammen erklären die extrahierten Faktoren 57,9 % der Gesamtvarianz. Die Extraktionswerte für die einzelnen Items liegen zwischen ,44 und ,78. Die Eigenwerte der Faktoren zwischen 2,4 und 6,2.

- die deutsche Sprache beherrschen,
- für die deutsche Wirtschaft von Nutzen sind,
- über einen hohen Bildungs- und Ausbildungsabschluss verfügen,
- finanziell unabhängig sind,
- bereit sind, wieder auszuwandern, wenn es verlangt wird.

Der Faktor wurde mit „wirtschaftliche Assoziationskriterien" überschrieben. Demgegenüber laden auf dem *zweiten* Faktor die Aussagen, die verstärkt ethische Kriterien im Kontext Einwanderung berücksichtigen. Einwandern sollen bzw. dürfen Menschen,

- in deren Heimatland Krieg herrscht,
- die aufgrund von Umweltkatastrophen aus
  ihrer Heimat fliehen mussten,
- die in ihrem Heimatland unterdrückt werden,
- die in ihrem Heimatland keine Arbeit finden,
- die in Deutschland studieren wollen,
- deren Eltern oder Großeltern Deutsche waren/sind.

Die Möglichkeit der Einwanderung von Personen aufgrund von Krieg, Umweltkatastrophen und Unterdrückung orientiert sich an den Asyl- bzw. Menschenrechten. Die Möglichkeit, sich international um einen Arbeitsplatz zu bemühen, und die Möglichkeit der freien Studienwahl lassen sich als erweiterte ethische Kriterien interpretieren, lediglich die Begründung entlang des ius sanguinis (Abstammungsprinzip) überschreitet die Grenzen dieser Kategorie. Dessen ungeachtet wurde der Faktor jedoch mit „ethische Kriterien" überschrieben. Ein niedriger Skalenwert lässt auf eine hohe Akzeptanz der Menschenrechte schließen und sollte eng mit dem Einstellungsbereich „gesellschaftliche Integration" zusammenfallen. Schließlich werden beim *dritten* Faktor folgende vier Items beachtet: die Forderung, dass nur Personen nach Deutschland einwandern dürfen,

- deren Aussehen nicht zu stark abweicht,
- die der christlichen Religionsgemeinschaft angehören,
- deren Kultur und Mentalität der deutschen sehr nahekommt,
- die bereit sind, sich der deutschen Kultur völlig anzupassen.

Der Faktor wurde mit „kulturelle Assoziationskriterien" überschrieben. Niedrige Werte auf der Skala lassen, neben mangelnder Toleranz, auf eine ethnozentrische Orientierung schließen. Diese sollte – ebenso wie der Faktor „Segregation" – mit einer idealisierenden Bewertung der eigenen Nation einhergehen. Die Reliabilitätsanalyse weist für alle drei Faktoren Alpha-Werte von ,80 bzw. über ,80 aus.[33] Der Darstellung der Einstellungen zur den Kriterien gesellschaftlicher Assoziation folgt die Beschreibung der Charakteristiken hinsichtlich der Bereitschaft der Schülerinnen und Schüler zu interkulturellen Kontakten.

Die Bereitschaft zu interkulturellen Kontakten wurde über zwei Fragebatterien erfasst. Zunächst wurde die Bereitschaft zu interkulturellen Kontakten in unterschiedlichen Zusammenhängen erhoben: Aufgeführt ist die Bereitschaft, Familien unterschiedlicher Herkunft als Nachbarn zu haben, mit Jugendlichen unterschiedlicher kultureller Herkunft fest befreundet zu sein, in einer Firma zu arbeiten, in welcher Menschen verschiedener Herkunft arbeiten, Jugendliche mit anderen kulturellen und religiösen Hintergründen kennen zu lernen, und schließlich die Bereitschaft, jemanden mit einem anderen kulturellen Hintergrund zu heiraten. Weiterhin wurde die Bereitschaft zu freundschaftlichen Kontakten differenziert nach der Herkunft der Personen abgefragt (vgl. Kapitel 3.2.2). Tabelle 7 dokumentiert den prozentualen Anteil der Schülerinnen und Schüler, die den folgenden Aussagen positiv gegenüberstehen. Aufgeführt ist der Prozentsatz für „völlige Zustimmung" und „Zustimmung".

---

33 Für den ersten Faktor zeigt sich ein Cronbachs-Alpha-Wert von ,94. Trennschärfekoeffizienten liegen jeweils über ,70. Für den zweiten Faktor weist die Reliabilitätsanalyse einen Cronbachs-Alpha-Wert von ,89 auf. Hier liegen sämtliche Trennschärfekoeffizienten bei über ,60. Für den dritten Faktor liegt ein Alpha-Wert von ,85 vor. Trennschärfekoeffizienten liegen zwischen ,53 und ,68.

Tabelle 7: Balkendiagramm der Bereitschaft zu interkulturellen Kontakten (% < 3).

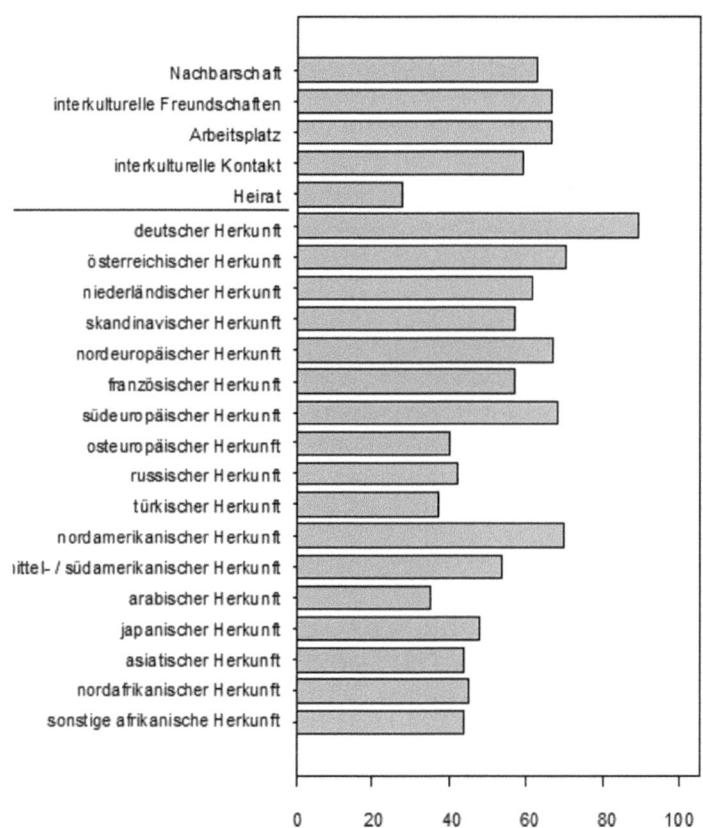

Die allgemeinen Aussagen betreffend weisen die Ergebnisse für die Mehrheit der befragten Schülerinnen und Schüler auf eine grundsätzliche Bereitschaft zu interkulturellen Kontakten hin: 81,9 % der befragten Schülerinnen und Schüler geben an, dass sie generell bereit wären, mit Familien unterschiedlicher Nationalität bzw. Herkunft in Nachbarschaft zu leben. Freundschaften mit Jugendlichen unterschiedlicher kultureller Herkunft können sich 84,7 % der Befragten vorstellen, während 86,9 %

keine Einwände haben, in einer Firma zu arbeiten, in der Menschen verschiedener Herkunft arbeiten. Die Bereitschaft, Jugendliche mit anderen kulturellen und religiösen Hintergründen kennen zu lernen, liegt bei 80,5 %. Jemanden mit einem anderen kulturellen Hintergrund heiraten würden allerdings nur 45,6 % der befragten Schülerinnen und Schüler. Nach der Herkunft der am Kontakt beteiligten Personen gefragt, variieren die Ergebnisse jedoch deutlich: So gibt zwar die überwiegende Mehrheit der befragten Jugendlichen an, dass sie bereit wären, mit Gleichaltrigen folgender Herkunft eng befreundet zu sein: deutscher Herkunft (95,7 %), österreichischer Herkunft (87,1 %), nordamerikanischer Herkunft (86,0 %), südeuropäischer Herkunft (84,8 %), nordeuropäischer Herkunft (83,5 %) und niederländischer Herkunft (83,2 %). Überdies wären 77,3 % bereit, enge Kontakte zu Jugendlichen skandinavischer Herkunft zu unterhalten. Wogegen die Bereitschaft, mit Jugendlichen türkischer bzw. arabischer Herkunft eng befreundet zu sein, bei nur 57,8 % bzw. 49,8 % liegt. Auch eine enge Freundschaftsbeziehung zu gleichaltrigen Menschen osteuropäischer bzw. russischer Herkunft würden deutlich weniger Schülerinnen und Schüler eingehen (58,2 % bzw. 58,0 %).

Alles in allem differenziert die Bereitschaft der Schülerinnen und Schüler zu interkulturellen Kontakten abhängig von der Herkunft der am Kontakt beteiligten Personen. Am positivsten eingestellt sind die Schülerinnen und Schüler gegenüber Personen nordamerikanischer und europäischer, allerdings nicht osteuropäischer Herkunft; eher skeptisch stehen die Schülerinnen und Schüler Personen türkischer und arabischer Herkunft gegenüber. Die Unterscheidung entlang der genannten regionalen Bezüge wird auch durch die Faktorenanalyse bestätigt. Tabelle 8 zeigt die Ergebnisse der Faktorenanalyse im Einzelnen.

Tabelle 8: Rotierte Faktormatrix zur interkulturellen Kontaktbereitschaft.

Items zur interkulturellen Kontaktbereitschaft	F1	F2	F3
asiatischer Herkunft	,835	,253	,193
arabischer Herkunft	,812	,182	,249
sonstige afrikanische Herkunft	,806	,244	,247
nordafrikanischer Herkunft	,790	,255	,236
japanischer Herkunft	,748	,260	,138
russischer Herkunft	,725	,120	,282
osteuropäischer Herkunft	,725	,237	,299
türkischer Herkunft	,685		,405
mittel- /südamerikanischer Herkunft	,619	,392	,335
österreichischer Herkunft	,120	,807	
niederländischer Herkunft	,301	,776	,114
nordeuropäischer Herkunft	,244	,699	,269
skandinavischer Herkunft	,419	,686	,101
deutscher Herkunft		,668	
südeuropäischer Herkunft	,392	,574	,299
französischer Herkunft	,387	,556	,127
nordamerikanischer Herkunft	,232	,543	,324
interkulturelle Freundschaften pflegen	,223	,211	,845
Nachbarschaft	,251	,140	,801
Arbeitsplatz	,224	,197	,771
interkulturelle Kontakte eingehen	,292	,209	,753
Heirat	,407		,575

Die Faktorenanalyse zur interkulturellen Kontaktbereitschaft weist auf insgesamt drei thematisch voneinander unterscheidbare Einstellungsstrukturen hin, wobei sich die Faktoren lediglich hinsichtlich der Höhe der Ladungen unterscheiden.[34] Ein Wechsel der Vorzeichen zeigt sich dagegen an keiner Stelle. Inhaltlich unterscheiden sich die Faktoren zum

---

34 Die extrahierten Faktoren erklären zusammen 65 % der Gesamtvarianz. Die Extraktionswerte der einzelnen Items liegen zwischen .45 und .81.

115

einen entlang der Frage, ob die am Kontakt beteiligten Jugendlichen einen europäischen, konkret: einen (west)europäischen Hintergrund haben oder nicht. Zum anderen stehen den nach Herkunft ausdifferenzierten Aussagen die allgemeinen Aussagen zur Kontaktbereitschaft gegenüber. So laden auf dem ersten Faktor all jene Variablen hoch, die die Kontaktbereitschaft zu Jugendlichen außereuropäischer Herkunft thematisieren, während auf dem zweiten Faktor die Kontaktbereitschaft zu Jugendlichen (west)europäischer und nordamerikanischer Herkunft abgebildet wird. Der dritte Faktor integriert schließlich sämtliche Variablen, die allgemeine Aussagen zur Kontaktbereitschaft betreffen. Konkret erfasst wurde die Bereitschaft,

– mit Jugendlichen unterschiedlicher kultureller Herkunft fest befreundet zu sein,
– Familien unterschiedlicher Nationalität/Herkunft als Nachbarn zu haben,
– in einer Firma zu arbeiten, in welcher Menschen verschiedener Herkunft arbeiten,
– Jugendliche mit anderen kulturellen und religiösen Hintergründen kennen zu lernen,
– jemanden mit einem anderen kulturellen Hintergrund zu heiraten.

Betitelt wurden die Faktoren mit „Kontaktbereitschaft im Hinblick auf Personen außereuropäischer Herkunft", „Kontaktbereitschaft im Hinblick auf Personen europäischer Herkunft" und „allgemeine Kontaktbereitschaft". Zu betonen bleibt, dass die Unterschiede zwischen den einzelnen Einstellungsbereichen lediglich graduelle Abstufungen, keine prinzipiellen Unterschiede, weniger noch gegensätzliche Einstellungen thematisieren. Die Reliabilitätsanalyse weist für sämtliche Faktoren zufriedenstellende Ergebnisse aus.[35] Damit wären die Einstellungsbereiche, die sich auf den Umgang von Personen mit kultureller Vielfalt in nationaler Rahmung beziehen, benannt. Es folgt die Analyse der Einstellungskomponenten im Umgang mit der zwischenstaatlichen kulturellen Vielfalt.

4.1.2 Analyse der Einstellungskomponenten zur zwischenstaatlichen kulturellen Vielfalt: Art und Ziele der Koexistenz von Nationalstaaten, Kriterien staatlicher Assoziation, Bereitschaft zu transnationalen Mobilität

Nachstehend werden die Einstellungen der Schülerinnen und Schüler zur zwischenstaatlichen kulturellen Vielfalt besprochen. Aufgeführt sind die Themenbereiche:

- Art und Ziele der Koexistenz von Nationalstaaten,
- Kriterien staatlicher Assoziation und
- transnationale Mobilitätsbereitschaft.

Parallel zur Frage nach Art und Ziel der Koexistenz ethnischer Gruppen stellt sich im Zusammenhang mit der zwischenstaatlichen kulturellen Vielfalt die Frage nach Art und Ziel der Koexistenz von Nationalstaaten. Unterschieden wurde in diesem Zusammenhang zwischen integrativen und separatistischen Einstellungen, die entlang der Frage, ob die „Öffnung der Grenzen" innerhalb Europas von den Schülern und Schülerinnen befürwortet, gewünscht oder abgelehnt wird, lokalisiert wurden. In

---

35 Für den ersten Faktor ergibt sich ein Alpha-Wert von .94. Die Trennschärfe (korrigierte Item-Gesamtwert-Korrelationen) liegt zwischen .71 und .85. Für den zweiten Faktor ergibt sich ein Cronbachs-Alpha-Wert von .87. Die Trennschärfe (korrigierte Item-Gesamtwert-Korrelationen) für die einzelnen Items beläuft sich zwischen .41 und .71. Und für den dritten Faktor ergibt sich ein Wert von .86. Die Trennschärfe (korrigierte Item-Gesamtwert-Korrelationen) für die einzelnen Items liegt insgesamt zwischen .55 und .78.

Tabelle 9 ist das Antwortverhalten der Schülerinnen und Schüler zur Art und den Zielen der Koexistenz von Staaten aufgeführt. Die Variablennamen verweisen auf die in Kapitel 3.2.2 beschriebenen Items.

Tabelle 9:   Häufigkeitstabelle zur Koexistenz von Staaten.

Items: Koexistenz von Staaten		1	2	3	4	5
allgemeine Reisefreiheit	n	355	275	142	38	21
	%	42,7	33,1	17,1	4,6	2,5
persönliche Reisefreiheit	n	472	200	96	36	27
	%	56,8	24,1	11,6	4,3	3,2
Hoffnung auf Toleranz	n	376	243	129	50	33
	%	45,2	29,2	15,5	6,0	4,0
Arbeitsplätzemangel	n	132	126	232	184	157
	%	15,9	15,2	27,9	22,1	18,9
Grenzen wieder schließen	n	25	43	112	160	491
	%	3,0	5,2	13,5	19,3	59,1
für oder gegen die Öffnung der Grenzen	n	354	247	151	44	35
	%	42,6	29,7	18,2	5,3	4,2

Grundsätzlich lässt sich festhalten, dass die Mehrheit der Schülerinnen und Schüler der Öffnung der Grenzen positiv gegenüberstehen: 72,3 % stimmen allgemein für die Öffnung der Grenzen, nur 8,2 % würden die Grenzen wieder schließen wollen. Von den Schülerinnen und Schüler verstärkt geschätzt wird die persönliche Reisefreiheit mit einer Zustimmung von 80,9 %, nur leicht weniger, nämlich 75,8 % sprechen sich für die mit der Öffnung der Grenzen verbundene allgemeine Reisefreiheit aus und 74,5 % der Jugendlichen hoffen darauf, dass die Öffnung der Grenzen in Europa das Zusammenleben von Menschen unterschiedlicher Sprachen und Gewohnheiten fördert. 72,4 % verstehen die europäische Einigung als Chance, sich gemeinsam weiterzuentwickeln, und 51,4 % der Befragten vertreten die Ansicht, dass Deutschland von den anderen europäischen Staaten lernen könnte. Dementgegen vertreten nur 20,6 % die Meinung, dass die europäische Einigung als Nachteil für Deutschland zu betrachten sei. Angst vor dem Verlust von Arbeitsplätzen äußern trotzdem immerhin noch 31,0 % der Schülerinnen und Schüler. Insgesamt steht die überwiegende Mehrheit der befragten Schülerinnen und Schüler den genannten Aspekten der europäischen Integration also uneingeschränkt positiv gegenüber. Divergierende Aussagen lassen sich nicht belegen. Dies wird auch in der Faktorenanalyse bestätigt. Die Faktorenanalyse zeigt: Sämtliche der genannten Variablen laden auf nur einem Faktor hoch.[36] Im Einzelnen setzt sich der Faktor aus folgenden Items zusammen:

- Ich finde es gut, dass die Grenzen in Europa jetzt offen sind und jeder die Möglichkeit hat, uneingeschränkt in jedes europäische Land zu reisen.
- Die europäische Einigung bietet allen Ländern Europas die Chance, sich gemeinsam weiterzuentwickeln.
- Die Möglichkeit zu haben, in jedem Land Europas zu leben und zu arbeiten, finde ich toll.
- Ich hoffe, dass die Öffnung der Grenzen in Europa das Zusammenleben von Menschen unterschiedlicher Sprachen und Gewohnheiten fördert.
- Wenn jetzt alle Grenzen offen sind, dann kommen die Menschen aus den ärmeren Ländern nach Deutschland und nehmen uns die Arbeitsplätze weg (umkodiert).
- Es wäre am besten, wenn die Grenzen in Europa wieder dichtgemacht werden würden (umkodiert).

Der Faktor wurde mit dem Label „europäische Integration" betitelt. Ein hoher Wert auf der Skala spricht für eine positive Positionierung zur europäischen Einigung. Die Reliabilitätsanalyse zeigt einen zufriedenstellenden Cronbachs-Alpha-Wert von ,80. Es folgt die Analyse der Einstellungen zu den Kriterien staatlicher Assoziation.

Die Einstellungen zu den Kriterien staatlicher Assoziation wurden über die Motive und Kriterien für die Mitgliedschaft von Staaten in der Europäischen Union operationalisiert. Zur Diskussion gestellt wurden

---

36 Insgesamt erklärt der Faktor 51,9 % der Gesamtvarianz. Der Eigenwert des Faktors liegt bei 3,1. Die Extraktionswerte für die einzelnen Items liegen zwischen ,39 und ,67.

wirtschaftliche, kulturelle und ethische Kriterien. Tabelle 10 zeigt das Antwortverhalten gegenüber den genannten Items zur den staatlichen Assoziationskriterien (vgl. Kapitel 3.2.2). Aufgeführt sind die Antwortkategorien „stimme völlig zu" [1] bis „stimme überhaupt nicht zu" [5].

Tabelle 10: : Häufigkeitstabelle zur staatlichen Assoziation.

Items: staatliche Assoziation		1	2	3	4	5
Kosten gering	n	284	265	197	55	30
	%	34,2	31,9	23,7	6,6	3,6
Religionszugehörigkeit	n	25	35	97	124	550
	%	3,0	4,2	11,7	14,9	66,2
Wirtschaft	n	114	202	304	124	87
	%	13,7	24,3	36,6	14,9	10,5
Bildungs-/Ausbildungsstandard	n	160	240	266	108	57
	%	19,3	28,9	32,0	13,0	6,9
Menschenrechte	n	555	159	77	26	14
	%	66,8	19,1	9,3	3,1	1,7
Kultur und Mentalität	n	60	159	289	182	141
	%	7,2	19,1	34,8	21,9	17,0
Umgang mit Minderheiten	n	365	206	183	52	25
	%	43,9	24,8	22,0	6,3	3,0
Assimilationsbereitschaft	n	132	119	226	176	178
	%	15,9	14,3	27,2	21,2	21,4
Vorteil für die EU	n	132	185	312	137	65
	%	15,9	22,3	37,5	16,5	7,8
Aussehen	n	20	29	94	101	587
	%	2,4	3,5	11,3	12,2	70,6

Als Kriterien für die Aufnahme von Staaten in die Europäische Union nennen 85,9 % der befragten Schülerinnen und Schüler die Einstellungen der Staaten gegenüber den Menschenrechten, 68,7 % beziehen sich auf den Umgang der Staaten mit Minderheiten. 66,1 % sympathisieren mit der Position, dass der Beitritt für die jetzigen Mitgliedsstaaten nicht zu kostspielig werden sollte, und 38,1 % mit der Aussage, dass der Beitritt für die jetzigen Mitgliedsstaaten ausschließlich von Vorteil sein sollte.

Den genannten Assoziationskriterien Religionszugehörigkeit, Kultur, Mentalität und Aussehen der Bürgerinnen und Bürger stehen die befragten Schülerinnen und Schüler deutlich skeptisch gegenüber. So stimmen lediglich 7,2 % einer Aufnahme potenzieller Beitrittskandidaten in Abhängigkeit von der Staatsreligion zu, immerhin 26,4 % wollen Kultur und Mentalität berücksichtigt sehen und laut 5,9 % sollte das Aussehen der Bürgerinnen und Bürger der Staaten eine Rolle spielen. In Tabelle 11 werden die Ergebnisse der explorativen Faktorenanalyse zu den staatlichen Assoziationskriterien aufgeführt.

Tabelle 11: Rotierte Faktormatrix zu den Kriterien staatlicher Assoziation.

Items zur staatlichen Assoziation	F1	F2	F3
wirtschaftlicher Standard	,895		
Bildungs-/Ausbildungsstandard	,861	,149	
Vorteil für die EU	,531	,304	
Assimilationsbereitschaft.		,776	
Kultur und Mentalität	,187	,732	,115
Religionszugehörigkeit	,165	,535	-,304
Menschenrechte	,220		,798
Umgang mit Minderheiten			,730
Aussehen der Bürger des Staates	,179	,399	-,576

Die Ergebnisse der explorativen Faktorenanalyse weisen, wie schon die Ergebnisse der Faktorenanalyse zur gesellschaftlichen Assoziation (vgl. Kapitel 4.1.1.2), auf eine inhaltliche Trennung der Items, entlang der Frage, ob wirtschaftliche, kulturelle oder ethische Überlegungen in den Mittelpunkt gestellt werden, hin.[37] So laden auf dem *ersten* Faktor folgende drei Items hoch:

---

37 Insgesamt erklären die Faktoren 60,0 % der Gesamtvarianz. Die Extraktionswerte für die einzelnen Items liegen zwischen ,38 und ,77. Aufgrund der geringen Aussagekraft wurden die Items „Kosten gering" und „europäischer Kontinent" aus der Analyse herausgenommen.

- der wirtschaftliche Entwicklungsstand des Landes sollte hoch sein,
- der Bildungs- und *Ausbildungsstandard* des Landes sollte hoch sein,
- der Beitritt sollte für die jetzigen Mitgliedsstaaten ausschließlich von Vorteil sein.

Der Faktor wurde mit „wirtschaftliche Kriterien für die Aufnahme von Staaten in die EU" überschrieben. Auf dem *zweiten* Faktor laden dagegen diejenigen Items hoch, die kulturelle Kriterien für die Aufnahme von Staaten in die Europäische Union berücksichtigen. Die Assoziationsbezüge sehen in diesem Fall folgendermaßen aus:

- das Land muss bereit sein, sich den anderen Ländern völlig anzupassen,
- Kultur und Mentalität sollten denen der anderen Mitgliedsstaaten nahe kommen,
- es sollten nur christliche Länder aufgenommen werden.

Der Faktor wurde mit „kulturelle Kriterien für die Aufnahme von Staaten in die EU" benannt. Und schließlich laden auf dem *dritten* Faktor die Items:

- das Land muss die Menschenrechte und die Grundsätze der Demokratie achten,
- das Land muss sich für die Gleichberechtigung von religiösen, nationalen und kulturellen Minderheiten einsetzen,
- es sollten nur Länder aufgenommen werden, deren Bürger und Bürgerinnen denen der anderen Mitgliedsstaaten im Aussehen ähnlich sind (umkodiert).

Dieser Faktor wurde mit „ethische Kriterien für die Aufnahme von Staaten in die EU" überschrieben. Die negative Ladung des Items „Aufnahmebedingung Aussehen" lässt überdies darauf schließen, dass der Einstellung eine kritische Dimension zugrunde liegt. Die Cronbachs-Alpha-Werte für die drei Skalen liegen zwischen .54 und .63.[38]

Die Bereitschaft der Schülerinnen und Schüler zu Mobilität wurde parallel zur Bereitschaft zu interkulturellen Kontakten operationalisiert. Unterschieden wurden Aussagen, die auf die allgemeine Mobilitätsbereitschaft abheben, von Aussagen, die die Mobilitätsbereitschaft der Schülerinnen und Schüler differenziert nach Ländern bzw. Ländergruppen thematisieren. Konkret benannt ist die Bereitschaft, einheimische Jugendliche im Ausland kennen zu lernen, ein Schul- oder Ausbildungsjahr in einem anderen Land zu verbringen, für einen Job ins Ausland zu ziehen, mit jemandem im Ausland fest befreundet zu sein, in einer Firma zu arbeiten, für die man ins Ausland reisen müsste, für längere Zeit im Ausland zu leben, jemanden im Ausland zu heiraten. Differenziert nach Ländern bzw. Ländergruppen wird die Bereitschaft für einen längerfristigen Jugendaustausch erhoben. Tabelle 12 liefert einen Überblick über die Zustimmung der Schülerinnen und Schüler zu den genannten Items. Aufgeführt ist der Prozentsatz für „völlige Zustimmung" und „Zustimmung".

---

38 Für den ersten Faktor ergibt sich ein Alpha-Wert von nur .63. Die Trennschärfe (korrigierte Item-Gesamtwert-Korrelationen) für die einzelnen Items liegt insgesamt zwischen .40 und .56. Für den zweiten Faktor ergibt sich ein Cronbachs-Alpha-Wert von nur .58. Die Trennschärfe (korrigierte Item-Gesamtwert-Korrelationen) für die einzelnen Items liegt insgesamt zwischen .33 und .40. Für den dritten Faktor ergibt sich schließlich ein Alpha-Wert von nur .54. Die Trennschärfe (korrigierte Item-Gesamtwert-Korrelationen) für die einzelnen Items liegt insgesamt zwischen .28 und .42.

Tabelle 12: Balkendiagramm zur Mobilitätsbereitschaft *(% < 3).*

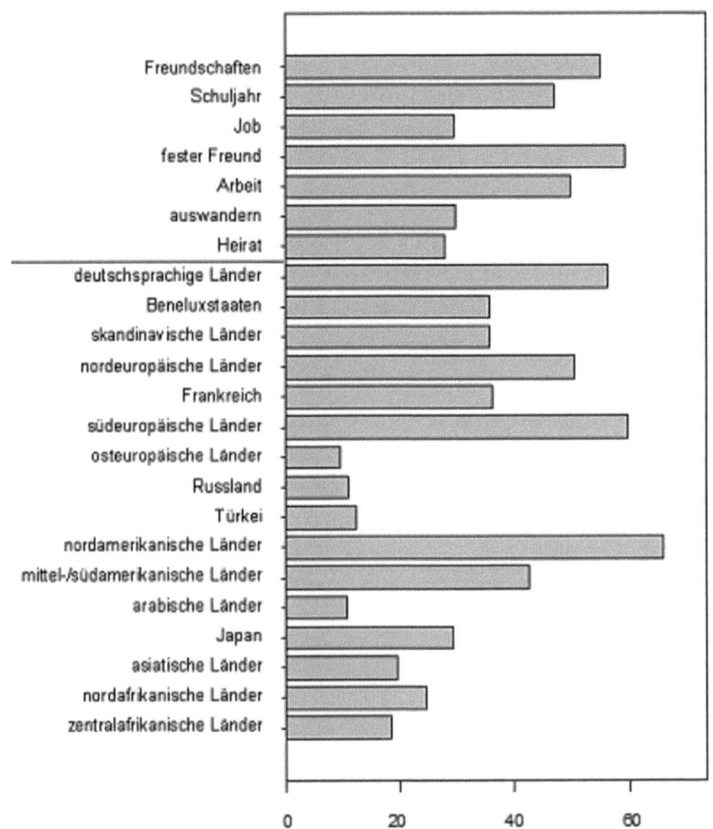

Bezogen auf die allgemeinen Aussagen ist zu konstatieren, dass die Schülerinnen und Schüler mit 80,1 % bzw. 79,7 % sehr wohl bereit sind, feste Freundschaften im Ausland zu pflegen bzw. Jugendliche im Ausland kennen zu lernen. Auch können sich viele Jugendliche vorstellen, ein Schul- oder Ausbildungsjahr in einem anderen Land zu verbringen oder in einer Firma zu arbeiten, für die sie öfter ins Ausland reisen müssten (69,6 % bzw. 75,7 %). Für einen Job ins Ausland zu gehen oder für längere Zeit (mehrere Jahre) im Ausland zu leben, kommt hingegen nur für die

Hälfte der Schülerinnen und Schüler, für 53,3 % bzw. 49,8 % in Frage. Differenziert nach Ländern bzw. Ländergruppen zeigt sich, dass die Mehrheit der befragten Schülerinnen und Schüler (82,9 %) bereit ist, in nordamerikanische Länder, wie USA oder Kanada, zu reisen. Ähnlich verhält es sich bei den südeuropäischen Ländern (82,1 %). Allerdings würden lediglich 28,2 % für ein oder zwei Monate in die Türkei reisen. Die arabischen Länder schneiden mit 20,1 % Zustimmung noch schlechter ab, ebenso Russland mit nur 20,0 % Zustimmung sowie die sonstig genannten osteuropäischen Länder mit nur 22,3 % Zustimmung.

Zusammenfassend lässt sich also auch hier zeigen: Die Bereitschaft der Schülerinnen und Schüler ist davon abhängig, ob die genannten Länder zu „Westeuropa" gezählt werden können oder nicht. In Tabelle 13 aufgeführt sind die Ergebnisse der explorativen Faktorenanalyse zur Mobilitätsbereitschaft.[39]

---

39 Zusammen erklären die extrahierten Faktoren 58,2 % der Gesamtvarianz. Die Extraktionswerte für die einzelnen Items liegen zwischen ,47 und ,70. Die Faktoren klären zwischen 9,5 % und 15,0 % der Varianz. Der Eigenwertanteil der Faktoren liegt zwischen 2,2 und 3,5.

Tabelle 13: Rotierte Faktormatrix zur Mobilitätsbereitschaft.

Items zur Mobilitätsbereitschaft	F1	F2	F3	F4	F5
längerer Auslandsaufenthalt	,787	,274			
für einen Job ins Ausland ziehen	,769	,249			
im Ausland heiraten	,685	,108			,284
Arbeitsaufenthalt im Ausland	,654	,164	,132	,186	-,102
Freundschaften im Ausland	,604		,161	,267	,170
Auslandsschuljahr	,589			,448	
Bekanntschaften im Ausland	,543			,361	,297
asiatische Länder		,764		,144	,203
nordafrikanische Länder	,135	,739		,276	
sonstige afrikanische Länder	,245	,713		,140	,102
Japan		,625	,210		,184
arabische Länder	,194	,577			,417
deutschsprachige Länder			,764		
Beneluxstaaten	,139	,126	,747		
skandinavische Länder	,129	,205	,730		,181
nordeuropäische Länder	,174	,117	,587	,276	
südeuropäische Länder	,135	,208		,720	,165
nordamerikanische Länder	,213	,125		,709	
mittel-/ südamerikanische Länder	,192	,488		,559	,148
Frankreich		,109	,351	,512	,218
osteuropäische Länder	,107	,203	,153	,102	,780
Russland	,102	,215	,114		,770
Türkei	,112	,360		,177	,574

Im Unterschied zu der Bereitschaft der Schülerinnen und Schüler, interkulturelle Kontakte einzugehen, weist die Faktorenanalyse im Horizont der Mobilitätsbereitschaft auf fünf unterscheidbare Einstellungskomponenten hin. Die Unterschiede zeigen sich vor allem in Bezug auf die Bereitschaft, in bestimmte Länder bzw. Ländergruppen zu reisen. Nord- bzw. mitteleuropäische Länder, südeuropäische und amerikanische Länder, Osteuropa und Russland und außereuropäische Ländergruppen, wie Asien, Afrika oder die arabischen Länder, erzielen unterschiedliche Werte, während auf dem ersten Faktor all jene Variablen laden, die die allgemeine Bereitschaft zur Mobilität thematisieren. Sie lassen sich an der Neigung messen,

– einheimische Jugendliche im Ausland kennen zu lernen,
– ein Schul- oder Ausbildungsjahr in einem anderen Land zu verbringen,
– für einen Job ins Ausland zu ziehen,
– mit jemandem im Ausland fest befreundet zu sein,
– in einer Firma zu arbeiten, für die ich öfter mal ins Ausland reisen müsste,
– für längere Zeit (mehrere Jahre) im Ausland zu leben,
– jemanden im Ausland zu heiraten.

Der erste Faktor wurde mit „allgemeine Mobilitätsbereitschaft" überschrieben. Die Faktoren zwei bis fünf wurden mit „Mobilitätsbereitschaft in außereuropäische Länder", „Mobilitätsbereitschaft in nord- bzw. mitteleuropäische Länder", „Mobilitätsbereitschaft in südeuropäische Länder" und „Mobilitätsbereitschaft in osteuropäische Länder" betitelt. Die Reliabilitätsanalysen weisen für alle fünf Faktoren zufriedenstellende Ergebnisse aus.[40] Damit wären auch die Einstellungsbereiche, die sich auf den Umgang mit der zwischenstaatlichen kulturellen Vielfalt beziehen, benannt. Sie stellen die Basis für die nun folgende Analyse dar.

---

40 Für den ersten Faktor und zweiten Faktor ergeben sich Cronbachs-Alpha-Werte von .83. Die Trennschärfe (korrigierte Item-Gesamtwert-Korrelationen) beläuft sich zwischen .53 und .71. bzw. zwischen .50 und .69. Für den dritten Faktor ergibt sich ein Alpha-Wert von .73. Die Trennschärfe (korrigierte Item-Gesamtwert-Korrelationen) für die einzelnen Items liegt insgesamt zwischen .45 und .58. Für den vierten Faktor zeigt sich ein Cronbachs-Alpha-Wert von .73. Die Trennschärfe (korrigierte Item-Gesamtwert-Korrelationen) für die einzelnen Items liegt insgesamt zwischen .38 und .59. Der Cronbachs-Alpha-Wert des fünften Faktors beläuft sich auf .69. Die Trennschärfe (korrigierte Item-Gesamtwert-Korrelationen) für die einzelnen Items liegt insgesamt zwischen .38 und .59.

4.1.3 Bezüge und Interdependenzen innerhalb und zwischen den verschiedenen Einstellungsbereichen

Das folgende Kapitel zielt auf die Analyse der Bezüge und Interdependenzen zwischen den verschiedenen Einstellungsbereichen ab. Zurückgegriffen wird dabei erneut auf die Faktorenanalyse. Zunächst jedoch sind die Ergebnisse der Interkorrelationsanalyse zu besprechen. In Tabelle 14 sind die Interkorrellationen zwischen den Einstellungsdimensionen zur innergesellschaftlichen kulturellen Vielfalt aufgeführt.

Tabelle 14: Interkorrelationen der Einstellungskomponenten zur innergesellschaftlichen kulturellen Vielfalt.

		Integration	Assimilation	Segregation	sprachliche Anpassung
gesellschaftliche Assoziationskriterien	wirtschaftliche Kriterien	-,404**	,486**	,404**	,531**
	kulturelle Kriterien	-,413**	,629**	,546**	,387**
	ethische Kriterien	,501**	-,368**	-,423**	-,301**
interkulturelle Kontaktbereitschaft	allgemeine Kontaktbereitschaft	,560**	-,493**	-,602**	-,263**
	europäischer Herkunft	,341**	-,338**	-,465**	-,101**
	außereuropäischer Herkunft	,474**	-,428**	-,532**	-,256**

Die Ergebnisse weisen auf einen positiven Zusammenhang der auf Integration hin ausgerichteten Einstellungsbereiche hin: „gesellschaftliche Integration", „ethische Assoziationskriterien für die Einwanderung von Personen" sowie „allgemeine Kontaktbereitschaft" und „spezifische Kontaktbereitschaft" sind interdependent. Negativ korreliert der Faktor „gesellschaftliche Integration" mit den an nationale Interessen gebundenen Assoziationskonzepten: „wirtschaftliche Assoziationskriterien" und „kulturelle Assoziationskriterien". Demgegenüber stehen die Einstellungskomponenten „kulturelle Assimilation" und „Segregation" in einem positiven Zusammenhang mit den Einstellungskomponenten „wirtschaftliche Assoziationskriterien" und „kulturelle Assoziationskriterien" und korrelieren negativ mit den Einstellungskomponenten „ethische Assoziationskriterien" sowie „allgemeine" und „spezifische Kontaktbereitschaft".[41] Schließlich steht der Faktor „sprachliche Anpassung" vor allem mit dem Faktor „wirtschaftliche Assoziationskriterien" in Beziehung. Abbildung 3 verdeutlicht die Zusammenhänge:

Abbildung 3:   Komponentendiagramm der Einstellungskomponenten zur innergesellschaftlichen kulturellen Vielfalt.

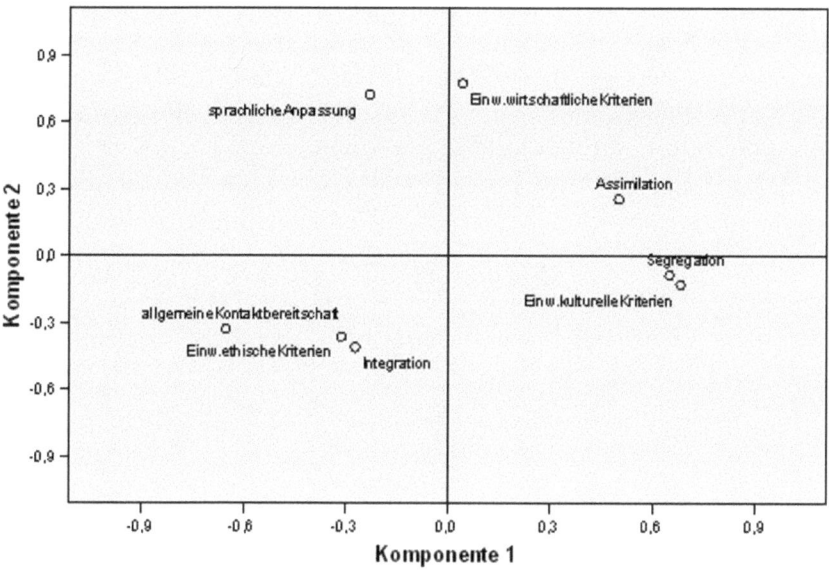

Die Anerkennung integrativer Maßnahmen, die Übernahme ethischer Assoziationskriterien sowie die allgemeine Kontaktbereitschaft liegen auf einer Ebene. Dem entgegengesetzt auf derselben Ebene liegen die Einstellungsdimensionen Segregation und Einwanderung vor dem Hintergrund

---

41 Anders als bei den Ergebnissen von Berry et al. (1989) steht hier also nur die Einstellungsdimension „gesellschaftliche Integration" in einem positiven Zusammenhang mit der Dimension „Kontaktbereitschaft"; während die Ergebnisse für die Einstellungsdimension „kulturelle Assimilation" keine positiven Bezüge markieren.

kultureller Kriterien. Auf einer zweiten Ebene angesiedelt sind die auf Assimilation hin ausgerichteten Orientierungen: sprachliche Anpassung, wirtschaftliche Assoziationskriterien und kulturelle Assimilation. Auf dieser Ebene weisen die wirtschaftlichen Assoziationskriterien sowie die sprachliche Anpassung den größten Abstand zu den integrativen und segregativen Orientierungen auf, während die Forderung nach kultureller Assimilation eng mit der Forderung nach Segregation zusammenfällt. Den integrativen Maßnahmen auf der ersten Ebene näher steht indes die Forderung nach sprachlicher Anpassung. Unterscheiden lassen sich die Einstellungen zur innergesellschaftlichen kulturellen Vielfalt also erstens entlang der Frage, ob integrative Maßnahmen erwünscht oder abgelehnt werden, und zweitens hinsichtlich der Bezugnahme auf die verschiedenen Assimilationszumutungen: „kulturelle Assimilation", „wirtschaftliche Assoziation" und „sprachliche Anpassung".

Damit sind die relevanten Ergebnisse zu den Einstellungen der Schülerinnen und Schüler im Umgang mit der innergesellschaftlichen kulturellen Vielfalt genannt. Im Folgenden werden die Einstellungskomponenten zur innergesellschaftlichen und zwischenstaatlichen kulturellen Vielfalt zusammen betrachtend. Tabelle 15 zeigt die Ergebnisse der Faktorenanalyse für sämtliche der genannten Einstellungskomponenten.[42]

---

42 Aufgrund der nicht eindeutigen inhaltlichen Zuordnung mussten die Einstellungskomponenten „Mobilitätsbereitschaft in südeuropäische Länder" und „Mobilitätsbereitschaft in osteuropäische Länder" unberücksichtigt bleiben.

Einstellungskomponenten zum Umgang mit kultureller Vielfalt	F1	F2	F3	F4	F5	F6
Segregation	-,856					
ethische Assoziationskriterien für die Aufnahme von Staaten in die EU	,582	,271	,199	-,202		
allgemeine Mobilitätsbereitschaft	,561		,255	-,104		,117
europäische Integration	,485	-,249	,442	-,110		,188
sprachliche Anpassung		,780		-,103	,104	
wirtschaftliche Assoziationskriterien für die Einwanderung von Personen		,773	-,149	,198		
wirtschaftliche Assoziationskriterien bei der Aufnahme von Staaten in die EU		,489	-,402	,140		-,145
gesellschaftliche Integration		,729				,257
ethische Assoziationskriterien für die Einwanderung von Personen	,133	,650				-,109
allgemeine Kontaktbereitschaft	,419	,507		-,276	-,277	-,221
Assimilation		,110	-,223	,828		
kulturelle Assoziationskriterien für die Einwanderung von Personen	-,381		,137	,877		
kulturelle Assoziationskriterien für die Aufnahme von Staaten in die EU	-,259	,360	,223	,512		
Mobilitätsbereitschaft in europäische Länder				-,128	,803	
Kontaktbereitschaft zu Jugendlichen europäischer Herkunft	,294	-,271			,779	
Mobilitätsbereitschaft in außereuropäische Länder		,106				,815
Kontaktbereitschaft zu Jugendlichen außereuropäischer Herkunft	,162	,144		-,191		,727

Die Ergebnisse der Faktorenanalyse verweisen auf sechs inhaltlich voneinander unterscheidbare Orientierungen im Umgang mit kultureller Vielfalt. Als erstes fällt auf, das die Einstellungskomponente „Europäische Integration" grundständig auf zwei verschiedenen Faktoren hoch lädt. Auf dem *ersten* Faktor fällt die Einstellungskomponenten „Europäische Integration" zusammen mit den Einstellungskomponenten „Segregation", „ethische Assoziationskriterien für die Aufnahme von Staaten in die EU" und „allgemeine Mobilitätsbereitschaft" und auf dem *dritten* Faktor mit den Einstellungskomponenten „gesellschaftliche Integration" und „ethische Assoziationskriterien für die Einwanderung von Personen" und „allgemeine Kontaktbereitschaft". Die Annahme einer den Einstellungen der Schülerinnen und Schüler zur innergesellschaftlichen und zwischenstaatlichen kulturellen Vielfalt zugrunde liegende einheitlichen Struktur, die sich über sämtliche Einstellungsbereiche erstreckt, muss also verworfen werden. Vielmehr lassen sich Orientierungen ausmachen, die sowohl auf inhaltliche als auch auf graduelle Abstufungen im Umgang mit kultureller Vielfalt hinweisen. Die Faktoren eins und drei wurden mit „gegen Segregation" (FAC1_2_SEG) und „Integration" (FAC3_2_INTE) betitelt.

In einem zweiten Schritt lassen sich verschiedene Assimilationsvorstellungen unterscheiden: So laden auf dem *zweiten* Faktor die Einstellungskomponenten „sprachliche Anpassung", „wirtschaftliche Assoziationskriterien für die Einwanderung von Personen nach Deutschland" zusammen mit der Einstellungskomponente „wirtschaftliche Assoziationskriterien für die Aufnahme von Staaten in die EU". Demgegenüber laden auf dem *vierten* Faktor die Einstellungskomponenten „kulturelle Assimilation", die Forderung nach einer Anpassung der Minderheiten an die Kultur der Mehrheit, zusammen mit „kulturellen Assoziationskriterien", wenn die Einwanderung von Personen nach Deutschland oder die Aufnahme von Staaten in die Europäische Union zur Disposition stehen. Die Faktoren zwei und vier wurden mit „wirtschaftliche Bezüge" (FAC2_2_WIRT) bzw. „kulturelle Bezüge" (FAC4_2_KUL) betitelt.

Und schließlich lassen sich *fünftens* und *sechstens* europäische von außereuropäischen Bezügen unterscheiden, sobald die Bereitschaft zu interkulturellen Kontakten bzw. transnationaler Mobilität angefragt wird. Die Faktoren fünf und sechs wurden mit „europäische Bezüge" (FAC5_2_EU) und „außereuropäische Bezüge" (FAC6_2_AEU) betitelt.

Den Ergebnissen der vorliegenden Untersuchung nach lassen sich also *sechs* Einstellungsdimensionen unterscheiden, die Aufschluss über den Umgang der Schülerinnen und Schüler mit der innergesellschaftlichen und zwischenstaatlichen kulturellen Vielfalt geben. Als relevante Einstellungsdimensionen wurden genannt:

- die Ablehnung separatistischer Orientierungen auf gesellschaftlicher und zwischenstaatlicher Ebene (FAC1_2_SEG);
- die Forderung nach sprachlicher Anpassung und Anerkennung wirtschaftlicher Assoziationskriterien (FAC2_2_WIRT);
- die Anerkennung integrativer Maßnahmen, die auf eine gleichberechtigte Akzeptanz von Personen oder Personengruppen unterschiedlicher ethnischer oder kultureller Hintergründe abzielen (FAC3_2_INTE);
- die Forderung nach kultureller Assimilationsbereitschaft und Anerkennung kultureller Assoziationskriterien (FAC4_2_KUL);
- die Bereitschaft zu interkulturellen Kontakten und transnationaler Mobilität im europäischen Rahmen (FAC5_2_EU) und schließlich
- die Bereitschaft zu interkulturellen Kontakten und transnationaler Mobilität im außereuropäischen Rahmen (FAC6_2_AEU).

Sämtliche sechs genannten Faktoren bilden die Grundlage für die nun folgenden Auswertungen.

4.2 Überprüfung des heuristischen Modells

Im Anschluss an die ersten Untersuchungsergebnisse werden nun die Hypothesen geprüft. Dem Schwerpunkt der theoretischen Überlegungen folgend wird zunächst der Einfluss der Sozialen Identifikationsprozesse auf den Umgang mit kultureller Vielfalt überprüft (Kapitel 4.2.1). Der Erhebung des Einflusses Sozialer Identifikationsprozesse schließt sich die Analyse des Einflusses von Kontakt und Erfahrung im Umgang mit kultureller Vielfalt (Kapitel 4.2.2) sowie die Analyse des Einflusses sozialer Wertorientierungen (Kapitel 4.2.3) an. Erörtert werden jeweils sowohl ihre Geltung in Bezug auf die Orientierungen der Schülerinnen und Schüler im Umgang mit der kulturellen Vielfalt als auch ihre Auswirkungen auf die Übernahme Sozialer Identifikationsprozesse. Daran anschließend gilt es, dem Einfluss Sozialer Ressourcen – der formalen Schulbildung und dem Bildungsindex der Eltern – Aufmerksamkeit zu schenken (Kapitel 4.2.4). Eine ausführliche Diskussion der Ergebnisse stellt den Abschluss der Darstellung dar (Kapitel 4.2.5).

4.2.1 Zum Einfluss Sozialer Identifikationsprozesse: Nationale versus europäische Identität?

An die Überlegungen, die im Rahmen des Social Identity Approach (vgl. Kapitel 2.3) formuliert worden sind, anknüpfend geht die vorliegende Arbeit nachstehend auf den Einfluss und die Relationen zwischen nationalen und europäischen Identifikationsbezügen ein. Gefragt wird insbesondere danach, ob und inwiefern die Bezugnahme auf europäische Identifikationsbezüge tatsächlich einen positiven Einfluss auf den Umgang mit kultureller Vielfalt zeitigt. Vor der Klärung der Frage nach dem Einfluss der Sozialen Identifikationsprozesse gilt es jedoch, erst einmal zu fragen, ob die theoretisch als relevant benannten Bezugskategorien Deutschland und Europa für die Schülerinnen und Schüler überhaupt eine Rolle spielen und welche sonstig genannten Identifikationsangebote überdies als relevante Größen betrachtet werden.

In Tabelle 16 ist der prozentuale Anteil der von den Schülerinnen und Schülern benannten Identifikationsbezüge für die Gesamtstichprobe sowie im Vergleich der Teilstichproben Nordrhein-Westfalen, Baden-Württemberg und Brandenburg, im Vergleich der Geschlechter, der Schulformen und abhängig vom Migrationshintergrund aufgeführt. Als Identifikationsbezüge wurden, neben den nationalen und europäischen regionale, globale, religiöse und soziologische Kategorien zur Auswahl gestellt.

Tabelle 16: Mehrfachantwortentabelle zu den Sozialen Identifikationsangeboten.

		NRW	BW	BB	männl.	weibl.	Haupt-Gesamt	Gym.	ohne Migh.	mit Migh.	Gesamt
Ostdeutscher	n	4	6	135	59	86	57	88	137	8	145
	%	1,5	2,1	50,2	15,4	19,8	16,3	18,8	20,8	5,0	17,7
Westdeutscher	n	65	34	-	58	41	44	55	86	13	99
	%	24,2	12,1	-	15,1	9,4	12,6	11,7	13,1	8,2	12,1
Deutscher	n	139	158	116	191	222	161	252	365	48	413
	%	51,7	56,4	43,1	49,9	51,0	46,1	53,7	55,4	30,2	50,5
Europäer	n	97	113	87	134	163	82	215	230	67	297
	%	36,1	40,4	32,3	35,0	37,5	23,5	45,8	34,9	42,1	36,3
Weltbürger	n	69	96	56	92	129	47	174	180	41	221
	%	25,7	34,3	20,8	24,0	29,7	13,5	37,1	27,3	25,8	27,0
Ausländer	n	19	28	6	26	27	31	22	17	36	53
	%	7,1	10,0	2,2	6,8	6,2	8,9	4,7	2,6	22,6	6,5
ein Jugendlicher	n	198	212	196	247	359	227	379	490	116	606
	%	73,6	75,7	72,9	64,5	82,5	65,0	80,8	74,4	73,0	74,1
Christ	n	69	81	10	80	80	64	96	118	42	160
	%	25,7	28,9	3,7	20,9	18,4	18,3	20,5	17,9	26,4	19,6
Moslem	n	8	11	-	9	10	18	1	2	17	19
	%	3,0	3,9	-	2,3	2,3	5,2	,2	,3	10,7	2,3
sonstige	n	17	13	8	23	15	18	20	16	22	38
	%	6,3	4,6	3,0	6,0	3,4	5,2	4,3	2,4	13,8	4,6
(N)		269	280	269	383	435	349	469	659	159	818

135

Die Ergebnisse zeigen: Die überwiegende Mehrheit, nämlich 74,1 %, deutet für sich selbst als wichtige Bezugsgröße die Kategorie Jugendliche. Dies gilt verstärkt für die Mädchen (Geschlecht: χ^2 = 35,574; df = 1; p < ,000) und für die Gymnasiastinnen und Gymnasiasten (Schulform: χ^2 = 25,315; df = 1; p < ,000). Am zweithäufigsten, mit einem Anteil von 50,2 %, genannt wird die Identifikation mit Deutschland und am dritthäufigsten, mit einem Anteil von 36,3 %, die Identifikation mit Europa. Ausschließlich die Schülerinnen und Schüler aus Brandenburg bezeichnen sich selbst häufiger als Ostdeutsche denn als Deutsche, während die Schülerinnen und Schüler mit Migrationshintergrund für sich selbst am zweithäufigsten die Bezeichnung Europäerin bzw. Europäer wählen, wobei die Unterschiede in der Selbstkategorisierung Europäerin/Europäer zwischen den Schülerinnen und Schülern mit und ohne Migrationshintergrund nicht signifikant (χ^2 = 3,505; df = 1; p = ,061) sind. Des Weiteren nehmen 19,6 % der Jugendlichen Bezug auf die Identifikationskategorie Christ, 2,3 % auf die Identifikationskategorie Moslem und 6,5 % der Schülerinnen und Schüler bezeichnen sich selbst als Ausländerin bzw. als Ausländer. Neben der Bezugskategorie Jugendliche stellt die Identifikation mit Deutschland und Europa also eine entscheidende Größe in der (Selbst-)Identifikation der Jugendlichen dar. Inwiefern diese auch emotional besetzt sind sollen die folgenden Ergebnisse zeigen. Tabelle 17 zeigt das Antwortverhalten der Schülerinnen und Schüler hinsichtlich der Stärke ihres Verbundenheitsgefühls mit Deutschland (vgl. Kapitel 3.2.1). Aufgeführt sind die Antwortkategorien „sehr stark verbunden" [1] bis „überhaupt nicht verbunden" [5].

Tabelle 17: Häufigkeitsauszählung „Verbundenheit mit Deutschland".

		1	2	3	4	5	N
GESAMT	n	212	248	221	100	50	831
	%	25,5	29,8	26,6	12,0	6,0	100,0
NRW	n	86	78	68	29	11	272
	%	31,6	28,7	25,0	10,7	4,0	100,0
BW	n	75	84	73	36	18	286
	%	26,2	29,4	25,5	12,6	6,3	100,0
BB	n	51	86	80	35	21	273
	%	18,7	31,5	29,3	12,8	7,7	100,0
männlich	n	128	122	74	45	22	391
	%	32,7	31,2	18,9	11,5	5,6	100,0
weiblich	n	84	126	147	55	28	440
	%	19,1	28,6	33,4	12,5	6,4	100,0
Haupt- und Gesamtschulen	n	105	93	89	42	26	355
	%	29,6	26,2	25,1	11,8	7,3	100,0
Gymnasium	n	107	155	132	58	24	476
	%	22,5	32,6	27,7	12,2	5,0	100,0
ohne Migrationshintergrund	n	173	209	180	74	36	672
	%	25,7	31,1	26,8	11,0	5,4	100,0
mit Migrationshintergrund	n	39	39	41	26	14	159
	%	24,5	24,5	25,8	16,4	8,8	100,0

Mit Deutschland verbunden fühlen sich insgesamt 55,3 % der befragten Schülerinnen und Schüler. 18,0 % lehnen diese Einschätzung ab. Im Vergleich der Unterkategorien werden ausschließlich zwischen den Geschlechtern signifikante Abweichungen (χ^2 = 32,253; df = 4; p < ,000) sichtbar: Demnach bewerten die Schüler im Vergleich zu den Schülerinnen ihre Verbundenheit mit Deutschland deutlich höher, während die Schülerinnen sich eher unentschieden äußern. Anders als bei den Identifikationsbezügen fallen die Unterschiede im Vergleich der Schulformen (χ^2 = 9,100; df = 4; p = ,059) und der Bundesländer (χ^2 = 14,266; df = 8; p = ,075) dagegen marginal aus. Auch zwischen den Schülerinnen und Schülern mit bzw. ohne Migrationshintergrund zeigen sich keine nennenswerten Differenzen (χ^2 = 7,359; df = 4; p = ,118). Tabelle 18 zeigt das Antwortverhalten der Jugendlichen hinsichtlich der Stärke des geäußerten Verbundenheitsgefühls mit Europa. Aufgeführt sind die Antwortkategorien „sehr stark verbunden" [1] bis „überhaupt nicht verbunden" [5].

Tabelle 18: Häufigkeitsauszählung „Verbundenheit mit Europa".

		1	2	3	4	5	N
GESAMT	n	126	244	281	109	71	831
	%	15,2	29,4	33,8	13,1	8,5	100,0
NRW	n	44	72	99	40	17	272
	%	16,2	26,5	36,4	14,7	6,3	100,0
BW	n	42	98	92	27	27	286
	%	14,7	34,3	32,2	9,4	9,4	100,0
BB	n	40	74	90	42	27	273
	%	14,7	27,1	33,0	15,4	9,9	100,0
männlich	n	56	105	132	60	38	391
	%	14,3	26,9	33,8	15,3	9,7	100,0
weiblich	n	70	139	149	49	33	440
	%	15,9	31,6	33,9	11,1	7,5	100,0
Haupt- und Gesamtschulen	n	48	87	141	45	34	355
	%	13,5	24,5	39,7	12,7	9,6	100,0
Gymnasium	n	78	157	140	64	37	476
	%	16,4	33,0	29,4	13,4	7,8	100,0
ohne Migrationshintergrund	n	85	192	243	96	56	672
	%	12,6	28,6	36,2	14,3	8,3	100,0
mit Migrationshintergrund	n	41	52	38	13	15	159
	%	25,8	32,7	23,9	8,2	9,4	100,0

Mit Europa verbunden fühlen sich insgesamt 44,6 % der befragten Schülerinnen und Schüler, 21,6 % weisen eine solche Zuordnung dagegen zurück. Wie auch bei der Selbstkategorisierung ersichtlich wurde, stehen die Schülerinnen und Schüler, die ein Gymnasium besuchen (Schulform: χ^2 = 13,331; df = 4; p = ,010), und diejenigen mit Migrationshintergrund (χ^2 = 24,284; df = 4; p < ,000) Europa vergleichsweise bestimmter gegenüber. Signifikante Abweichungen zwischen den Bundesländern (χ^2 = 11,752; df = 4; p = ,163) und den Geschlechtern (χ^2 = 5,915; df = 4; p = ,206) zeigen sich keine. In Tabelle 19 abgebildet ist das Antwortverhalten der Schülerinnen und Schüler im Hinblick auf die Frage „Bist du stolz auf deine eigene Nationalität?". Aufgeführt wurden Schülerinnen und Schüler, die die deutsche Nationalität als Bezugsgröße heranziehen. Aufgeführt sind die Antwortkategorien „sehr stolz" [1] bis „überhaupt nicht stolz" [5].

Tabelle 19: Häufigkeitsauszählung „Stolz auf die eigene Nationalität".

		1	2	3	4	5	N
GESAMT	n	177	211	228	68	56	740
	%	23,9	28,5	30,8	9,2	7,6	100,0
NRW	n	64	77	63	17	15	236
	%	27,1	32,6	26,7	7,2	6,4	100,0
BW	n	59	64	75	21	16	235
	%	25,1	27,2	31,9	8,9	6,8	100,0
BB	n	54	70	90	30	25	269
	%	20,1	26,0	33,5	11,2	9,3	100,0
männlich	n	113	84	99	25	24	345
	%	32,8	24,3	28,7	7,2	7,0	100,0
weiblich	n	64	127	129	43	32	395
	%	16,2	32,2	32,7	10,9	8,1	100,0
Haupt- und Gesamtschulen	n	91	83	87	15	18	294
	%	31,0	28,2	29,6	5,1	6,1	100,0
Gymnasium	n	86	128	141	53	38	446
	%	19,3	28,7	31,6	11,9	8,5	100,0
ohne Migrationshintergrund	n	155	195	202	64	46	662
	%	23,4	29,5	30,5	9,7	6,9	100,0
mit Migrationshintergrund	n	22	16	26	4	10	78
	%	28,2	20,5	33,3	5,1	12,8	100,0

Insgesamt führen 52,4 % der Schülerinnen und Schüler mit deutscher Nationalität an, dass sie stolz, wenn nicht sogar sehr stolz darauf sind, Deutsche bzw. Deutscher zu sein, nur 16,8 % der Jugendlichen lehnen diese Einschätzung ab. Am deutlichsten fällt die Zustimmung bei den Schülerinnen und Schülern der Haupt- und Gesamtschulen mit 59,2 % (Schulform: $\chi^2 = 20{,}551$; df = 4; p < ,000) aus. Im Vergleich der Geschlechter zeigt sich, dass deutlich weniger Schülerinnen als Schüler einer idealisierten Bewertung ihrer eigenen nationalen Identität positiv gegenüberstehen (χ^2 = 28,937; df = 4; p < ,000). Keine signifikanten Unterschiede präsentieren sich im Vergleich der Länder (χ^2 = 10,787; df = 8; p = ,214) und zwischen den Schülerinnen und Schülern mit bzw. ohne Migrationshintergrund (χ^2 = 6,989; df = 4; p = ,136). Tabelle 20 zeigt das Antwortverhalten der Jugendlichen im Hinblick auf die Frage „Bist du stolz darauf, Europäer zu sein?" für diejenigen Jugendlichen, die für sich selbst eine europäische Zugehörigkeit anführen. Aufgeführt sind die Antwortkategorien „sehr stolz" [1] bis „überhaupt nicht stolz" [5].

Tabelle 20: Häufigkeitsauszählung „Stolz auf Europa".

		1	2	3	4	5	N
GESAMT	n	172	243	290	49	46	800
	%	21,5	30,4	36,3	6,1	5,8	100,0
NRW	n	59	82	94	12	16	263
	%	22,4	31,2	35,7	4,6	6,1	100,0
BW	n	63	82	98	13	17	273
	%	23,1	30,0	35,9	4,8	6,2	100,0
BB	n	50	79	98	24	13	264
	%	18,9	29,9	37,1	9,1	4,9	100,0
männlich	n	98	105	117	25	29	374
	%	26,2	28,1	31,3	6,7	7,8	100,0
weiblich	n	74	138	173	24	17	426
	%	17,4	32,4	40,6	5,6	4,0	100,0
Haupt- und Gesamtschulen	n	93	93	118	17	16	337
	%	27,6	27,6	35,0	5,0	4,7	100,0
Gymnasium	n	79	150	172	32	30	463
	%	17,1	32,4	37,1	6,9	6,5	100,0
ohne Migrationshintergrund	n	138	207	238	38	35	656
	%	21,0	31,6	36,3	5,8	5,3	100,0
mit Migrationshintergrund	n	34	36	52	11	11	144
	%	23,6	25,0	36,1	7,6	7,6	100,0

Mit 51,9 % vergleichbar viele der befragten Schülerinnen und Schüler äußern sich auch gegenüber einer idealisierenden Bewertung ihrer europäischen Zugehörigkeit positiv. Desgleichen zeigt sich, dass eher die

Schüler als die Schülerinnen (Geschlecht: χ^2 = 18,493; df = 4; p = ,001) und eher die Haupt- und Gesamtschülerinnen und -schüler als die der Gymnasien (χ^2 = 13,918; df = 4; p = ,008) die Frage positiv beantworten. Keine charakteristischen Abweichungen zeigen sich dagegen im Vergleich der Länder (χ^2 = 7,534; df = 4; p = ,480) und abhängig von Migrationserfahrungen (χ^2 = 3,323; df = 4; p = ,505).

Zusammenfassend bestätigen die Ergebnisse der sozialen (Selbst-) Identifikationskategorie Europa, neben den nationalen Bezügen, eine bedeutende Rolle. Im Vergleich der Identifikationsbezüge Deutschland versus Europa ist auffällig, dass sich zwar deutlich weniger Schülerinnen und Schüler als Europäerin bzw. Europäer identifizieren (36,3 %), aber in etwa gleich viele Schülerinnen und Schüler stolz bzw. sehr stolz darauf sind, Europäerin bzw. Europäer (51,9 %) zu sein. Die Klassifizierung „Stolz" wird im Zusammenhang mit Europa prinzipiell am positivsten bewertet. Dies gilt insbesondere für die Schülerinnen und Schüler der Haupt- und Gesamtschulen. Dementgegen wird die Selbstbezeichnung als Europäerin bzw. Europäer eher von den Schülerinnen und Schülern der Gymnasien als der Haupt- und Gesamtschulen geschätzt. Die Klärung der Frage, ob und in welchem Maße die Bezugnahme auf Europa anders als die Bezugnahme auf Deutschland einen positiven Einfluss auf den Umgang mit kultureller Vielfalt ausübt, ist Inhalt der nun folgenden Auswertungen.

Soziale Identität und Umgang mit kultureller Vielfalt

Um die modelltheoretischen Annahmen schrittweise zu prüfen, werden zunächst bivariate Korrelationen der Indikatoren Sozialer Identifikationsprozesse und der Orientierungen im Umgang mit kultureller Vielfalt berechnet. In einem zweiten Analyseschritt wird mit Hilfe der multiplen Regressionsanalyse der Anteil der durch die Sozialen Identifikationsprozesse erklärten Gesamtvarianz an den Einstellungen bestimmt. Den Ergebnissen Rechnung tragend werden bei der Analyse des Einflusses Sozialer Identifikationsprozesse die Ergebnisse der Bezugsgrößen jeweils einzeln ausgewiesen. Auf die Konstruktion einer die verschiedenen Ebenen Sozialer Identifikationsprozesse umfassenden Kategorie wurde verzichtet. Den damit verbundenen methodischen Schwierigkeiten entgegengestellt wird eine ausführliche Diskussion und Zusammenfassung der Einzelergebnisse.

Tabelle 21 zeigt die bivariaten Zusammenhänge der Sozialen Identifikationsprozesse mit den Orientierungen der Schülerinnen und Schüler, auch im Vergleich der Bundesländer. Aufgeführt sind die Sozialen Identifikationsprozesse: die Identifikation als Deutsche/r (ID_D), die Identifikation als Europäer/in (ID_EU), die Identifikation als Weltbürger/in (ID_Welt), das Verbundenheitsgefühl mit Deutschland (Verb_D), das Verbundenheitsgefühl mit Europa (Verb_EU) sowie die ideologische Bewertung der eigenen nationalen Identität als „Stolz" (Stolz_NAT) und Stolz auf Europa (Stolz_EU). Als abhängige Variablen genannt sind: die Ablehnung separatistischer Beziehungskonzepte (FAC1_2_SEG), die Übernahme wirtschaftlicher Bezüge (FAC2_2_WIRT), die Anerkennung integrativer Maßnahmen (FAC3_2_INTE), die Übernahme kultureller Assoziationskriterien (FAC4_2_KUL), die Kontakt- und Mobilitätsbereitschaft im europäischen Rahmen (FAC5_2_EU) sowie die Kontakt- und Mobilitätsbereitschaft im außereuropäischen Rahmen (FAC6_2_AEU).

Tabelle 21: Bivariate Korrelation Sozialer Identifikationsprozesse und Umgang mit kultureller Vielfalt.

		FAC1_2 _SEG	FAC2_2 _WRT	FAC3_2 _INTE	FAC4_2 _KUL	FAC5_2 _EU	FAC6_2 _AEU
Gesamt	ID_D	,009	-,177**	,167**	,032	-,102**	,162**
	ID_EU	-,219**	-,068	-,030	-,075*	-,101*	,034
	ID_WELT	-,235**	-,044	-,075*	,073*	-,077*	-,102**
	Verb_D	,025	,205**	-,114**	,145**	,140**	-,139**
	Verb_EU	,196**	,069*	,167**	,062	,082*	,068
	Stolz_NAT	-,105**	,222**	-,110**	,188**	,053	-,181**
	Stolz_EU	-,029	,165**	-,061	,128**	,136**	-,113**
NRW	ID_D	,072	-,163**	,150*	,022	-,103	,193**
	ID_EU	-,249**	,080	-,038	-,105	-,129*	,045
	ID_WELT	-,280**	,090	-,027	,019	-,063	-,090
	Verb_D	-,118	,246**	-,140*	,151*	,080	-,154*
	Verb_EU	,174**	-,053	,256**	,108	,069	,040
	Stolz_NAT	-,147**	,210**	-,221**	,257**	,017	-,238**
	Stolz_EU	-,117	,112	-,076	,176**	,178**	-,165**
BW	ID_D	,019	-,218**	,174**	,076	-,115	,104
	ID_EU	-,214**	-,130**	-,054	-,027	-,047	-,024
	ID_WELT	-,201**	-,082	-,055	,162**	-,088	-,156**
	Verb_D	-,001	,106	-,115	,121*	,185**	-,086
	Verb_EU	,175**	,078	,160**	,048	,125*	,092
	Stolz_NAT	-,212**	,079	,021	,192**	,047	-,093
	Stolz_EU	-,068	,076	-,030	,108	,080	,000
BB	ID_D	-,005	-,145*	,187**	,000	-,144*	,213**
	ID_EU	-,175**	-,144**	,011	-,092	-,169**	,098
	ID_WELT	-,192**	-,130*	-,139*	,040	-,148*	-,028
	Verb_D	,134*	,277**	-,082	,181**	,183**	-,186**
	Verb_EU	,220**	,170**	,090	,033	,078	,060
	Stolz_NAT	-,045	,380**	-,150*	,136*	,156**	-,234**
	Stolz_EU	,085	,318**	-,079	,106	,169**	-,190**

Für die Gesamtgruppe der Jugendlichen weisen die Ergebnisse der Inter-korrelationsanalyse auf eine positive Wechselbeziehung der nationalen Identifikationsbezüge: Identifikation als Deutsche/r, Verbundenheit mit Deutschland und Stolz auf die eigene nationale Identität mit den kulturellen Assoziationskriterien sowie auf eine gegenläufige Bezugnahme mit integrativen Orientierungen und der Bereitschaft zu Kontakt und transnationaler Mobilität im außereuropäischen Rahmen hin. Gleiches gilt für eine idealisierte Bewertung der europäischen Zugehörigkeit.[43] Dementgegen markieren die Ergebnisse für die transnationalen Identifikationsbezüge: Identifikation als Europäer/in, Identifikation als Weltbürger/in und Verbundenheit mit Europa positive Berührungspunkte mit der Ablehnung separatistischer Überlegungen und, wenn auch weniger deutlich, mit der Anerkennung integrativer Maßnahmen. Keine eindeutigen Ergebnisse zeigen sich dagegen hinsichtlich der wirtschaftlichen Assoziationskriterien und der Bereitschaft zu interkulturellen Kontakten und transnationaler Mobilität im europäischen Raum.

Im Vergleich der Teilstichproben Nordrhein-Westfalen, Baden-Württemberg und Brandenburg zeigen sich insbesondere gegenüber den wirtschaftlichen Assoziationskriterien und der Bereitschaft zu interkulturellen Kontakten und transnationaler Mobilität im europäischen Rahmen Auffälligkeiten. Demnach zeigt die Bezugnahme auf sämtliche genannten Identifikationsangebote in Brandenburg sowohl gegenüber den wirtschaftlichen Assoziationskriterien als auch gegenüber der Bereitschaft zu interkulturellen Kontakten und transnationaler Mobilität positive Effekte, während z.B. in Nordrhein-Westfalen lediglich die nationalen Bezüge signifikante Zusammenhänge mit den wirtschaftlichen Assoziationskriterien aufweisen. Grundlegend widersprüchliche Ergebnisse im Vergleich der Teilstichproben zeigen sich jedoch ausschließlich hinsichtlich der Stärke des Verbundenheitsgefühls gegenüber Deutschland und der Ablehnung der auf Segregation hin ausgerichteten Aussagen, die in Nord-

---

43 Prinzipiell lassen sich zwischen den Identifikationskategorien „Stolz auf die eigene nationale Identität" und „Stolz auf Europa" keine gegenläufigen Ergebnisse finden, wohl aber zu den transnationalen Identifikationskategorien: Identifikation als Europäer/in, Identifikation als Weltbürger/in und Verbundenheit mit Europa.

rhein-Westfalen negative, in Baden-Württemberg keine signifikanten Zusammenhänge und in Brandenburg positive Ergebnisse aufweist. Im Ganzen bestätigen die Ergebnisse der Interkorrelationsanalyse die Annahmen einer sich ausschließenden Wechselseitigkeit nationaler Identifikationsbezüge und integrativer Maßnahmen. Auffällig bleiben jedoch die den konzeptionellen Überlegungen widersprechenden Ergebnisse einer positiven Bezugnahme der nationalen Identifikationsbezüge auf die Bereitschaft zu interkulturellen Kontakten und transnationaler Mobilität im europäischen Rahmen. Gegenläufige Zusammenhänge zeigen sich erst bezüglich der Bereitschaft zu interkulturellen Kontakten und transnationaler Mobilität jenseits der Grenzen Europas.

Zur Überprüfung des Anteils der durch die Sozialen Identifikationsprozesse erklärten Gesamtvarianz an den sechs Einstellungsdimensionen wird im Folgenden eine multiple Regressionsanalyse durchgeführt. Auch diese Berechnungen werden für die Gesamtgruppe der Jugendlichen und bezüglich der Teilstichproben Nordrhein-Westfalen, Baden-Württemberg und Brandenburg realisiert. Tabelle 22 dokumentiert den Anteil der durch sämtliche Sozialen Identifikationsprozesse erklärten Gesamtvarianz (ausgedrückt in R^2) sowie den Beta-Koeffizienten zur Analyse der Effekte, die durch die einzelnen Identifikationsbezüge zustande kommen. Als unabhängige Variablen gesetzt wurden die Sozialen Identifikationsprozesse: die Identifikation als Deutsche/r (ID_D), die Identifikation als Europäer/in (ID_EU), die Identifikation als Weltbürger/in (ID_Welt), das Verbundenheitsgefühl mit Deutschland (Verb_D), das Verbundenheitsgefühl mit Europa (Verb_EU) sowie die ideologische Bewertung der eigenen nationalen Identität als „Stolz" (Stolz_NAT) und Stolz auf Europa (Stolz_EU). Als abhängige Variablen genannt sind: die Ablehnung separatistischer Beziehungskonzepte (FAC1_2_SEG), die Übernahme wirtschaftlicher Bezüge (FAC2_2_WIRT), die Anerkennung integrativer Maßnahmen (FAC3_2_INTE), die Übernahme kultureller Assoziationskriterien (FAC4_2_KUL), die Kontakt- und Mobilitätsbereitschaft im europäischen Rahmen (FAC5_2_EU) sowie die Kontakt- und Mobilitätsbereitschaft im außereuropäischen Rahmen (FAC6_2_AEU).

Tabelle 22: Multiple Regressionsanalyse Sozialer Identifikationsprozesse auf den Umgang mit kultureller Vielfalt.

			FAC1_2 _SEG	FAC2_2 _WIRT	FAC3_2 _INTE	FAC4_2 _KUL	FAC5_2 _EU	FAC6_2 _AEU
Gesamt		R^2	,119**	,083**	,079**	,063**	,044**	,069**
	ID_D	Beta	,044	-,106*	,121**	,122*	-,038	,102*
	ID_EU	Beta	-,176**	-,007	-,020	-,106*	-,060	,033
	ID_WELT	Beta	-,174**	-,058	-,042	,068	-,068	-,086*
	Verb_D	Beta	,050	,097*	-,135**	,100*	,122*	-,087*
	Verb_EU	Beta	,137**	,011	,231**	-,007	-,003	,106*
	Stolz_NAT	Beta	-,090**	,141**	-,013	,137*	-,043	-,098*
	Stolz_EU	Beta	-,055	,059	-,044	,052	,102*	-,046
NRW		R^2	,155**	,096**	,140**	,106**	,051	,089**
	ID_D	Beta	,047	-,098	,038	,142*	-,049	,104
	ID_EU	Beta	-,189**	,067	,045	-,137*	-,071	,060
	ID_WELT	Beta	-,194**	,026	,042	-,004	-,057	-,052
	Verb_D	Beta	-,084	,194**	-,130	,043	,063	-,052
	Verb_EU	Beta	,147*	-,081	,318**	,022	-,010	,078
	Stolz_NAT	Beta	,002	,072	-,151*	,256**	-,067	-,160*
	Stolz_EU	Beta	-,135*	,040	-,052	,078	,168*	-,072
BW		R^2	,142**	,071**	,081**	,075**	,055*	,050*
	ID_D	Beta	,046	-,200**	,112	,121	-,075	,078
	ID_EU	Beta	-,191**	-,073	-,021	-,076	-,019	,008
	ID_WELT	Beta	-,132*	-,068	-,032	,143*	-,087	-,139*
	Verb_D	Beta	,083	,020	-,173*	,097	,152*	-,072
	Verb_EU	Beta	,134*	,062	,214**	-,021	,063	,095
	Stolz_NAT	Beta	-,221**	,057	,102	,128	-,018	-,059
	Stolz_EU	Beta	-,054	,016	-,079	,047	,029	,023
BB		R^2	,106**	,184**	,078**	,029*	,077**	,102**
	ID_D	Beta	,103	,017	,193**	,114	-,026	,132*
	ID_EU	Beta	-,152*	-,021	-,044	-,107	-,089	,012
	ID_WELT	Beta	-,147*	-,109	-,135*	,041	-,127*	-,026
	Verb_D	Beta	,117	,022	-,034	,196*	,123	-,131
	Verb_EU	Beta	,117	,133*	,093	-,061	-,020	,137
	Stolz_NAT	Beta	-,116	,317**	-,078	,041	,051	-,103
	Stolz_EU	Beta	,058	,128*	-,006	,029	,062	-,072

Die Ergebnisse belegen signifikante Effekte der sozialen Identifikationsbezüge für sämtliche aufgezeigten Einstellungsdimensionen. Am höchsten liegt der Einfluss der sozialen Identifikationsbezüge mit 11,9 % für
die Einstellungsdimension „gegen Segregation", am niedrigsten, mit
einem Anteil von nur 4,4 %, für die Einstellungsdimension „Bereitschaft
zu interkulturellen Kontakten im europäischen Rahmen". Die Beta-
Koeffezienten betrachtend bestätigt sich, dass die Anerkennung oder
Ablehnung separatistischer Orientierungen vor allem durch die transnationalen Identifikationsbezüge beeinflusst werden. Dementgegen werden
die Einstellungen gegenüber den wirtschaftlichen und kulturellen Assoziationskriterien – anders als die Ergebnisse der bivariaten Korrelation
vermuten lassen – ausschließlich durch die Bezugnahme auf die nationalen Identifikationsangebote hervorgerufen. Speziell die Bewertung der
eigenen nationalen Identität als positiv erwirkt hier die höchsten Resultate. Eine eher ablehnende Haltung gegenüber den nationalen Identifikationsbezügen bei gleichzeitiger Bezugnahme auf die europäischen Identifikationsangebote erweist sich gegenüber der Anerkennung integrativer
Maßnahmen und der Bereitschaft zu interkulturellen Kontakten und
transnationaler Mobilität im außereuropäischen Rahmen als ausschlaggebend. Und schließlich kennzeichnen ein hohes Verbundenheitsgefühl
mit Deutschland sowie eine ideologische Bewertung der europäischen
Zugehörigkeit die Bereitschaft zu interkulturellen Kontakten und transnationaler Mobilität im europäischen Rahmen.

Im Vergleich der Teilstichproben beeindruckt der doppelt so hohe
Einfluss der Sozialen Identifikationsprozesse auf die wirtschaftlichen
Assoziationskriterien in Brandenburg, während ihr Einfluss gegenüber
den kulturellen Kriterien kaum eine Rolle zu spielen scheint. Darüber
hinaus bemerkenswert bleiben die Abweichungen in der Ausrichtung
der Effekte einer emotionalen Bezugnahme auf Europa sowie einer positiven Bewertung der eigenen nationalen und europäischen Identität, die
in Brandenburg vor allem mit den Einstellungen gegenüber den wirtschaftlichen Assoziationskriterien korreliert, in Nordrhein-Westfalen und
Baden-Württemberg indes gegenüber den auf Segregation und Integrati-

on hin ausgerichteten Überlegungen die ausschlaggebenden Effekte hervorruft.

Die Ergebnisse zusammenfassend lässt sich festhalten: ein dominierender Einfluss Sozialer Identifikationsprozesse auf die Einstellungen der Schülerinnen und Schüler gegenüber den Subskalen „Segregation", „gesellschaftliche Integration" und „Kontaktbereitschaft im außereuropäischen Rahmen". Ausnahmslos als eher schwach zu bewerten ist hingegen ihr Einfluss auf die Bereitschaft der Schülerinnen und Schüler zu interkulturellen Kontakten und transnationaler Mobilität im europäischen Rahmen. Deutliche Abweichungen im Vergleich der Teilstichproben zeigen sich vor allem bezüglich des Einflusses der sozialen Identifikationsbezüge auf die Übernahme wirtschaftlicher und kultureller Assoziationskriterien. In der Gegenüberstellung nationaler versus europäischer Identifikationsbezüge bestätigen die Ergebnisse, gleich den angesetzten Überlegungen, einen positiven Einfluss der nationalen Identifikationsangebote gegenüber den auf Segregation hin ausgerichteten Orientierungen sowie gegenüber den wirtschaftlichen und kulturellen Assoziationskriterien. Demgegenüber löst die Bezugnahme auf die europäischen, stärker aber noch die Bezugnahme auf die universellen Identifikationsangebote, bei gleichzeitiger Skepsis gegenüber den nationalen, dem gegenläufige Prozesse aus. Einzig hinsichtlich der Bereitschaft zu interkulturellen Kontakten und transnationaler Mobilität im europäischen Rahmen lassen sich keine diesbezüglichen Aussagen treffen. Die Annahme einer den Grenzen des Nationalen verpflichteten Identitätsbezugs muss also verworfen werden. Vielmehr unterstützen die Ergebnisse die Ansicht einer sich wandelnden nationalen Identitätskonstruktion, welche zumindest die Bereitschaft, in Kontakt zu Personen anderer europäischer Hintergründe zu treten, nicht ausschließt. Ein Grund dafür könnte die Zunahme an Erfahrungen und Kontakt im Umgang mit Personen europäischer Zugehörigkeit sein, was im Folgenden näher beleuchtet wird.

4.2.2 Zum Einfluss Interkultureller Kontakte: Zufällige Kontakte, freundschaftliche Kontakte und Urlaub

Der Einfluss von Kontakt und Erfahrung im Umgang mit kultureller Vielfalt auf die Einstellungen der Schülerinnen und Schüler sowie ihr Einfluss auf die sozialen Identifikationsbezüge stehen im Mittelpunkt der nun folgenden Auswertungen. Ausgehend von den Überlegungen zur Kontakthypothese wurde angenommen, dass Kontakte zu Mitgliedern von Fremdgruppen, insbesondere wenn es sich dabei um freundschaftliche Kontakte handelt und diese durch eine soziale Norm der Gleichheit bestimmt sind, als wesentlich für den Abbau von starren, festgefahrenen sozialen Kategorien gelten können (vgl. Kapitel 2.3.3). Den theoretischen Annahmen folgend wurden, bei der Operationalisierung der Fragestellung, zufällige Kontakte von echten Bekanntschaften bzw. Freundschaften und Auslandserfahrungen unterschieden (vgl. Kapitel 3.2.1.2). Als zufällige Kontakte operationalisiert wurde die Anwesenheit von Familien nicht deutscher Herkunft in der Nachbarschaft.

In Tabelle 23 ist der Anteil der in der Nachbarschaft der Jugendlichen lebenden Familien nicht deutscher Herkunft dokumentiert. Als Antwortkategorien aufgeführt sind: „in meiner Nachbarschaft leben ausschließlich Deutsche" [1], „in meiner Nachbarschaft leben überwiegend Deutsche" [2], „in meiner Nachbarschaft leben ungefähr genauso viele deutsche Familien wie Familien ausländischer Herkunft" [3], „in meiner Nachbarschaft leben überwiegend Familien ausländischer Herkunft" [4] und „in meiner Nachbarschaft leben ausschließlich Familien ausländischer Herkunft" [5].

Tabelle 23: Häufigkeitsauszählung „Anwesenheit von Familien nicht
deutscher Herkunft in der Nachbarschaft".

		1	2	3	4	5	N
GESAMT	n	190	471	120	45	5	831
	%	22,9	56,7	14,4	5,4	0,6	100,0
NRW	n	58	157	41	15	1	272
	%	21,3	57,7	15,1	5,5	,4	100,0
BW	n	54	139	63	26	4	286
	%	18,9	48,6	22,0	9,1	1,4	100,0
BB	n	78	175	16	4		273
	%	28,6	64,1	5,9	1,5		100,0
männlich	n	99	225	48	15	4	391
	%	25,3	57,5	12,3	3,8	1,0	100,0
weiblich	n	91	246	72	30	1	440
	%	20,7	55,9	16,4	6,8	0,2	100,0
Haupt- und Gesamtschulen	n	81	184	70	18	2	355
	%	22,8	51,8	19,7	5,1	0,6	100,0
Gymnasium	n	109	287	50	27	3	476
	%	22,9	60,3	10,5	5,7	0,6	100,0
ohne Migrationshintergrund	n	179	408	59	23	1	670
	%	26,7	60,9	8,8	3,4	0,1	100,0
mit Migrationshintergrund	n	11	63	61	22	4	161
	%	6,8	39,1	37,9	13,7	2,5	100,0

Die Mehrheit aller Schülerinnen und Schüler, nämlich genau 79,6 %, gibt
an, dass in ihrer Nachbarschaft überwiegend deutsche Familien (56,7 %),
wenn nicht sogar ausschließlich deutsche Familien (22,9 %) leben. Lediglich 20,4 % bestätigen, dass in ihrer Nachbarschaft mindestens gleich
viele deutsche Familien wie Familien ausländischer Herkunft leben, wobei der Anteil der Schülerinnen und Schüler mit Migrationshintergrund
hier mit 54,1 % gegenüber 12,3 % mehr als viermal so hoch liegt wie bei
den Schülerinnen und Schülern ohne Migrationshintergrund (Migrationshintergrund: χ^2 = 146,184; df = 4; p < ,000). Im Vergleich der Bundesländer am höchsten liegt der Anteil der als multikulturell ausgewiesenen
Nachbarschaft mit 32,4 % in Baden-Württemberg, am niedrigsten in

Brandenburg mit nur 7,4 % (Bundesland: $\chi^2 = 57{,}464$; df = 8; p < ,000). Keine signifikanten Unterschiede zeigen sich im Vergleich der Schulformen, wenn man die ungleich höhere Verteilung von Schülerinnen und Schülern mit Migrationshintergrund an den Haupt- und Gesamtschulen (Schulform: $\chi^2 = 14{,}677$; df = 4; p = ,005/Schulform ohne Migrationshintergrund: $\chi^2 = 11{,}125$; df = 1; p = ,001) berücksichtigt. Tabelle 24 zeigt den Anteil der freundschaftlichen Kontakte differenziert nach der Herkunft der am Kontakt beteiligten Personen. Aufgeführt sind freundschaftliche Kontakte zu Personen nord- und mitteleuropäischer Herkunft (NEU), südeuropäischer Herkunft (SEU), osteuropäischer Herkunft (OEU) und türkischer Herkunft (TR).

Tabelle 24: Mehrfachantwortentabelle „freundschaftliche Kontakte".

		NEU	SEU	OEU	TR	sonstige	N
GESAMT	n	150	276	428	282	200	624
	%	18,1	33,2	51,5	33,9	34,0	75,1
NRW	n	104	88	124	114	61	222
	%	38,2	32,4	45,6	41,9	29,3	81,6
BW	n	23	162	193	142	96	247
	%	9,1	56,6	67,5	49,7	40,0	86,4
BB	n	20	26	111	26	43	155
	%	7,3	9,5	40,7	9,5	30,5	56,8
männlich	n	67	136	205	114	81	296
	%	17,1	34,8	52,4	36,8	28,8	75,7
weiblich	n	83	140	223	138	119	328
	%	18,9	31,8	50,7	31,4	38,6	74,5
Haupt- und Gesamtschulen	n	45	119	172	125	80	246
	%	12,7	33,5	48,5	35,2	33,9	69,3
Gymnasium	n	105	157	256	157	120	378
	%	22,1	33,0	53,8	33,0	34,0	79,4
ohne Migrationshintergrund	n	123	183	308	187	144	470
	%	18,4	27,3	46,0	27,9	33,0	70,1
mit Migrationshintergrund	n	27	93	120	95	56	154
	%	16,8	57,8	74,5	59,0	36,6	95,7

Freundschaftliche Kontakte zu Personen nicht deutscher Herkunft pflegen nach eigenen Angaben insgesamt 75,1 % aller befragten Schülerinnen und Schüler. In Baden-Württemberg liegt der Anteil mit 86,4 % am höchsten, in Brandenburg mit 56,8 % am niedrigsten (Bundesland: χ^2 = 74,579; df = 2; p < ,000). Nach der Herkunft der befreundeten Personen gefragt, gibt die Mehrheit der Schülerinnen und Schüler an, freundschaftliche Kontakte zu Personen osteuropäischer Herkunft zu pflegen, nämlich 51,5 %. Am zweithäufigsten werden freundschaftliche Kontakte zu Personen südeuropäischer und türkischer Herkunft mit 33,9 % bzw. 33,2 % genannt, 18,1 % geben Kontakte zu Personen nord- bzw. mitteleuropäischer Herkunft an. Im Vergleich der Bundesländer zeigt sich, dass der Anteil derjenigen Schülerinnen und Schüler, die freundschaftliche Kontakte zu Personen nord- bzw. mitteleuropäischer Herkunft nennen, in Nordrhein-Westfalen mit 38,2 % fast dreimal so hoch liegt wie in den anderen beiden Bundesländern, während die Schülerinnen und Schüler aus Baden-Württemberg im Vergleich häufiger Kontakte zu Personen südeuropäischer Herkunft pflegen. Weiterhin auffällig ist, dass anteilmäßig mehr Schülerinnen und Schüler der Gymnasien freundschaftliche Kontakte zu Personen nicht deutscher Herkunft pflegen als die der Haupt- und Gesamtschulen, nämlich mit 79,4 % zu 69,3 % (Schulform: χ^2 = 11,125; df = 1; p = ,001). Im Vergleich der Länderkategorien gilt dies jedoch nur in Bezug auf Nord- bzw. Mitteleuropa. Signifikante Unterschiede zwischen den Schülerinnen und Schülern der Haupt- bzw. Gesamtschulen und Gymnasien bezogen auf die Länderkategorien Südeuropa, Osteuropa und Türkei zeigen sich indes keine.

Neben den Erfahrungen im Umgang mit interkulturellen Kontakten wurde auch nach den Auslandserfahrungen der Schülerinnen und Schüler gefragt. In Tabelle 25 sind die Auslandsaufenthalte der Schülerinnen und Schüler in Ländergruppen zusammengefasst. Dokumentiert sind die Ländergruppen Nord- und Mitteleuropa (NEU), Südeuropa (SEU), Osteuropa (OEU) und die Türkei (TR).

Tabelle 25: Mehrfachantwortentabelle „Auslandaufenthalte".

		NEU	SEU	OEU	TR	sonstige	N
GESAMT	n	728	589	517	175	134	821
	%	87,6	70,9	62,2	21,1	16,3	98,8
NRW	n	254	184	107	49	35	266
	%	93,4	67,6	39,3	18,0	13,2	97,8
BW	n	245	248	146	61	52	283
	%	85,7	86,7	51,0	21,3	18,4	99,0
BB	n	229	157	264	65	47	272
	%	83,9	57,5	96,7	23,8	17,3	99,6
männlich	n	334	273	238	77	48	385
	%	88,0	69,8	60,9	19,7	12,5	98,5
weiblich	n	384	316	279	98	86	436
	%	87,3	71,6	63,4	22,3	19,8	99,1
Haupt- und Gesamtschulen	n	279	216	206	74	45	345
	%	78,6	60,8	58,0	20,8	13,1	97,2
Gymnasium	n	449	373	311	101	89	476
	%	94,3	78,4	65,3	21,2	18,7	100,0
ohne Migrationshintergrund	n	597	472	399	131	106	661
	%	89,1	70,4	59,6	19,6	16,1	98,7
mit Migrationshintergrund	n	131	117	118	44	28	160
	%	81,4	72,7	73,3	27,3	17,5	99,4

Mindestens schon einmal im Ausland waren insgesamt 98,8 % aller befragten Schülerinnen und Schüler. Lediglich zehn Befragte waren noch
nie im Ausland. Mit 87,6 % am häufigsten bereist wurden die nord- bzw.
mitteleuropäische Länder: die Niederlande, Belgien, Dänemark, England,
Schweden, Norwegen, Luxemburg, Frankreich, Österreich oder die
Schweiz. Am zweithäufigsten, mit 70,9 %, genannt werden die südeuropäischen Länder Spanien, Italien, Griechenland oder Portugal; 62,2 % der
befragten Jugendlichen waren schon einmal in einem osteuropäischen
Land oder in Russland und 21,1 % haben schon mindestens einmal Ur-
laub in der Türkei gemacht. Im Vergleich der Bundesländer zeigt sich,
dass diejenigen Länder, die dem jeweiligen Bundesland am nächsten
liegen, von den Schülerinnen und Schülern auch verstärkt besucht wurden: Für die Schülergruppe aus Nordrhein-Westfalen gilt dies mit 93,4 %

für die nord- bzw. mitteleuropäischen Länder, für die Gruppe aus Baden-Württemberg mit 86,7 % für die südeuropäischen Länder und für die Gruppe aus Brandenburg für die osteuropäischen Länder mit 96,7 %. Keine signifikanten Unterschiede im Vergleich der Länder zeigen sich lediglich in Bezug auf die Türkei als Reiseziel (χ^2 = 2,771; df = 2; p = ,250). Im Vergleich der Schulformen fällt auf, dass die Gymnasiastinnen und Gymnasiasten allgemein und bezogen auf die Kategorien Nord-/Mitteleuropa, Südeuropa und Osteuropa signifikant häufiger Auslandsaufenthalte angeben (NEU: Schulform: χ^2 = 46,373; df = 1; p < ,000/SEU: χ^2 = 30,227; df = 1; p < ,000/OEU: χ^2 = 4,620; df = 1; p = ,032). Lediglich in Bezug auf die Türkei zeigen sich auch hier keine signifikanten Unterschiede (χ^2 = ,017; df = 1; p = ,896).

Insgesamt belegen die Ergebnisse für sämtliche Jugendliche ein hohes Maß an Erfahrungen im Umgang mit interkulturellen Kontakten, wenngleich die Unterschiede im Vergleich der Bundesländer deutlich zum Tragen kommen. Dies gilt vor allem für die Kontaktmöglichkeiten und die Angabe freundschaftlicher Kontakte. Mit Ausnahme der unterschiedlichen Zielorte zeigen sich keine signifikanten Unterschiede in Bezug auf die Auslandsaufenthalte. Überdies als bemerkenswert herausgestellt hat sich der überwiegende Anteil an Schülerinnen und Schülern der Gymnasien, die schon einmal eine der genannten Ländergruppen bereist haben und mehr freundschaftliche Kontakte im Inland und Ausland pflegen. Nachstehend zur Diskussion steht der Einfluss der Erfahrungen im Umgang mit kultureller Vielfalt auf die Einstellungen zur innergesellschaftlichen und zwischenstaatlichen kulturellen Vielfalt.

Interkulturelle Kontakte und Umgang mit kultureller Vielfalt

Wie schon bei den sozialen Identifikationskategorien werden als erstes die bivariaten Zusammenhänge zwischen den Erfahrungen im Umgang mit interkulturellen Kontakten und den Einstellungen zur innergesellschaftlichen und zwischenstaatlichen kulturellen Vielfalt einzeln betrachtet. Tabelle 26 dokumentiert die bivariaten Zusammenhänge zwischen den Erfahrungen im Umgang mit interkulturellen Kontakten und den Orientierungen im Umgang mit kultureller Vielfalt für die Gesamtgruppe der Jugendlichen und im Vergleich der Teilstichproben Nordrhein-Westfalen, Baden-Württemberg und Brandenburg. Aufgeführt sind die Erfahrungen der Schülerinnen und Schüler in der Nachbarschaft, ihre Auslandserfahrungen sowie ihre Erfahrungen im Umgang mit interkulturellen Freundschaften. Als abhängige Variablen genannt sind: die Ablehnung separatistischer Beziehungskonzepte (FAC1_2_SEG), die Übernahme wirtschaftlicher Bezüge (FAC2_2_WIRT), die Anerkennung integrativer Maßnahmen (FAC3_2_INTE), die Übernahme kultureller Assoziationskriterien (FAC4_2_KUL), die Kontakt- und Mobilitätsbereitschaft im europäischen Rahmen (FAC5_2_EU) sowie die Kontakt- und Mobilitätsbereitschaft im außereuropäischen Rahmen (FAC6_2_AEU).

Tabelle 26: Bivariate Korrelation Interkultureller Kontakte und Umgang mit kultureller Vielfalt.

		FAC1_2 _SEG	FAC2_2 _WIRT	FAC3_2 _INTE	FAC4_2 _KUL	FAC5_2 _EU	FAC6_2 _AEU
Gesamt	Nachbarschaft	-,011	,109**	-,139**	-,011	,075*	-,060
	Freundschaft	-,238**	,091**	-,113**	,016	,092**	-,158**
	Ausland	-,188**	-,071*	-,028	,008	-,020	-,023
NRW	Nachbarschaft	,024	,111	-,104	-.71	,050	-,181**
	Freundschaft	-,184**	,195**	-,111	-,047	-,033	-,151*
	Ausland	-,219**	-,045	-,077	,015	,014	,023
BW	Nachbarschaft	,055	,152**	-,240**	,005	,038	,033
	Freundschaft	-,175**	,097	-,102	,051	,104	-,192**
	Ausland	-,174**	-,107	,035	-,031	-,003	-,094
BB	Nachbarschaft	,078	,082	-,019	,040	,034	-,011
	Freundschaft	-,200**	,025	-,138*	,046	,010	-,096
	Ausland	-,196**	-,055	-,028	,049	-,088	,014

Wie in den Hypothesen angenommen, bescheinigen die Ergebnisse der bivariaten Korrelationsanalyse signifikant positive Zusammenhänge zwischen freundschaftlichen Kontakten mit der Orientierung in Richtung auf Segregation und Integration sowie der Bereitschaft zu interkulturellen Kontakten und transnationaler Mobilität im außereuropäischen Rahmen. Weiterhin kennzeichnen die Ergebnisse einen negativen Zusammenhang mit den wirtschaftlichen Assoziationskriterien und der Bereitschaft zu interkulturellen Kontakten und transnationaler Mobilität im europäischen Rahmen. Die Erfahrungen im Umgang mit interkulturellen Kontakten in der Nachbarschaft ebenso wie die Auslandserfahrungen der Jugendlichen zeitigen indes nur geringe Effekte auf den Umgang der Schülerinnen und Schüler mit kultureller Vielfalt. Einzig gegenüber der Ablehnung separatistischer Vorstellungen fallen die Auslandserfahrungen gesondert ins Gewicht.

Im Vergleich der Teilstichproben auffällig ist der für die Teilstichprobe Baden-Württemberg nicht zu verzeichnende Zusammenhang zwischen freundschaftlichen Kontakten und der Übernahme wirtschaftlicher Assoziationskriterien sowie der im Vergleich deutlich höhere Einfluss der Erfahrungen im Umgang mit interkulturellen Kontakten in der Nachbarschaft. Grundsätzlich jedoch bestätigen die Ergebnisse für alle drei Stichproben einen positiven Zusammenhang zwischen freundschaftlichen Kontakten, der Ablehnung separatistischer Beziehungskonzepte, einer positiven Bezugnahme auf integrative Maßnahmen sowie der Bereitschaft zu interkulturellen Kontakten und transnationaler Mobilität im außereuropäischen Rahmen.

Tabelle 27 belegt den Anteil der durch die interkulturellen Kontakte erklärten Gesamtvarianz an den Einstellungen der Schülerinnen und Schüler gegenüber der innergesellschaftlichen und zwischenstaatlichen kulturellen Vielfalt für die Gesamtstichprobe und im Vergleich der Teilstichproben Nordrhein-Westfalen, Baden-Württemberg und Brandenburg. Als unabhängige Variable sind die die Erfahrungen der Schülerinnen und Schüler in der Nachbarschaft, ihre Auslandserfahrungen sowie ihre Erfahrungen im Umgang mit interkulturellen Freundschaften genannt.

Tabelle 27: Multiple Regressionsanalyse Interkultureller Kontakte auf den Umgang mit kultureller Vielfalt.

		FAC1_2 _SEG	FAC2_2 _WRT	FAC3_2 _INTE	FAC4_2 _KUL	FAC5_2 _EU	FAC6_2 _AEU
GESAMT	R^2	0,86**	,021*	,026**	,001	,012*	,025**
Nachbarschaft	Beta	,040	,084*	-,121*	-,016	,052	-,019
Freundschaft	Beta	-,163**	,075*	-,078*	,020	,080	-,152**
Ausland	Beta	-,233**	-,073*	-,030	,004	-,024	-,010
NRW	R^2	,071**	,050**	,025	,007	,005	,050**
Nachbarschaft	Beta	,025	,080	-,100	-,064	,058	-,162**
Freundschaft	Beta	-,156*	,196**	-,086	-,041	-,045	-,135*
Ausland	Beta	-,191**	-,069	-,073	,015	,026	,029
BW	R^2	,058**	,039*	,060**	,004	,011	,050**
Nachbarschaft	Beta	,052	,130*	-,228**	-,012	,008	,093
Freundschaft	Beta	-,175**	,071	-,040	,059	,103	-,212**
Ausland	Beta	-,155**	-,112	,035	-,037	-,012	-,071
BB	R^2	,081**	,009	,020	,006	,008	,010
Nachbarschaft	Beta	,073	,073	,006	,044	,018	,004
Freundschaft	Beta	-,204**	,018	-,137*	,039	,010	-,098
Ausland	Beta	-,177**	-,042	-,025	,055	-,085	,018

Im Ganzen unterstreichen die Ergebnisse der linearen Regressionsanalyse die genannten Bezüge. Mit Ausnahme der Einstellungen gegenüber den kulturellen Assoziationskriterien lassen sich für sämtliche genannten Orientierungen signifikante Einflüsse der Erfahrungen im Umgang mit kultureller Vielfalt nachweisen. Mit einem Anteil von 8,6 % am höchsten fällt der Einfluss der Erfahrung im Umgang mit kultureller Vielfalt auf die Einstellungen der Schülerinnen und Schüler gegenüber den auf Segregation hin ausgerichteten Orientierungen aus, am niedrigsten mit einem Anteil von nur 1,2 % gegenüber der Bereitschaft zu interkulturellen Kontakten und transnationaler Mobilität im europäischen Rahmen.

Im Vergleich der Bundesländer zeigen sich jedoch deutliche Abweichungen: Demnach ist der Einfluss von Kontakt und Erfahrung im Umgang mit kultureller Vielfalt gegenüber den integrativen Beziehungskonzepten einzig auf die Teilstichprobe Baden-Württemberg zurückzuführen, der Einfluss von Kontakt und Erfahrung im Umgang mit kultureller Vielfalt gegenüber den wirtschaftlichen Assoziationskriterien und der Bereitschaft zu interkulturellen Kontakten und transnationaler Mobilität im außereuropäischen Rahmen weist ausschließlich in Nordrhein-Westfalen und Baden-Württemberg signifikante Ergebnisse auf. Einzig gegenüber den auf Segregation hin ausgerichteten Orientierungen dokumentieren die Ergebnisse signifikante Zusammenhänge für alle drei Teilstichproben.

Die Ergebnisse zusammenfassend lässt sich festhalten: ein positiver Einfluss der Erfahrung im Umgang mit kultureller Vielfalt gegenüber den auf Segregation hin ausgerichteten Orientierungen, mit Vorsicht auch gegenüber der Bereitschaft zu interkulturellen Kontakten und transnationaler Mobilität im außereuropäischen Rahmen. Den konzeptionellen Überlegungen widersprechende Zusammenhänge zeigen sich hinsichtlich des Einflusses der Urlaubserfahrungen gegenüber der Übernahme wirtschaftlicher Assoziationskriterien. Demnach scheint ein Plus an Auslandserfahrungen zwar die Ablehnung der auf Segregation hin ausgerichteten Orientierungen auf gesellschaftlicher sowie transnationaler Ebene zu unterstützen, gegenüber den wirtschaftlichen Assoziationskriterien werden jedoch positive Effekte sichtbar. Keinen nennenswerten Einfluss übt die Erfahrung im Umgang mit kultureller Vielfalt auf die kulturellen Assoziationskriterien und die Bereitschaft der Schülerinnen und Schüler zu interkulturellen Kontakten und transnationaler Mobilität im europäischen Rahmen aus. Die Forderung nach Auswahlkriterien entlang kultureller Ähnlichkeiten für die Einwanderung von Personen nach Deutschland und den Beitritt von Mitgliedsstaaten in die Europäische Union sowie die Bereitschaft, in Kontakt mit Personen anderer europäischer Herkunft zu treten, steht also in keinem nennenswerten Zusammenhang mit den Erfahrungen der Schülerinnen und Schüler im Umgang mit interkulturellen Kontakten. Neben dem Einfluss interkultureller Kontakte auf den Umgang der Schülerinnen und Schüler mit kultureller Vielfalt wurde auch ihr Einfluss auf die Sozialen Identifikationsprozesse diskutiert.

Tabelle 28 zeigt die bivariaten Korrelationen der Erfahrungen im Umgang mit kultureller Vielfalt und den sozialen Identifikationskategorien. Als unabhängige Variable sind die die Erfahrungen der Schülerinnen und Schüler in der Nachbarschaft, ihre Auslandserfahrungen sowie ihre Erfahrungen im Umgang mit interkulturellen Freundschaften genannt. Als abhängige Variablen sind die sozialen Identifikationskategorien aufgeführt: die Identifikation als Deutsche/r (ID_D), die Identifikation als Europäer/in (ID_EU), die Identifikation als Weltbürger/in (ID_Welt), das Verbundenheitsgefühl mit Deutschland (Verb_D), das Verbundenheitsgefühl mit Europa (Verb_EU) sowie die ideologische Bewertung der eigenen nationalen Identität als „Stolz" (Stolz_NAT) und Stolz auf Europa (Stolz_EU).

Tabelle 28: Bivariate Korrelation Interkultureller Kontakte und Sozialer Identifikationsprozesse.

		ID_D	ID_EU	ID_Welt	Verb_D	Verb_EU	Stolz_N	Stolz_EU
Gesamt	Nachbarschaft	-,100**	-,042	-,032	,078*	,028	,007	,169**
	Freundschaft	,009	,060	,132**	-,001	-,134**	,031	,049
	Ausland	,058	,135**	,143**	-,002	-,114**	,032	-,042
NRW	Nachbarschaft	-,246**	-,154*	-,076	,057	-,013	,110	,158**
	Freundschaft	-,022	,066	,116	,066	-,181**	,031	,035
	Ausland	,073	,175**	,137*	-,012	-,159**	,023	-,133*
BW	Nachbarschaft	-,072	,111	-,077	,108	-,008	-,039	,212**
	Freundschaft	-,084	,078	,039	,004	-,123*	-,039	,075
	Ausland	-,003	,003	,106	-,080	-,048	,012	,001
BB	Nachbarschaft	-,074	-,219**	-,014	,132*	,185**	,077	,147*
	Freundschaft	-,001	-,057	,144*	,035	-,060	,123*	,079
	Ausland	,096	,224**	,176**	,059	-,134*	,054	-,007

Für die Gesamtstichprobe belegen die Ergebnisse signifikant negative Zusammenhänge der Erfahrung im Umgang mit kultureller Vielfalt in der Nachbarschaft mit den nationalen Identifikationskategorien: Identifikation als Deutsche/r, Verbundenheit mit Deutschland sowie der Selbstkategorisierung: Stolz auf Europa. Überdies zeigen sich signifikant positive Zusammenhänge zwischen der Höhe der Auslandserfahrungen und der Angabe freundschaftlicher Kontakte mit den transnationalen Identifikationskategorien: Identifikation als Europäer/in, Identifikation als Weltbürger/in und Verbundenheit mit Europa.

Im Vergleich der Teilstichproben zeigen sich jedoch auch hier deutliche Abweichungen: So ist der Zusammenhang zwischen den Erfahrungen mit interkulturellen Kontakten in der Nachbarschaft und der Selbstidentifikation als Deutsche bzw. Deutscher vor allem auf die Teilstichprobe Nordrhein-Westfalen zurückzuführen und der Zusammenhang zwischen der Angabe freundschaftlicher Kontakte und der Selbstidentifikation als Weltbürger bzw. Weltbürgerin ausschließlich in Brandenburg signifikante Effekte zeigt Grundlegend bestätigen die Ergebnisse aber für alle drei Teilstichproben einen positiven Zusammenhang zwischen der Höhe der Erfahrungen im Umgang mit kultureller Vielfalt und der Bezugnahme auf die europäischen bzw. transnationalen Identifikationskategorien, wenn auch unterschiedlich stark. Ein gegenläufiger Zusammenhang zu den nationalen Identifikationsbezügen zeigt sich dagegen lediglich in Brandenburg.

Tabelle 29 belegt den Anteil der durch die interkulturellen Kontakte erklärten Gesamtvarianz an den Sozialen Identifikationsprozessen für die Gesamtstichprobe und im Vergleich der Teilstichproben Nordrhein-Westfalen, Baden-Württemberg und Brandenburg.

Tabelle 29: Multiple Regressionsanalyse Interkultureller Kontakte auf Soziale Identifikationsprozesse.

		ID_ D	ID_ EU	ID_ Welt	Verb_ D	Verb_ EU	Stolz_ N	Stolz_ EU
GESAMT	R^2	,014*	,023**	,037**	,007	,031**	,003	,029**
Nachbarschaft	Beta	-,106*	-,049	-,058	,085*	,059	,021	,164**
Freundschaft	Beta	,033	,061	,135**	-,027	-,140**	-,040	,008
Ausland	Beta	,046	,126**	,125**	,007	-,095*	,038	-,030
Nordrhein-Westfalen	R^2	,063**	,053**	,034*	,007	,050**	,013	,041*
Nachbarschaft	Beta	-,241**	-,147*	-,079	,047	-,006	,112	,141*
Freundschaft	Beta	,000	,060	,108	,063	-,158*	,012	,038
Ausland	Beta	,050	,151*	,112	-,018	-,134*	,032	-,126*
Baden-Württemberg	R^2	,010	,015	,020	,018	,017	,003	,045**
Nachbarschaft	Beta	-,052	,096	-,091	,113	,028	-,030	,207**
Freundschaft	Beta	-,070	,051	,055	-,021	-,127*	-,032	,015
Ausland	Beta	,003	,000	,098	-,075	-,035	,014	,003
Brandenburg	R^2	,013	,085**	,050**	,024	,051**	,023	,025
Nachbarschaft	Beta	-,060	-,180**	-,001	,145*	,177**	,074	,142*
Freundschaft	Beta	,004	-,040	,139*	,014	-,080	,112	,060
Ausland	Beta	,086	,194**	,172**	,084	-,100	,064	,016

Die Ergebnisse belegen, gemäß den aufgestellten Überlegungen, zwar eine positive Bezugnahme der Erfahrung mit interkulturellen Kontakten auf die europäischen und transnationalen Identifikationsangebote – dies gilt vor allem für die Schülerinnen und Schüler aus Brandenburg -, ihr Anteil an der erklärten Gesamtvarianz fällt jedoch marginal aus. Noch geringer allerdings fällt ihr Anteil gegenüber den nationalen Identifikationsangeboten aus. Die Beta-Koeffizienten betrachtend zeigt sich: Die Identifikation als Europäer/in ist vor allem über die Höhe der Auslandserfahrungen beeinflusst, die Bezugskategorie Weltbürgerin und Weltbürger hauptsächlich durch die Erfahrung im Umgang mit freundschaftlichen Kontakten bestimmt und eine idealisierte Bewertung der europäischen Identität als „Stolz" ist primär über die Erfahrung im Umgang mit interkulturellen Kontakten in der Nachbarschaft gelenkt.

Die Ergebnisse zusammenfassend lässt sich festhalten: Schülerinnen und Schüler, die keine oder nur wenig Erfahrung im Umgang mit kultureller Vielfalt in der Nachbarschaft haben, identifizieren sich vergleichsweise häufiger mit nationalen Kategorien und sind stolz darauf, Europäerin bzw. Europäer zu sein. Während der Einfluss der Erfahrung im Umgang mit kulturellen Kontakten auf die europäischen Identifikationsangebote: Identifikation als Europäer/in und Verbundenheit mit Europa sowie auf Identifikation als Weltbürger/in vor allem durch die Auslandserfahrungen und freundschaftlichen Kontakte beeinflusst sind. Der Tendenz nach bestätigen die Ergebnisse also insgesamt die aufgestellten Hypothesen. Ihr Einfluss gegenüber den Orientierungen der Schülerinnen und Schüler im Umgang mit kultureller Vielfalt sowie ihr Einfluss gegenüber den sozialen Identifikationsangeboten fällt jedoch deutlich geringer aus als erwartet. Fassbare Zusammenhänge zeigen sich lediglich gegenüber den auf Segregation hin ausgerichteten Orientierungen und in Bezug auf die Identifikation als Weltbürgerin bzw. Weltbürger. Der Klärung der Frage nach dem Einfluss von Kontakt und Erfahrung im Umgang mit kultureller Vielfalt folgt die Analyse des Einflusses Sozialer Orientierungen.

4.2.3 Zum Einfluss Sozialer Orientierungen: Selbstverwirklichung, Neoliberalismus und Konservatismus

Im Merkmalsbereich Soziale Orientierungen sind verschiedene Werte und Lebensziele aufgeführt (vgl. Kapitel 3.2.1.1). Unterschieden werden hedonistische von familiären, religiöse von materiellen sowie selbstreflexive von traditionellen und politischen Wertorientierungen. Tabelle 30 zeigt den prozentualen Anteil der Schülerinnen und Schüler, die den genannten Werten und Lebenszielen positiv gegenüberstehen. Aufgeführt ist der Prozentsatz für „völlige Zustimmung".

Tabelle 30: Balkendiagramm zu den Sozialen Orientierungen *(% < 2).*

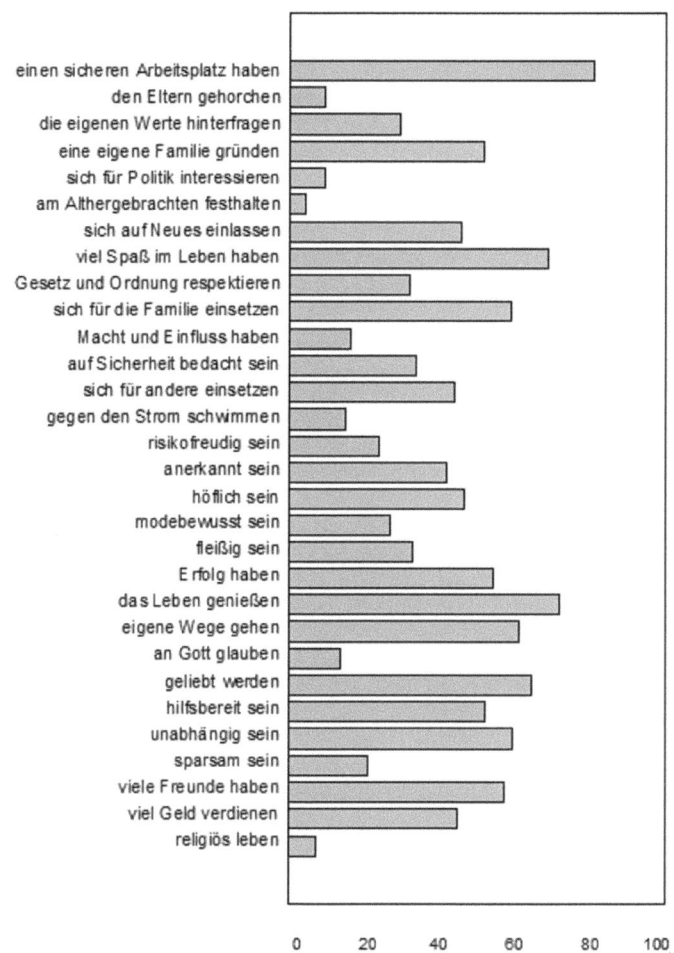

Mit Abstand halten die meisten Schülerinnen und Schüler, nämlich 85,3 %, einen „sicheren Arbeitsplatz haben" für „sehr wichtig" in ihrem Leben. Die auf berufliche Orientierung hin ausgerichteten Werte „Erfolg haben" und „viel Geld verdienen" werden von 57,5 % bzw. 47,5 % der Jugendlichen unterstützt, indes der Wert „Macht und Einfluss haben"

von nur 17,3 % der Jugendlichen geschätzt wird. An zweiter Stelle der von der Mehrheit der Schülerinnen und Schüler als positiv wahrgenommenen Orientierungen stehen die hedonistischen Werte: „das Leben genießen" und „Spaß haben" mit 75,8 %. bzw. 72,9 % sowie die auf persönliche Denk- und Handlungsfreiheit hin ausgerichteten Werte: „eigene Wege gehen" mit 64,9 %, „unabhängig sein" mit 63,1 % und „sich auf Neues einlassen" mit 48,4 % Zustimmung. Dementgegen werden die Aussagen „die eigenen Werte hinterfragen können", „risikofreudig sein" und „gegen den Strom schwimmen" von nur 31,5 %, 25,2 %, bzw. 16,0 % der Jugendlichen positiv bewertet. Eine ebenfalls hohe Zustimmung erfahren die auf die Familie hin ausgerichteten Werte: „sich für die Familie einsetzen" und „eine eigene Familie gründen" mit 62,6 % bzw. 54,6 % Beistimmung. Dem folgen die Werte „geliebt werden" mit 68,1 %, „viele Freunde haben" mit 60,5 % und die sozialen Werte „hilfsbereit sein" mit 55,5 %, „sich für andere einsetzen" mit 46,7 % und „höflich sein" mit 49,9 % Anklang. Prinzipiell „anerkannt sein" wollen 44,6 % der befragten Jugendlichen; während der Wert „modebewusst sein" von nur 29,0 % der Jugendlichen als „sehr wichtig" eingeschätzt wird. Vergleichsweise skeptisch stehen die Jugendlichen den traditionellen Werten gegenüber: Zwar halten immerhin noch 34,4 % den Wert „Gesetz und Ordnung respektieren", 36,1 % den Wert „auf Sicherheit bedacht sein", 34,9 % den Wert „fleißig sein" und 22,3 % den Wert „sparsam sein" für bedeutsam. Die Werte „am Althergebrachten festhalten" und „den Eltern gehorchen" werden dagegen von nur noch 4,5 % bzw. 10,0 % aller Schülerinnen und Schüler anerkannt. Ähnlich distanziert stehen die Jugendlichen den beiden genannten religiösen Werten gegenüber: 14,4 % der Jugendlichen geben an, dass ihnen der „Glaube an Gott" „sehr wichtig" ist. „Religiös leben" halten sogar nur 7,6 % der Jugendlichen für „sehr wichtig". Schließlich bleibt festzuhalten, dass lediglich 9,9 % der Jugendlichen den Wert „sich für Politik interessieren" schätzen.

Gemeinsam, so lässt sich festhalten, ist den befragten Schülerinnen und Schülern der Wunsch nach einem sicheren Arbeitsplatz sowie der Wunsch, viel Spaß im Leben zu haben und das Leben zu genießen. Eher ablehnend stehen die Schülerinnen und Schüler den genannten religiösen

Werten gegenüber und den die Extreme betonenden Werten: „risiko-freudig sein" und „gegen den Strom schwimmen". Die größte Ableh-nung erfahren allerdings die auf Unterordnung hin ausgerichteten Werte: „Gesetz und Ordnung respektieren", „am Althergebrachten festhalten" und „den Eltern gehorchen". Abschließend bleibt das geringe Interesse der Schülerinnen und Schüler an politischen Themen zu betonen.

Nachstehend geht es darum, die relevanten Wertdimensionen zu er-fassen und auf ihre Nähe zu autoritär-konservativen Grundzügen zu interpretieren. Als Reverenzrahmen für die Interpretation der Faktoren dienen die Überlegungen von Schwarz und Bilsky (1987, 1994) zur Struk-tur sozialer Wertorientierungen. Zur Analyse der relevanten Einstel-lungsdimensionen wird erneut auf die Faktorenanalyse zurückgegriffen (vgl. Kapitel 3.2.2). Tabelle 31 zeigt die Ergebnisse der Faktorenanalyse zu den Sozialen Orientierungen der Schülerinnen und Schüler. Von den insgesamt dreißig Variablen konnten - bis auf die Variable „einen siche-ren Arbeitsplatz haben"[44] - sämtliche Variablen einzelnen Faktoren zuge-ordnet werden.

---

44 Der Wert „einen sicheren Arbeitsplatz haben" wurde von 85 % der Schüler und Schüle-rinnen als sehr wichtig eingestuft, was die geringe Korrelation zu den anderen Werten erklärt.

Tabelle 31: Rotierte Faktormatrix Soziale Orientierungen.

Items: Sozialen Orientierungen	F1	F2	F3	F4	F5	F6	F7
unabhängig sein	,64		,29		-,12	,11	,19
das Leben genießen	,64		,35	,22	-,12	,10	-,12
eigene Wege gehen	,62	,14				,28	,11
geliebt werden	,61	,11	,25	,26	,19		
sich für andere einsetzen	,52	,29	-,23	,35		,20	
sich auf Neues einlassen	,47			,37	-,20	,23	,20
viele Freunde haben	,46		,46	,28	,11		-,16
am Althergebrachten festhalten	-,42	,31	,18	,26	,32	,30	
fleißig sein	,22	,73	,18				,12
höflich sein	,26	,70	,17	,19		-,11	
sparsam sein		,68	,11			,21	-,11
hilfsbereit sein	,54	,58		,20	,13		
Gesetz und Ordnung respektieren		,55		,36		-,11	,28
den Eltern gehorchen	-,26	,55		,34	,21		
auf Sicherheit bedacht sein		,49	,18	,40			,26
viel Geld verdienen	,14	,11	,75				
Macht und Einfluss haben	-,14		,70			,15	,30
Erfolg haben	,35	,27	,67				
anerkannt sein	,20	,12	,66	,15			,14
modebewusst sein		,19	,60	,25	,11	,11	-,16
einen sicheren Arbeitsplatz haben	,24	,28	,32	,31	-,24	-,16	
eine Familie gründen	,10	,14	,20	,66	,15		
sich für die Familie einsetzen	,28	,36		,62		-,11	
Spaß haben	,41		,30	,54	-,18	,21	-,21
religiös leben		,12			,89		
an Gott glauben		,13			,88		
gegen den Strom schwimmen	,12			-,13		,76	
risikofreudig sein	,19		,24	,10		,71	
sich für Politik interessieren							,79
eigenen Werte hinterfragen	,30	,11		,13		,19	,53

Insgesamt weist die Faktorenanalyse auf sieben Wertdimensionen hin.[45] Der *erste Faktor* umfasst die auf Autonomie hin ausgerichteten Werte: „unabhängig sein", „eigene Wege gehen", „sich auf Neues einlassen"; die hedonistischen Werte: „das Leben genießen" und „Spaß haben" und schließlich die sozialen bzw. auf soziale Beziehungen hin ausgerichteten Werte: „geliebt werden", „viele Freunde haben", „sich für andere einsetzen" und „hilfsbereit sein". Die Items „unabhängig sein", „das Leben genießen", „eigene Wege gehen" und „geliebt werden" beanspruchen mit über .60 die höchsten Ladungen. Sie bilden die Essenz. Dem folgen die Werte „hilfsbereit sein", „sich für andere einsetzten", „sich auf Neues einlassen" sowie „viele Freunde haben". Die auf familiäre Beziehungen hin ausgerichteten Werte „sich für die Familie einsetzen" und „eine Familie gründen" spielen dementgegen keine relevante Rolle. Darüber hinaus auffällig ist jedoch die negative Ladung des Items „am Althergebrachten festhalten". Ebenfalls negativ laden die Items „Macht und Einfluss haben" und „den Eltern gehorchen". Gemeinsam sind den letztgenannten Variablen traditionell autoritäre Bezüge. Vor dem Hintergrund der Diskussion um die Dichotomie von Wertsystemen in „Offenheit gegenüber Neuem" versus „Bewahrung des Bestehenden" (vgl. Schwarz /Bilsky 1987, 1994) lassen sich die Markierungsvariablen positiv als „Tendenz zur Selbstverwirklichung" interpretieren. Überschrieben wurde der Faktor mit dem Label „Selbstverwirklichung".

Auf dem *zweiten* Faktor am höchsten laden die Items: „fleißig sein", „höflich sein", „sparsam sein", „Gesetz und Ordnung respektieren" und „den Eltern gehorchen". Insbesondere die Items „Gesetz und Ordnung respektieren" und „den Eltern gehorchen" markieren die als für konservative Wertehaltungen typisch genannte Ein- bzw. Unterordnung in familiale und gesellschaftliche Hierarchien (vgl. ebd.). Der Faktor wurde mit „Konservatismus" überschrieben.

Und schließlich laden auf dem *dritten* Faktor die an materielle Interessen gebundenen Werte: „viel Geld verdienen", „Macht und Einfluss haben", „Erfolg haben", „anerkannt sein" und „modebewusst sein". Im

---

45 Zusammen erklären die sieben Faktoren 58,7 % der Gesamtvarianz. Die Extraktionswerte für die einzelnen Items liegen zwischen ,428 und ,812.

Gegensatz zu der oben beschriebenen konservativen Orientierung handelt es sich hier vorrangig um eine Orientierung in Richtung auf Machtausübung, nicht Unterordnung. Gemein ist allen Werten eine eher materielle Orientierung, soziale, bzw. familiäre Bezüge spielen keine Rolle. Gleiches gilt für die konservativen Werte „Gesetz und Ordnung respektieren", „den Eltern gehorchen", „fleißig sein", „höflich sein", „sparsam sein" und „auf Sicherheit bedacht sein". Lediglich die beiden letztgenannten Werte verweisen auf Ein- bzw. Unterordnungsprozesse. Der Faktor wurde mit „Neoliberalismus" überschrieben.

Damit sind die drei relevanten sozialen Orientierungen genannt: Selbstverwirklichung, Konservatismus und Neoliberalismus. Die Reliabilitätsanalysen zeigen für alle drei Faktoren zufriedenstellende bis sehr gute Werte.[46] Die Faktoren vier bis sieben sind mit Blick auf die Empfehlungen von Guadagnoli und Velicer (vgl. Kapitel 3.3.1) nur noch begrenzt aussagekräftig. Sie wurde nicht in die Untersuchung aufgenommen. Nachstehend gilt es, nach dem Einfluss der drei genannten Sozialen Orientierungen Selbstverwirklichung, Konservatismus und Neoliberalismus auf die Einstellungen der Schülerinnen und Schüler im Umgang mit kultureller Vielfalt zu fragen. Analog zu den theoretischen Überlegungen zur autoritären Persönlichkeit wird angenommen, dass Personen, die autoritären, konservativen Werten gegenüber positiv eingestellt sind, verstärkt nationalistische bzw. separatistische Orientierungen vertreten, weniger bereit sind, Kontakte zu Fremdgruppenmitgliedern einzugehen, und transnationalen Mobilitätsüberlegungen skeptisch gegenüberstehen. Zur Überprüfung des Einflusses Sozialer Orientierungen auf die Einstel-

---

46 Der erste Faktor (Orientierung in Richtung auf Selbstverwirklichung) hat einen Cronbachs-Alpha-Wert von .79. Die Trennschärfekoeffizienten (korrigierte Item-Gesamtwert-Korrelationen) für die einzelnen Items liegen zwischen .47 und .66. Lediglich für das Item „am Althergebrachten festhalten (umkodiert)" liegt der Wert bei .03. Ohne das Item erhöht sich der Cronbachs-Alpha-Wert auf .83. Auch für den zweiten Faktor (konservative Orientierung) zeigt sich ein Alpha-Wert von .80. Die Trennschärfe (korrigierte Item-Gesamtwert-Korrelationen) für die einzelnen Items liegen zwischen .44 und .66. Für den dritten Faktor (neoliberale Orientierung) ergibt sich ein Cronbachs-Alpha-Wert von .78. Die Trennschärfe (korrigierte Item-Gesamtwert-Korrelationen) für die einzelnen Items liegt zwischen .45 und .62.

lungen der Jugendlichen im Umgang mit der innergesellschaftlichen und zwischenstaatlichen kulturellen Vielfalt wurden zunächst erneut bivariate Korrelationen errechnet.

Soziale Orientierungen und Umgang mit kultureller Vielfalt

Tabelle 32 zeigt die bivariaten Zusammenhänge zwischen den drei genannten Wertorientierungen: Selbstverwirklichung, Konservatismus, Neoliberalismus und den Einstellungen der Schülerinnen und Schüler im Umgang mit kultureller Vielfalt. Überdies wurde die politische Orientierung der Schülerinnen und Schüler berücksichtigt.

Tabelle 32: Bivariate Korrelation Sozialer Orientierungen und Umgang mit kultureller Vielfalt.

		FAC1_2 _SEG	FAC2_2 _WRT	FAC3_2 _INTE	FAC4_2 _KUL	FAC5_2 _EU	FAC6_2 _AEU
Gesamt	Selbstverwirklichung	,290**	,048	,146**	-,150**	,109**	,110**
	Konservatismus	-,151**	,084*	,069*	,169**	,114*	-,075*
	Neoliberalismus	-,077*	,307**	-,111**	,135**	-,023	-,067
	Links-Rechts	,246**	-,193**	,205**	-,144**	-,006	,122**
NRW	Selbstverwirklichung	,209**	-,029	,111	-,114	,158**	,156*
	Konservatismus	-,102	,041	,021	,176**	-,023	-,035
	Neoliberalismus	-,043	,385**	-,143*	,168**	-,011	-,125*
	Links-Rechts	,284**	-,261**	,228**	-,207**	-,032	,116
BW	Selbstverwirklichung	,349**	,043	,127*	-,097	,041	,110
	Konservatismus	-,243**	,109	,071	,067	,171**	-,164**
	Neoliberalismus	-,146*	,226**	-,082	,059	-,095	-,001
	Links-Rechts	,154**	-,091	,138*	-,123*	,106	,099
BB	Selbstverwirklichung	,280**	,125*	,205**	-,228**	,162**	,065
	Konservatismus	-,037	,108	,118	,254**	,134*	-,009
	Neoliberalismus	-,040	,312**	-,114	,171**	,041	-,085
	Links-Rechts	,293**	-,227**	,253**	-,096	-,074	,149*

Sowohl für die Gesamtgruppe der Jugendlichen als auch im Vergleich der Teilstichproben kennzeichnen die Ergebnisse signifikant positive Zusammenhänge der Orientierung in Richtung auf Selbstverwirklichung mit den Einstellungsdimensionen „gegen Segregation" und „Integration" sowie gegenüber der „Bereitschaft zu interkulturellen Kontakten und transnationaler Mobilität im europäischen und außereuropäischen Rahmen". Ein gegenläufiger Zusammenhang zeigt sich mit der Einstellungsdimension „kulturelle Assoziationskriterien". Die Bezugnahme auf die sozialen Wertorientierungen: Konservatismus und Neoliberalismus fallen indes negativ mit den auf Integration und Kontaktbereitschaft hin ausgerichteten Einstellungsdimensionen zusammen; positive Bezüge zeigen sich gegenüber den wirtschaftlichen und den kulturellen Assoziationskriterien. Eine 'linke' politische Ausrichtung fällt zusammen mit der Ablehnung separatistischer Maßnahmen, wirtschaftlicher und kultureller Assoziationskriterien sowie der Anerkennung integrativer Bezüge und der Bereitschaft zu interkulturellen Kontakten und transnationaler Mobilität im außereuropäischen Rahmen.

Im Vergleich der Teilstichproben auffällig sind die unterschiedlichen Ergebnisse bezüglich der Bereitschaft zu interkulturellen Kontakten und transnationaler Mobilität im außereuropäischen Rahmen. In Abhängigkeit vom Bundesland zeigen sich signifikante Bezugnahmen der Orientierung in Richtung Selbstverwirklichung und Neoliberalismus in Nordrhein-Westfalen, einer konservativen Orientierung in Baden-Württemberg und der politischen Orientierung in Brandenburg. Ein die Teilstichproben übergreifender Zusammenhang ist nicht existent.

Tabelle 33 zeigt die Ergebnisse der multiplen Regressionsanalyse zum Einfluss Sozialer Orientierungen auf die Einstellungen der Schülerinnen und Schüler zum Umgang mit der kulturellen Vielfalt. Berücksichtigt wurden sämtliche genannten Sozialen Orientierungen. Die Ergebnisse der Beta-Koeffizienten ermöglichen eine Analyse der jeweils zentralen Einflussfaktoren, auch im Vergleich der Teilstichproben.

Tabelle 33: Multiple Regressionsanalyse Sozialer Orientierungen auf den Umgang mit kultureller Vielfalt.

		FAC1_2 _SEG	FAC2_2 _WIRT	FAC3_2 _INTE	FAC4_2 _KUL	FAC5_2 _EU	FAC6_2 _AEU
GESAMT	R^2	,151**	,125**	,075**	,075**	,026**	,031**
Selbstverwirklichung	Beta	,274**	,071*	,130**	-,137**	,109**	,101**
Konservatismus	Beta	-,121**	,052	,099**	,149**	,116**	-,059
Neoliberalismus	Beta	-,028	,286**	-,082*	,107**	-,025	-,045
Links-Rechts	Beta	,208**	-,150**	,197**	-,101**	-,003	,102**
NRW	R^2	,128**	,186**	,077**	,096**	,028	,049**
Selbstverwirklichung	Beta	,211**	-,024	,105	-,119*	,160**	,155*
Konservatismus	Beta	-,062	,009	,055	,155*	-,039	-,026
Neoliberalismus	Beta	,099	,349**	-,101	,140*	-,018	-,106
Links-Rechts	Beta	,273**	-,195**	,218**	-,152*	-,044	,091
BW	R^2	,192**	,066**	,050**	,028	,059**	,043*
Selbstverwirklichung	Beta	,324**	,063	,128*	-,088	,051	,096
Konservatismus	Beta	-,190**	,084	,107	,042	,201**	-,149*
Neoliberalismus	Beta	-,102	,214**	-,077	,042	-,106	,026
Links-Rechts	Beta	,115*	-,068	,141*	-,112	,120*	,081
BB	R^2	,143**	,165**	,113**	,142**	,052**	,027
Selbstverwirklichung	Beta	,242**	,175**	,159**	-,225**	,173**	,039
Konservatismus	Beta	-,033	,074	,129*	,255**	,120*	,000
Neoliberalismus	Beta	,023	,287**	-,070	,138*	,032	-,059
Links-Rechts	Beta	,256**	-,201**	,224**	-,021	-,088	,133

Insgesamt erklärt die Soziale Orientierung der Schülerinnen und Schüler zwischen 2,6 % und 15,1 % der Gesamtvarianz der Einstellungen. Am höchsten liegt ihr Einfluss auf die Einstellungen der Schülerinnen und Schüler gegenüber den auf Segregation hin ausgerichteten Orientierungen und gegenüber den wirtschaftlichen Assoziationskriterien, am niedrigsten bezüglich der Bereitschaft zu interkulturellen Kontakten und transnationaler Mobilität im europäischen und außereuropäischen Rahmen. Die Ergebnisse der Beta-Koeffizienten berücksichtigend lassen sich jeweils folgende Einflussgrößen festhalten: Für die Einstellungsdimension „gegen Segregation" ein signifikanter Einfluss der Orientierungen in Richtung auf Selbstverwirklichung und eine politisch `linke´ Orientierung; Gleiches gilt für die Einstellungen der Jugendlichen gegenüber der Einstellungsdimension: Bereitschaft zu interkulturellen Kontakten und transnationaler Mobilität im außereuropäischem Rahmen; indes die Einstellungen gegenüber der Bereitschaft im europäischen Rahmen den Ergebnissen nach vor allem über eine positive Orientierung in Richtung auf Selbstverwirklichung und eine positive Orientierung gegenüber konservativen Wertbezügen beeinflusst sind. Von sämtlichen genannten Orientierungen in etwa gleichermaßen beeinflusst sind die Einstellungen gegenüber den kulturellen Assimilationsvorstellungen und integrativen Beziehungskonzepten. Die Ergebnisse für die wirtschaftlichen Assoziationskriterien sind indes vor allem auf die Übernahme neoliberaler Werte und einer politisch eher `rechten´ Ausrichtung zurückzuführen. Die Vorzeichen des Einflusses der Wertorientierungen einzeln betrachtend fällt auf, dass die Orientierung in Richtung auf Selbstverwirklichung lediglich in Bezug auf die kulturelle Assoziationsvorstellung, die Orientierung in Richtung Neoliberalismus auf die Einstellungsdimension „Integration" und die Orientierung in Richtung auf Konservatismus lediglich in Bezug auf die Einstellungsdimension „gegen Segregation" signifikant negative Effekte aufweist. Einzig die politische Orientierung zeitigt sowohl in Bezug auf die Ablehnung separatistischer Beziehungskonzepte als auch die Anerkennung integrativer Maßnahmen ähnliche Effekte. Darüber hinaus auffällig bleiben die den Hypothesen widersprechenden Ergebnisse eines positiven Einflusses konservativer Wertorientierungen bezüglich der Anerkennung integrativer Maßnahmen und Bereitschaft zu interkulturellen Kontakten und transnationaler Mobilität im europäischen Rahmen.

Im Vergleich der Teilstichproben Nordrhein-Westfalen, Baden-Württemberg und Brandenburg bemerkenswert ist der deutlich niedrigere Einfluss Sozialer Orientierungen auf wirtschaftliche und kulturelle Assoziationskriterien in Baden-Württemberg, auf die Bereitschaft zu interkulturellen Kontakten und transnationaler Mobilität im europäischen Rahmen in Nordrhein-Westfalen und auf die Bereitschaft zu interkulturellen Kontakten und transnationaler Mobilität im außereuropäischen Rahmen in Brandenburg.

Insgesamt bestätigen die Ergebnisse die angenommenen Wechselwirkungen zwischen den jeweiligen Sozialen Orientierungen der Schülerinnen und Schüler und den Orientierungen im Umgang mit der kulturellen Vielfalt. Bemerkenswert sind die zum Teil gegenläufigen Ergebnisse konservativer und neoliberaler Orientierungen auf die Einstellungsdimension „Integration": Die Übernahme konservativer Bezüge zeitigt einen positiven Einfluss auf integrative Beziehungskonzepte, während die Übernahme neoliberaler Bezüge dem gegenläufige Prozesse anstößt. Der Analyse des Einflusses Sozialer Orientierungen auf den Umgang der Schülerinnen und Schüler mit kultureller Vielfalt folgt die Analyse des Einflusses Sozialer Orientierungen auf Soziale Identifikationsprozesse und Interkulturelle Kontakte.

Soziale Orientierungen und Soziale Identifikationsprozesse

Tabelle 34 zeigt die Ergebnisse der bivariaten Korrelationen zwischen den Orientierungen der Jugendlichen und den sozialen Identifikationsangeboten. Aufgeführt sind die Sozialen Identifikationsprozesse: die Identifikation als Deutsche/r (ID_D), die Identifikation als Europäer/in (ID_EU), die Identifikation als Weltbürger/in (ID_Welt), das Verbundenheitsgefühl mit Deutschland (Verb_D), das Verbundenheitsgefühl mit Europa (Verb_EU) sowie die ideologische Bewertung der eigenen nationalen Identität als „Stolz" (Stolz_NAT) und Stolz auf Europa (Stolz_EU). Angenommen wurde, dass konservative Wertorientierungen vor allem mit der Übernahme nationaler Identitätsbezüge zusammenfallen, während die Ablehnung konservativer Orientierung dem gegenläufige Prozesse in Gang setzen müsste.

Tabelle 34: Bivariate Korrelation Sozialer Orientierungen und Sozialer Identifikationsprozesse.

		ID_D	ID_EU	ID_Welt	Verb_D	Verb_EU	Stolz_N	Stolz_EU
Gesamt	Selbstverwirklichung	,019	-,016	-,181**	-,059	,047	-,108**	-,033
	Konservatismus	-,034	,009	,008	,137**	,079*	,164**	,097**
	Neoliberalismus	-,094**	-,011	,052	,169**	-,001	,312**	,145**
	Links-Rechts	,129**	-,022	-,104**	-,171**	,066	-,221**	-,120**
NRW	Selbstverwirklichung	,017	-,082	-,153**	-,078	,118	-,145**	-,039
	Konservatismus	-,066	,088	-,004	,185**	,140*	,233**	,030
	Neoliberalismus	-,110	-,012	,024	,249**	,068	,360**	,168**
	Links-Rechts	,111	-,060	-,166**	-,251**	,042	-,326**	-,215**
BW	Selbstverwirklichung	,061	-,024	-,239**	-,106**	-,002	-,169**	-,032
	Konservatismus	-,025	,010	,112	,068	-,045	,148*	,062
	Neoliberalismus	-,108	,029	,085	,111	-,072	,241**	,076
	Links-Rechts	,055	-,064	-,088	-,105	,010	-,033	,034
BB	Selbstverwirklichung	,032	,069	-,131*	-,020	,020	-,051	-,037
	Konservatismus	-,054	-,095	-,149*	,210**	,170**	,184**	,216**
	Neoliberalismus	-,062	-,049	,051	,160**	,004	,348**	,200**
	Links-Rechts	,241**	,072	-,043	-,176**	,138**	-,330**	-,194**

Die Ergebnisse der bivariaten Korrelationsanalyse belegen insgesamt einen positiven Zusammenhang der Orientierung in Richtung auf Selbstverwirklichung mit der Identifikation als Weltbürger/in sowie einen negativen Zusammenhang mit der Selbstkategorisierung Stolz auf die eigene nationale Identität; einen positiven Zusammenhang neoliberaler Orientierungen mit der Identifikation als Deutsche/r, der Verbundenheit mit Deutschland, Stolz auf die eigene nationale Identität und Stolz auf Europa sowie einen positiven Zusammenhang konservativer Orientierungen mit den Kategorien: Verbundenheit mit Deutschland, Verbundenheit mit Europa, Stolz auf die eigene nationale Identität und Stolz auf Europa. Für die politische Orientierung zeigen sich, ähnlich den Ergebnissen für Selbstverwirklichung, ein signifikant positiver Zusammenhang mit der Identifikationskategorie Weltbürger/in sowie signifikant gegenläufige

Zusammenhänge mit den nationalen Identifikationskategorien: Identifikation als Deutsche/r, Verbundenheit mit Deutschland, Stolz auf die eigene nationale Identität sowie mit der Identifikationskategorie Stolz auf Europa. Keine signifikanten Zusammenhänge zeigen sich lediglich in Bezug auf das Identifikationsangebot: Identifikation als Europäer/in. Tabelle 35 zeigt die Ergebnisse der multiplen Regressionsanalyse zum Einfluss Sozialer Orientierungen auf die Sozialen Identifikationsprozesse.

Tabelle 35: Multiple Regressionsanalyse Sozialer Orientierungen auf Soziale Identifikationsprozesse.

		ID _D	ID _EU	ID _Welt	Verb _D	Verb _EU	Stolz _N	Stolz _EU
GESAMT	R^2	,023**	,001	,042**	,065**	,014*	,152**	,038**
Selbstverwirklichung	Beta	,007	-,015	-,174**	-,042	,043	-,084**	-,020
Konservatismus	Beta	-,016	,007	-,007	,113**	,088*	,129**	,079*
Neoliberalismus	Beta	-,076*	-,015	,032	,142**	,007	,279**	,127**
Links-Rechts	Beta	,116**	-,022	-,088*	-,134**	,075*	-,159**	-,091**
NRW	R^2	,023	,018	,051**	,135**	,044*	,258**	,064**
Selbstverwirklichung	Beta	-,016	-,086	-,150*	-,082	,111	-,150**	-,036
Konservatismus	Beta	-,050	,084	-,028	,158**	,151*	,201**	-,002
Neoliberalismus	Beta	-,095	-,022	-,010	,216**	,086	,318**	,132*
Links-Rechts	Beta	,084	-,048	-,172**	-,182**	,085	-,230**	-,191**
BW	R^2	,017	,005	,074**	,033	,007	,095**	,011
Selbstverwirklichung	Beta	,054	-,021	-,227**	-,095	-,009	-,149*	-,025
Konservatismus	Beta	-,004	-,001	,077	,039	-,039	,110	,057
Neoliberalismus	Beta	-,101	,024	,061	,095	-,068	,222***	,073
Links-Rechts	Beta	,046	-,062	-,068	-,091	,001	,000	,047
BB	R^2	,060**	,018	,041*	,086**	,051**	,219**	,105**
Selbstverwirklichung	Beta	-,005	,063	-,117	,004	-,011	,008	-,009
Konservatismus	Beta	-,039	-,092	-,148*	,194**	,179**	,152**	,199**
Neoliberalismus	Beta	-,020	-,031	,045	,126*	,021	,294**	,163**
Links-Rechts	Beta	,236**	,051	,025	-,143*	,154*	-,271**	-,152**

Für die Gesamtgruppe der Jugendlichen lassen sich, mit Ausnahme der Identifikation als Europäer bzw. Europäerin, für sämtliche Identifikationsangebote signifikante Effekte der sozialen Orientierungen belegen. Am höchsten liegt der Einfluss Sozialer Orientierungen auf die Identifikationskategorie: Stolz auf die eigene nationale Identität mit 15,2 %. Schon deutlich niedriger fällt dagegen der Einfluss Sozialer Orientierung mit 6,5 % auf die Verbundenheit mit Deutschland und mit 4,2 % auf die Identifikation als Weltbürger/in aus. Am niedrigsten liegt der Einfluss Sozialer Orientierungen mit 1,4 % bezüglich der Verbundenheit mit Europa. Im Vergleich der Beta-Koeffizienten zeigt sich, dass eine positive Identifikation als Deutsche/r, eine hohe Verbundenheit mit Deutschland sowie positive Bezugnahme auf die Identifikationsangebote: Stolz auf die eigene Nationalität und auf Europa vor allem über eine neoliberale und politisch ‚rechte' Orientierung beeinflusst werden. Die Identifikation als Weltbürger/in ist den Ergebnissen nach vor allem über die Orientierung in Richtung auf Selbstverwirklichung beeinflusst. Überdies auffällig ist der positive Einfluss einer konservativen Orientierung bei einer gleichzeitig ‚linken' politischen Ausrichtung auf das Verbundenheitsgefühls mit Europa. Im Vergleich der Teilstichproben bemerkenswert sind die Sonderstellung des Einflusses Sozialer Orientierungen auf die Identifikation mit Deutschland in Brandenburg sowie die abweichenden Ergebnisse bezüglich des Verbundenheitsgefühls mit Deutschland und Europa in der Teilstichprobe Baden-Württemberg.

Zusammenfassend bestätigen die Ergebnisse, gleich den angesetzten Hypothesen, einen positiven Einfluss der neoliberalen und konservativen Wertbezüge sowie einer politisch eher ‚rechtsgerichteten' Anschauung auf die nationalen Identifikationsangebote, während die Identifikation als Weltbürger bzw. Weltbürgerin insbesondere mit der Offenheit gegenüber Selbstverwirklichungsprozessen und einer eher ‚linksgerichteten' politischen Einstellung zusammenfällt. Am deutlichsten zum Tragen kommt der Einfluss sozialer Wertorientierungen gegenüber der Selbstangabe, „stolz auf die eigene Nationalität" zu sein. Abschließend zu betonen bleibt der deutlich höhere Einfluss sozialer Wertorientierungen für die Schülerinnen und Schüler aus Brandenburg.

Soziale Orientierungen und Interkulturelle Kontakte

Tabelle 36 zeigt die bivariaten Korrelationen zwischen den Sozialen Orientierungen der Schülerinnen und Schüler und ihren Erfahrungen im Umgang mit kultureller Vielfalt. Aufgeführt wurden neben freundschaftlichen Kontakten als Kontrollvariablen die Erfahrungen im Ausland und in der Nachbarschaft, auch im Vergleich der Teilstichproben. Ausgehend von den theoretischen Überlegungen wird eine negative Bezugnahme konservativer Wertorientierungen auf interkulturelle Kontakte prognostiziert, die sich vor allem im Fehlen der Angabe freundschaftlicher Beziehungen widerspiegeln sollte (vgl. Kapitel 3.1.2).

Tabelle 36: Bivariate Korrelation Sozialer Orientierungen und Interkultureller Kontakte.

		Nachbarschaft	Freundschaft	Auslands-erfahrung
Gesamt	Selbstverwirklichung	-,021	-,141**	-,023
	Neoliberal	,005	,040	-,048
	Konservatismus	,00	,101**	,039
	Links-Rechts	-,032	-,080*	-,027
NRW	Selbstverwirklichung	-,001	-,170**	-,057
	Neoliberal	,037	-,020	-,035
	Konservatismus	-,041	-,035	,023
	Links-Rechts	-,052	-,034	-,005
BW	Selbstverwirklichung	-,017	-,077	-,061
	Neoliberal	-,071	,075	-,065
	Konservatismus	-,032	,178**	,095
	Links-Rechts	,017	-,010	-,005
BB	Selbstverwirklichung	-,003	-,138*	,033
	Neoliberal	,093	,095	-,038
	Konservatismus	-,010	,001	,007
	Links-Rechts	-,049	-,194**	-,071

Insgesamt weisen die Ergebnisse mit Ausnahme der neoliberalen Orientierung für sämtliche Wertorientierungen auf signifikante Zusammenhänge mit der Angabe freundschaftlicher Kontakte. Keine signifikanten Zusammenhänge zeigen sich dagegen abhängig des Anteils von Familien `ausländischer´ Herkunft in der Nachbarschaft und den Urlaubserfahrungen der Schüler und Schülerinnen. Im Vergleich der Teilstichproben auffällig sind die unterschiedlichen Bezugskategorien je nach Bundesland. Tabelle 37 zeigt die Ergebnisse der multiplen Regressionsanalyse zum Einfluss der Sozialen Orientierungen auf die Angabe freundschaftlicher Kontakte.

Tabelle 37: Multiple Regressionsanalyse Sozialer Orientierungen auf Interkulturelle Kontakte.

		Freundschaft
GESAMT	R^2	*,034***
Selbstverwirklichung	Beta	-,135**
Neoliberal	Beta	,021
Konservatismus	Beta	,091**
Links-Rechts	Beta	-,057
Nordrhein-Westfalen	R^2	*,032*
Selbstverwirklichung	Beta	-,168**
Neoliberal	Beta	-,030
Konservatismus	Beta	-,035
Links-Rechts	Beta	-,045
Baden-Württemberg	R^2	*,039**
Selbstverwirklichung	Beta	-,059
Neoliberal	Beta	,055
Konservatismus	Beta	,169**
Links-Rechts	Beta	,015
Brandenburg	R^2	*,053***
Selbstverwirklichung	Beta	-,106
Neoliberal	Beta	,058
Konservatismus	Beta	-,008
Links-Rechts	Beta	-,167**

Für die Gesamtgruppe der Jugendlichen bestätigen die Ergebnisse einen signifikanten Einfluss sozialer Wertorientierungen auf die Angabe freundschaftlicher Kontakte von 3,4 %. Im Vergleich der Teilstichproben am höchsten liegt der Anteil Sozialer Orientierungen an der erklärten Gesamtvarianz für freundschaftliche Kontakte in Brandenburg, mit 5,3 %. Keine signifikanten Bezüge kennzeichnen dagegen die Ergebnisse der Teilstichprobe Nordrhein-Westfalen. Die Beta-Koeffizienten betrachtend zeigt sich, wie auch schon in der Korrelationsanalyse ersichtlich, dass die Effekte je nach Bundesland von jeweils anderen Orientierungen hervorgerufen werden. Demnach liefert die Orientierung in Richtung auf Selbstverwirklichung ausschließlich in Nordrhein-Westfalen, der Zusammenhang zwischen einer konservativen Orientierung und der Angabe freundschaftlicher Kontakte ausschließlich in Baden-Württemberg und der Zusammenhang zwischen den politischen Orientierungen der Schülerinnen und Schüler und der Angabe freundschaftlicher Kontakte ausschließlich in Brandenburg signifikante Ergebnisse. Einzig die Bezugnahme auf neoliberale Ideale bewirkt in keiner der drei Teilstichproben signifikante Resultate.

Grundlegend bestätigen die Ergebnisse für sämtliche aufgezeigten Teilstichproben einen signifikanten Einfluss der wertbezogenen Orientierungen auf die Angabe freundschaftlicher Kontakte, wobei die Effekte je nach Teilstichproben unterschiedlich ausfallen. Konkret benennen lassen sich: ein positiver Einfluss der Orientierung auf Selbstverwirklichung, ein negativer Einfluss konservativer Wertbezüge insbesondere für die Schülerinnen und Schüler aus Brandenburg; und schließlich eine gegenläufige Tendenz angesichts einer ´rechten´ politischen Orientierung vornehmlich für die Schülerinnen und Schüler aus Brandenburg. Einzig die Ergebnisse hinsichtlich einer neoliberalen Orientierung lassen keine eindeutigen Bezüge zu.

4.2.4 Zum Einfluss Sozialer Ressourcen: Formale Schulbildung und Sozialer Status

Der Einfluss Sozialer Ressourcen steht im Mittelpunkt der nachstehenden Analysen. Der Merkmalsbereich Soziale Ressourcen umfasst neben der formalen Schulbildung der Schülerinnen und Schüler, operationalisiert über die je besuchte Schulform, den Bildungsindex der Eltern. Letzterer ermöglicht die Einordnung des familiären Kontextes der Schülerinnen und Schüler entlang des Bildungs- und Ausbildungsstatus der Eltern. Als hoher Bildungsindex definiert wurden all jene Fälle, wo mindestens zwei der vier Items, Schul- und Ausbildungsabschlüsse der Eltern, einen hohen Wert (Fachhochschulabschluss, Abitur, Fachhochschul- oder Hochschulabschluss) aufweisen. Zur Überprüfung des Einflusses Sozialer Ressourcen wird zunächst auf Mittelwertdifferenzen zwischen den Einstellungen der Schülerinnen und Schüler der Haupt-/Gesamtschulen und Gymnasien abhängig vom Bildungsindex der Eltern eingegangen. Erwartet wird, dass die Höhe der formalen Schulbildung und die Höhe des Bildungsindexes der Eltern positiven Einfluss auf die Einstellungen nehmen, und zwar insofern, als eine hohe Ressourcenausstattung mit einer geringeren Ausprägung separatistischer Orientierungen einhergeht.

Soziale Ressourcen und Umgang mit kultureller Vielfalt

Tabelle 38 zeigt die Mittelwerte und die Standardabweichung im Umgang mit kultureller Vielfalt im Vergleich der Haupt-/Gesamtschulen und Gymnasien. Als abhängige Variablen genannt sind: die Ablehnung separatistischer Beziehungskonzepte (FAC1_2_SEG), die Übernahme wirtschaftlicher Bezüge (FAC2_2_WIRT), die Anerkennung integrativer Maßnahmen auf gesellschaftlicher Ebene (FAC3_2_INTE), die Übernahme kultureller Assoziationskriterien (FAC4_2_KUL), die Kontakt- und Mobilitätsbereitschaft im europäischen Rahmen (FAC5_2_EU) sowie die Kontakt- und Mobilitätsbereitschaft im außereuropäischen Rahmen (FAC6_2_AEU).

Tabelle 38: Mittelwerte und Standardabweichungen Formaler Schulbildung und Umgang mit kultureller Vielfalt.

			FAC1_2_SEG	FAC2_2_WRT	FAC3_2_INTE	FAC4_2_KUL	FAC5_2_EU	FAC6_2_AEU
Gesamt	Haupt-/Gesamtschule	Ø	3,65	3,11	3,00	2,60	3,29	3,13
		SD	1,292	1,400	1,447	1,373	1,474	1,376
	Gymnasium	Ø	2,52	2,92	3,00	3,30	2,78	2,90
		SD	1,305	1,421	1,391	1,373	1,328	1,436
NRW	Haupt-/Gesamtschule	Ø	3,36	2,99	3,04	2,82	3,16	3,21
		SD	1,328	1,379	1,400	1,461	1,461	1,250
	Gymnasium	Ø	2,32	3,09	3,14	3,37	2,82	2,90
		SD	1,130	1,439	1,370	1,368	1,217	1,461
BW	Haupt-/Gesamtschule	Ø	3,76	3,03	2,89	2,49	3,61	3,14
		SD	1,227	1,399	1,485	1,241	1,425	1,414
	Gymnasium	Ø	2,16	2,87	2,91	3,26	3,05	2,69
		SD	1,180	1,412	1,409	1,302	1,323	1,398
BB	Haupt-/Gesamtschule	Ø	3,89	3,36	3,08	2,45	3,11	3,02
		SD	1,260	1,409	1,468	1,374	1,501	1,486
	Gymnasium	Ø	3,04	2,81	2,96	3,28	2,48	3,12
		SD	1,399	1,408	1,388	1,451	1,366	1,430

Für die Gesamtgruppe der Jugendlichen verweisen die Ergebnisse für sämtliche Einstellungsdimensionen auf signifikante Mittelwertunterschiede. Einzige Ausnahme bildet die Orientierung der Schülerinnen und Schüler in Bezug auf integrative Beziehungskonzepte (FAC1_3_INTE: F = ,002; p = ,960; Eta^2 = ,000). Mit Ausnahme der Einstellungen gegenüber den wirtschaftlichen Assoziationskriterien, die für die Schülerinnen und Schüler aus Nordrhein-Westfalen und Baden-Württemberg jeweils unter anderen Vorzeichen stehen (F = 3,948; p = ,047; Eta^2 = ,005), deuten die Ergebnisse sowohl für die Gesamtgruppe als auch für die jeweiligen Teilstichproben auf vergleichbare Zusammenhänge. Gemäß den aufgestellten Hypothesen zeigt sich, dass die Gymnasiastinnen und Gymnasiasten den auf Segregation und Assimilation hin ausgerichteten Konzepten deutlich ablehnender gegenüberstehen als die Haupt- und Gesamtschülerinnen und -schüler (FAC1_2_SEG: F = 154,061; p = ,000; Eta² = ,157/ FAC4_2_KUL: F = 51,882; p = ,000; Eta² = ,059) und vergleichsweise eher bereit sind, Kontakte zu Personen europäischer und außereuropäischer Herkunft einzugehen. Tabelle 39 zeigt die Mittelwerte und die Standardabweichung abhängig vom Bildungsindex der Eltern.

Tabelle 39: Mittelwerte und Standardabweichungen Bildungsindex und Umgang mit kultureller Vielfalt.

			FAC1_2_SEG	FAC2_2_WRT	FAC3_2_INTE	FAC4_2_KUL	FAC5_2_EU	FAC6_2_AEU
Gesamt	niedriger Bildungsindex	Ø	3,20	3,04	3,06	2,85	3,05	3,09
		SD	1,361	1,422	1,423	1,400	1,468	1,399
	hoher Bildungsindex	Ø	2,69	2,94	2,91	3,24	2,92	2,86
		SD	1,442	1,402	1,398	1,405	1,324	1,429
NRW	niedriger Bildungsindex	Ø	3,04	3,03	3,11	3,03	3,09	3,15
		SD	1,304	1,374	1,425	1,410	1,404	1,325
	hoher Bildungsindex	Ø	2,38	3,07	3,06	3,24	2,78	2,84
		SD	1,293	1,483	1,300	1,493	1,213	1,437
BW	niedriger Bildungsindex	Ø	3,13	2,96	3,00	2,83	3,30	3,04
		SD	1,369	1,424	1,418	1,371	1,467	1,394
	hoher Bildungsindex	Ø	2,37	2,90	2,77	3,12	3,24	2,64
		SD	1,402	1,387	1,459	1,258	1,283	1,425
BB	niedriger Bildungsindex	Ø	3,45	3,12	3,06	2,85	2,75	3,06
		SD	1,389	1,478	1,431	1,400	1,497	1,490
	hoher Bildungsindex	Ø	3,26	2,90	2,94	3,37	2,70	3,11
		SD	1,427	1,360	1,404	1,478	1,391	1,400

Entsprechende Zusammenhänge zeichnen sich auch abhängig vom Bildungsindex der Eltern ab, wobei die Einstellungsunterschiede hier deutlich niedriger ausfallen. Signifikante Unterschiede zeigen sich nur in Bezug auf die Einstellungsdimensionen „gegen Segregation" (FAC1_2_SEG: F = 26,568; p = ,000; Eta² = ,031), „kulturelle Assoziationskriterien" (FAC4_2_KUL: F = 15,643; p = ,000; Eta² = ,019) und „Bereitschaft zu interkulturellen Kontakten und transnationaler Mobilität im europäischen Rahmen" (FAC6_2_EU: F = 4,915; p = ,027; Eta² = ,006). Insgesamt stützen die Ergebnisse der bivariaten Korrelationsanalyse die Annahme bildungsspezifischer Einstellungsunterschiede. Zur Überprüfung des Einflusses Sozialer Ressourcen auf die sechs Einstellungsdimensionen wird im Folgenden eine multiple Regressionsanalyse durchgeführt. Tabelle 40 dokumentiert den Anteil der durch die formale Bildung und den Bildungsindex erklärten Gesamtvarianz (ausgedrückt in R^2) sowie den Beta-Koeffizienten zur Analyse der Effekte, die durch die formale Schulbildung bzw. den Bildungsindex der Eltern zustande kommen.

Tabelle 40: Multiple Regressionsanalyse Sozialer Ressourcen auf den Umgang mit kultureller Vielfalt.

		FAC1_2 _SEG	FAC2_2 _WRT	FAC3_2 _INTE	FAC4_2 _KUL	FAC5_2 _EU	FAC6_2 _AEU
GESAMT	R^2	,158**	,005	,003	,062**	,032**	,009*
Haupt-/ Gesamtschule	Beta	-,382*	-,066	,020	,222**	-,187**	-,059
niedriger Bildungsindex	Beta	-,040	-,008	-,059	,056	,021	-,056
NRW	R^2	,156**	,001	,003	,037**	,019	,017
Haupt-/ Gesamtschule	Beta	-,364**	,039	,061	,206**	-,095	-,082
niedriger Bildungsindex	Beta	-,059	-,007	-,047	-,032	-,063	-,068
BW	R^2	,308**	,003	,008	,081**	,042**	,033*
Haupt-/ Gesamtschule	Beta	-,517**	-,053	,039	,278**	-,216**	-,121
niedriger Bildungsindex	Beta	-,096	-,003	-,093	,017	,050	-,100
BB	R^2	,086**	,035**	,003	,106**	,047**	,001
Haupt-/ Gesamtschule	Beta	-,296**	-,177**	-,033	,255**	-,224**	,031
niedriger Bildungsindex	Beta	,008	-,032	-,035	,184*	,042	,011

Die Ergebnisse der multiplen Regressionsanalyse bestätigen sowohl für die Gesamtstichprobe als auch für sämtliche Teilstichproben signifikante Einflüsse der Sozialen Ressourcen auf die Einstellungsdimensionen „gegen Segregation", „kulturelle Assimilation" und „Bereitschaft zu interkulturellen Kontakten und transnationaler Mobilität im europäischen Rahmen". Mit 15,8 % am höchsten fällt der Einfluss Sozialer Ressourcen auf die Einstellungen der Schülerinnen und Schüler im Horizont segregativer Beziehungskonzepte aus. Mit 6,2 % einen deutlich geringen Einfluss beweist die Höhe der sozialen Ressourcen auf die Einstellungen im Bereich der kulturellen Assimilation. Im Ganzen keinen signifikanten Einfluss zeigen sich gegenüber den Einstellungsdimensionen „wirtschaftliche Assoziationskriterien" und „Integration". Die Beta-Koeffizienten betrachtend fällt auf, dass die Effekte ausschließlich auf die formale Schulbildung zurückzuführen sind. Signifikante Entsprechungen bezüglich der Bildungsindices konkretisieren sich lediglich in den Einstellungen der Schülerinnen und Schüler aus Brandenburg gegenüber den auf Assimilation hin ausgerichteten Orientierungen. Im Großen und Ganzen aber rangieren die Effekte, die von den Bildungsindices der Eltern ausgehen, hinter den Effekten, die mit der Schulform verbunden sind.

Zusammenfassend bestätigen die Ergebnisse einen deutlichen Einfluss, den die formale Schulbildung auf die Einstellungen der Schülerinnen und Schüler ausübt, insbesondere gegenüber den Einstellungsdimensionen Segregation und kulturelle Assimilation: Je höher die formale Schulbildung, desto eher lehnen Schülerinnen und Schüler die auf Segregation und kulturelle Assimilation hin ausgerichteten Überlegungen ab. Nicht bestätigt werden konnte ihr Einfluss auf integrative Beziehungskonzepte. Die Annahme, dass die Ablehnung der auf Segregation zielenden Orientierungen mit der Anerkennung integrativer Beziehungskonzepte einhergeht und in ähnlicher Weise durch die formale Schulbildung beeinflusst wird, muss verworfen werden. Überdies anfechtbar sind die Ergebnisse des Einflusses formaler Schulbildung auf die Bereitschaft der Schülerinnen und Schüler, interkulturelle Kontakte einzugehen. Insbesondere die nach regionalen Bezügen zu differenzierende transnationale Mobilität außerhalb Europas bleibt weitgehend unberührt. Dementgegen ist die Bereitschaft, Kontakte zu Angehörigen anderer europäischer Kulturen zu pflegen und innerhalb Europas mobil zu sein, zumindest im Ansatz, durch die formale Schulbildung unterstützt. Damit sind die relevanten Ergebnisse genannt. Es folgt die Analyse des Einflusses Sozialer Ressourcen auf die Sozialen Identifikationsprozesse. Angenommen wurde ein flexiblerer Umgang mit nationalen Identifikationsangeboten abhängig von der formalen Schulbildung und dem Bildungsindex der Eltern.

Soziale Ressourcen und Soziale Identifikationsprozesse

Tabelle 41 zeigt die Mittelwertunterschiede und die Standardabweichungen der Bezugnahme der Schülerinnen und Schüler auf die sozialen Identifikationsangebote unter Berücksichtigung der formalen Schulbildung und im Vergleich der Bundesländer. Als abhängige Variablen sind die Sozialen Identifikationsprozesse: das Verbundenheitsgefühl mit Deutschland (Verb_D), das Verbundenheitsgefühl mit Europa (Verb_EU) sowie die ideologische Bewertung der eigenen nationalen Identität als „Stolz" (Stolz_NAT) und Stolz auf Europa (Stolz_EU) genannt. Für eine vergleichende Ergebnissicherung der Identifikationskategorien: Identifikation als Deutsche/r (ID_D), Identifikation als Europäer/in (ID_EU) und die Identifikation als Weltbürger/in (ID_Welt) siehe Kapitel 4.2.1.

Tabelle 41: Mittelwerte und Standardabweichungen Formaler Schulbildung und Sozialer Identifikationsprozesse.

			Verb_D	Verb_EU	Stolz_N	Stolz_EU
Gesamt	Haupt- /Gesamtschule	Ø	2,41	2,80	2,12	2,55
		SD	1,230	1,123	1,134	1,469
	Gymnasium	Ø	2,45	2,63	2,57	2,66
		SD	1,116	1,139	1,177	1,273
NRW	Haupt- /Gesamtschule	Ø	2,08	2,65	1,92	2,44
		SD	1,094	1,142	,993	1,530
	Gymnasium	Ø	2,45	2,71	2,58	2,67
		SD	1,149	1,065	1,198	1,119
BW	Haupt- /Gesamtschule	Ø	2,51	2,84	1,86	2,49
		SD	1,322	1,169	1,003	1,489
	Gymnasium	Ø	2,38	2,51	2,53	2,71
		SD	1,083	1,089	1,198	1,383
BB	Haupt- /Gesamtschule	Ø	2,72	2,94	2,65	2,76
		SD	1,201	1,031	1,258	1,356
	Gymnasium	Ø	2,51	2,69	2,62	2,59
		SD	1,124	1,241	1,145	1,281

Insgesamt bestätigen die Ergebnisse signifikante Mittelwertunterschiede für die nationalen Identifikationsangebote: Identifikation als Deutscher und Stolz auf die eigene Nationalität sowie für die auf Europa bzw. die Welt hin ausgerichteten Bezüge: Identifikation als Europäer/in, Identifikation als Weltbürger/in, Verbundenheit mit Europa. Keine signifikanten Unterschiede zeigen sich dagegen bezüglich der Items Verbundenheit mit Deutschland und Stolz auf Europa. Den höchsten Einfluss übt die formale Schulbildung auf die Identifikation als Weltbürgerin bzw. Weltbürger (r^2 = 56,623; p = 000; Eta^2 = ,068) und als Europäerin bzw. Europäer (r^2 = 43,124; p = 000; Eta^2 = ,052) aus. Deutlich geringer fallen die Einstellungsunterschiede aus, wenn es um das Verbundenheitsgefühl mit Europa (F = 4,609; p = 032; Eta^2 = ,006) und eine positive Bewertung der Zugehörigkeit zu Europa (F = 1,111; p = 292; Eta^2 = ,001) geht. Grund dafür sind diametrale Effekte im Vergleich der Teilstichproben: zum einen die deutlich höhere Verbundenheit gegenüber Europa der Hauptschülerinnen und -schüler in Nordrhein-Westfalen, welche konträr zu den Ergebnissen der Teilstichproben Baden-Württemberg und Brandenburg steht, und zum anderen die höhere Bezugnahme der Gymnasiastinnen in Brandenburg gegenüber der Aussage: stolz, Europäer/in zu sein. Dessen ungeachtet lässt sich zusammenfassen: Gymnasiastinnen und Gymnasiasten identifizieren sich vergleichsweise eher als diejenigen, die eine Haupt- bzw. Gesamtschule besuchen, mit Europa bzw. der Weltgemeinschaft, während die Schülerinnen und Schüler der Haupt- und Gesamtschulen sich signifikant häufiger positiv auf ihre Nationalität beziehen. Tabelle 42 zeigt die Ergebnisse der multiplen Regressionsanalyse zum Einfluss Sozialer Ressourcen auf die Sozialen Identifikationsprozesse der Schülerinnen und Schüler.

Tabelle 42: Multiple Regressionsanalyse Sozialer Ressourcen auf Soziale Identifikationsprozesse.

		ID_D	ID_EU	ID_Welt	Verb_D	Verb_EU	Stolz_N	Stolz_EU
GESAMT	R²	,006	,052**	,071**	,002	,007*	,036**	,002
Haupt-/Gesamtschule	Beta	,071	,219**	,234**	,000	-,058	,175**	,025
niedriger Bildungsindex	Beta	,011	,024	,050	,044	-,045	,043	,033
NRW	R²	,006	,080*	,048**	,028*	,011	,088**	,007
Haupt-/Gesamtschule	Beta	,061	,283**	,196**	,134	,082	,328**	,083
niedriger Bildungsindex	Beta	,026	,000	,040	,054	-,117	-,086	,003
BW	R²	,007	,049**	,129**	,003	,022*	,091**	,005
Haupt-/Gesamtschule	Beta	,088	,234**	,312**	-,061	-,133*	,244**	,076
niedriger Bildungsindex	Beta	-,047	-,053	,104	,026	,036	,114	-,006
BB	R²	,013	,049**	,048**	,007	,012	,001	,010
Haupt-/Gesamtschule	Beta	,075	,159**	,218**	-,088	-,101	-,024	-,085
niedriger Bildungsindex	Beta	,066	,118	,002	,011	-,021	,037	,082

Für die Gesamtstichprobe bestätigen die Ergebnisse einen positiven Einfluss der formalen Schulbildung für die transnationalen Identifikationsbezüge: Identifikation als Europäer/in und Identifikation als Weltbürger/in. Bezüglich der nationalen Identifikationsangebote können jedoch nur für das Item „Stolz auf die eigene nationale Identität" signifikante Bildungseffekte festgehalten werden. Den höchsten Einfluss hat die formale Schulbildung auf die Identifikation als Weltbürger/in mit 7,2 % und die Identifikation als Europäer/in mit 5,2 %. Die Angabe, stolz auf die eigene Nationalität zu sein, erklärt sich dagegen nur mit 3,6 % durch die formale Schulbildung. Gleich den Ergebnissen gegenüber den Orientierungen der Schülerinnen und Schüler im Umgang mit der kulturellen Vielfalt fällt der Einfluss des Bildungsindexes der Eltern insgesamt marginal aus. Im Vergleich der Teilstichproben Nordrhein-Westfalen, Baden-Württemberg und Brandenburg auffällig ist der deutlich höhere Einfluss Sozialer Ressourcen bezüglich der Identifikation mit Europa in Nordrhein-Westfalen, bezüglich der Identifikation als Weltbürgerin bzw.

Weltbürger in Baden-Württemberg und schließlich der nicht vorhandene Einfluss Sozialer Ressourcen hinsichtlich der Äußerung, stolz auf die eigene Nationalität zu sein, für die Schülerinnen und Schüler aus Brandenburg.

Die Ergebnisse der Ausführungen zusammenfassend lassen sich eine positive Einflussnahme formaler Schulbildung auf transnationale Identifikationsbezüge sowie eine skeptische Haltung gegenüber der Bekräftigung, stolz auf die eigene Nationalität zu sein, konstatieren. Keine signifikanten Entsprechungen zeigen sich im Hinblick auf die nationalen Identifikationsbezüge: Identifikation als Deutsche/r und Verbundenheit mit Deutschland. Im Ganzen den höchsten Einfluss bewirkt die formale Schulbildung jedoch gegenüber den auf Segregation hin ausgerichteten Orientierungen, während die aufgezeigten Bildungseffekte, was die sozialen Orientierungen und Identifikationsprozesse betrifft, alles in allem eher zu vernachlässigen sind. Inwieweit Soziale Ressourcen auf die wertbezogenen Orientierungen der Schülerinnen und Schüler Einfluss nehmen, ist Gegenstand der nachstehenden Erörterungen. Erwartet wird, dass positiv geprägten Sozialen Ressourcen eine Tendenz in Richtung Selbstverwirklichung innewohnt (vgl. Kapitel 3.1.2).

Soziale Ressourcen und Soziale Orientierungen

Tabelle 43 zeigt die Mittelwertunterschiede zwischen Gymnasien und Haupt-bzw. Gesamtschulen insgesamt sowie im Hinblick auf die Teilstichproben. Als abhängige Variablen aufgeführt sind die Sozialen Orientierungen: Selbstverwirklichung (FAC1_SELBST), Konservatismus (FAC2_KON), Neoliberalismus (FAC3_NEOLIB) und die politische Orientierung (LINKS/ RECHTS).

Tabelle 43: Mittelwerte und Standardabweichungen Formaler
Schulbildung und Sozialer Orientierungen.

			FAC1_ SELBST	FAK2_ NEOLIB	FAC3_ KON	LINKS/ RECHTS
Gesamt	Haupt-/ Gesamtschule	∅	3,30	2,67	2,81	2,82
		SD	1,337	1,414	1,380	,961
	Gymnasium	∅	2,78	3,24	3,14	2,61
		SD	1,430	1,366	1,425	,875
NRW	Haupt-/ Gesamtschule	∅	3,09	2,71	2,80	2,79
		SD	1,317	1,346	1,362	,962
	Gymnasium	∅	2,69	3,52	3,27	2,55
		SD	1,444	1,304	1,439	,957
BW	Haupt-/ Gesamtschule	∅	3,42	2,72	2,70	2,79
		SD	1,286	1,466	1,409	,991
	Gymnasium	∅	2,85	3,41	3,14	2,59
		SD	1,399	1,299	1,363	,789
BB	Haupt-/ Gesamtschule	∅	3,43	2,57	2,95	2,88
		SD	1,394	1,448	1,369	,933
	Gymnasium	∅	2,98	2,84	3,03	2,68
		SD	1,435	1,397	1,474	,887

Im Ganzen weisen die Ergebnisse für sämtliche der oben genannten Wertorientierungen auf signifikante Mittelwertunterschiede hin, werden die Resultate getrennt nach Schultypen betrachtet. Deutlich fallen die Unterschiede in Bezug auf die konservativen Orientierungen ($F = 34,419$; $p = 000$; Eta^2 = ,040) und die Selbstverwirklichung ($F = 29,105$; $p = 000$; Eta^2 = ,034) aus, weitaus weniger Effekte sind im Kontext der neoliberalen ($F = 10,838$; $p = 001$; Eta^2 = ,013) bzw. politischen Einstellungen zu verzeichnen ($F = 10,739$; $p = 001$; Eta^2 = ,013). Die einzige Ausnahme bilden die Teilergebnisse für die Stichprobe Brandenburg. Signifikante Abweichungen zwischen den Schülerinnen und Schülern, die ein Gymnasium besuchen, und denjenigen, die eine Gesamtschule besuchen, konkretisieren sich hier lediglich im Bereich Selbstverwirklichung ($F = 6,749$; $p = 010$; Eta^2 = ,024). Signifikante Abweichungen der Einstellungen angesichts konservativer und neoliberaler Orientierungen lassen sich dagegen ebenso wenig erkennen (Konservatismus: F = ,187; p = 665; Eta² = ,001/Neoliberalismus: F = 2,501; p = 115; Eta² = ,009) wie Unterschiede bezüglich der politischen Orientierungen (F = 3,190; p = 075; Eta² = ,012). Tabelle 44 zeigt die Mittelwertunterschiede abhängig vom Bildungsindex der Eltern für die Gesamtstichprobe und im Vergleich der Teilstichproben Nordrhein-Westfalen, Baden-Württemberg und Brandenburg.

Tabelle 44: Mittelwerte und Standardabweichungen Bildungsindex der Elter und Soziale Orientierungen.

			FAC1_ SELBST	FAK2_ NEOLIB	FAC3_ KON	LINKS/ RECHTS
Gesamt	niedriger Bildungsindex	∅	3,16	2,86	2,96	2,74
		SD	1,380	1,441	1,384	,928
	hoher Bildungsindex	∅	2,74	3,22	3,06	2,64
		SD	1,431	1,346	1,460	,901
NRW	niedriger Bildungsindex	∅	3,09	3,04	2,96	2,69
		SD	1,356	1,402	1,382	,953
	hoher Bildungsindex	∅	2,47	3,29	3,22	2,62
		SD	1,391	1,333	1,483	,994
BW	niedriger Bildungsindex	∅	3,23	2,89	2,92	2,72
		SD	1,360	1,427	1,418	,919
	hoher Bildungsindex	∅	2,59	3,47	3,01	2,60
		SD	1,387	1,315	1,369	,824
BB	niedriger Bildungsindex	∅	3,18	2,62	3,01	2,80
		SD	1,431	1,474	1,356	,909
	hoher Bildungsindex	∅	3,11	2,90	2,99	2,69
		SD	1,443	1,334	1,535	,908

Die Ergebnisse der Mittelwertanalyse abhängig vom Bildungsindex der Eltern entsprechen grundlegend den Befunden zur formalen Schulbildung. Signifikante Abweichungen zeigen sich hier jedoch nur hinsichtlich der Selbstverwirklichung (F = 17,757; p = 000; Eta² = ,021) und bezüglich der konservativen Orientierungen (F = 12,553; p = 000; Eta² = ,015). Keine signifikanten Unterschiede lassen sich hingegen in Bezug auf die neoliberale (F = 1,011; p = 315; Eta² = ,001) und politische Orientierung (F = 2,270; p = 132; Eta² = ,015) feststellen. Außerdem fallen die Differenzen zwischen den Schülerinnen und Schülern abhängig vom Bildungsindex der Eltern ebenso wie die Ergebnisse zu den Einstellungen der Schülerinnen und Schüler im Umgang mit kultureller Vielfalt deutlich niedriger aus. Tabelle 45 zeigt die Ergebnisse der multiplen Regressionsanalyse des Einflusses der Sozialen Ressourcen auf die Sozialen Orientierungen der Schülerinnen und Schüler.

Tabelle 45: Multiple Regressionsanalyse Sozialer Ressourcen auf Soziale Orientierungen.

		FAC1_ SELBST	FAC2_ KON	FAK3_ NEOLIB	LINKS/ RECHTS
GESAMT	R^2	,041**	,043**	,013**	,013**
Haupt-/Gesamtschule	Beta	-,152**	,179**	,116**	-,108**
niedriger Bildungsindex	Beta	-,090*	,058	-,007	-,013
NRW	R^2	,046**	,089**	,028*	,017
Haupt-/Gesamtschule	Beta	-,057	,325**	,159*	-,142*
niedriger Bildungsindex	Beta	-,180**	-,071	,013	,034
BW	R^2	,094**	,075**	,024*	,014
Haupt-/Gesamtschule	Beta	-,222**	,195**	,161**	-,103
niedriger Bildungsindex	Beta	-,152**	,138*	-,022	-,035
BB	R^2	,025*	,015	,001	,013
Haupt-/Gesamtschule	Beta	-,160*	,076	,030	-,099
niedriger Bildungsindex	Beta	,016	,078	-,013	,036

Angesichts der Gesamtgruppe ist festzuhalten, dass Soziale Orientierungen und Soziale Ressourcen zwar signifikant verbunden sind, die Höhe des Einflusses Sozialer Ressourcen auf die wertbezogenen Orientierungen der Schülerinnen und Schüler jedoch marginal ausfallen. Dies gilt insbesondere für neoliberale Wertorientierungen und die allgemeine politische Orientierung die jeweils nur mit 1,3 % über die formale Schulbildung erklärt werden können. Mit 4,3 % am stärksten werden die kon-

servativen Orientierungen und mit 4,1 % der Wunsch nach Selbstverwirklichung beschrieben. Im Vergleich der Teilstichproben auffällig ist
der kaum zu verzeichnende Einfluss Sozialer Ressourcen auf sämtliche
genannten Sozialen Orientierungen für die Schülerinnen und Schüler aus
Brandenburg. Berücksichtigt der Vergleich die Geschlechterdimension,
so zeigen sich lediglich im Bereich der politischen Orientierungen Unterschiede. Und schließlich weist eine Differenzierung zwischen den Schülerinnen und Schülern mit und ohne Migrationshintergrund auf signifikante Abweichungen gegenüber der Orientierung in Richtung auf Selbstverwirklichung hin.

Die Ergebnisse zusammenfassend lässt sich festhalten: Es gibt einen positiven Einfluss formaler Schulbildung auf die Übernahme der Orientierungen in Richtung auf Selbstverwirklichung und einen gegenläufigen
Einfluss auf die Übernahme konservativer Haltungen. Der Umstand,
dass die Effekte je nach Teilstichprobe unterschiedlich ausfallen, bleibt zu
berücksichtigen. Vor allem der unterschiedliche Einfluss formaler Schulbildung auf die Übernahme konservativer Orientierungen im Vergleich
der Länder wirft Fragen auf. Im Ganzen als eher unbedeutend einzuordnen sind die Bildungseffekte im Feld der neoliberalen und politischen
Orientierungen. Der Einfluss Sozialer Ressourcen kann hier durchgängig
als marginal bezeichnet werden. Schließlich bleibt der Umstand, dass der
Einfluss Sozialer Ressourcen hauptsächlich durch die formale Schulbildung hervorgerufen wird, zu betonen: Der Bildungsindex der Eltern
bewirkt, wie auch schon bei den Orientierungen im Umgang mit kultureller Vielfalt ersichtlich wurde, nur in Ausnahmen signifikante Effekte.
Eine ausführliche Zusammenfassung der relevanten Ergebnisse stellt den
Abschluss des Kapitels dar.

4.2.5 Zusammenfassung der Ergebnisse

Die Zusammenfassung der Ergebnisse orientiert sich an den in Kapitel
3.1.2 aufgestellten Hypothesen: In Anlehnung an die Abfolge der Analy-
seblöcke wird zunächst die Bedeutung sozialer Identifikationskategorien,

genauer die Grenzen und Möglichkeiten der Identifikation mit Europa und die Rolle von Kontakten und Erfahrung im Umgang mit kultureller Vielfalt diskutiert. Dem folgt die Darstellung der relevanten Ergebnisse zum Einfluss Intergruppaler Kontakte und Sozialer Orientierungen. Abschließend wird die Bedeutung von Bildung und schulischen Faktoren gewürdigt. Dem Einfluss gesellschaftlicher Faktoren sowie der Sozialisationsinstanz Familie wird gesondert Rechnung getragen.

Den theoretischen Annahmen folgend wurde in einem *ersten Schritt* nach dem Einfluss Sozialer Identifikationsprozesse, konkret nach dem Einfluss nationaler versus europäischer Identifikationsbezüge auf die sechs genannten Orientierungen der Schülerinnen und Schüler im Umgang mit der kulturellen Vielfalt gefragt. Angenommen wurde, dass die Identifikation mit Europa anders als die Identifikation mit der eigenen nationalen Identität andere, sich wechselseitig ausschließende, Gruppenprozesse in Gang bringen müsste (vgl. Hypothesen i1-3/j1-3). Bezüglich der nationalen Identifikationsangebote belegen die Ergebnisse der Untersuchung:

– eine *positive* Bezugnahme der nationalen Identifikationsangebote auf die Übernahme separatistischer Orientierungen sowie auf die Übernahme wirtschaftlicher und kultureller Assoziationskriterien bei der Einwanderung von Personen nach Deutschland bzw. der Aufnahme von Staaten in die Europäische Union;
– eine *negative* Bezugnahme der nationalen Identifikationsangebote auf die Anerkennung integrativer Beziehungsvorstellungen und die Bereitschaft zu interkulturellen Kontakten und transnationaler Mobilität im außereuropäischen Rahmen.

Hinsichtlich der transnationalen Identifikationsbezüge belegen die Ergebnisse:

– eine *positive* Bezugnahme der transnationalen Identifikationsbezüge auf die Ablehnung separatistischer Beziehungsvorstellungen, die Anerkennung integrativer Maßnahmen sowie die Bereitschaft zu interkulturellen Kontakten und transnationaler Mobilität im außereuropäischen Rahmen.

Im Ganzen bestätigen die Ergebnisse also signifikante Unterschiede in der Orientierung der Schülerinnen und Schüler im Umgang mit kultureller Vielfalt entlang der Übernahme bzw. Ablehnung nationaler versus europäischer Identifikationskategorien. Einzig gegenüber der Bereitschaft zu interkulturellen Kontakten und transnationaler Mobilität im europäischen Rahmen lässt sich keine eindeutige Zuordnung vornehmen. Zusammenfassend lässt sich festhalten:

Je stärker die Identifikation mit der eigenen nationalen Zugehörigkeit, desto eher lehnen die Schülerinnen und Schüler integrative Beziehungskonzepte ab, plädieren für die an nationale Interessen gebundenen Assoziationskonzepte und sind weniger bereit, im außereuropäischen Rahmen interkulturelle Kontakte einzugehen und mobil zu sein.

Dementgegen zeigt sich:

Je stärker die Identifikation mit europäischen und globalen Bezügen, desto eher stimmen die Schülerinnen und Schüler gegen separatistische Orientierungen, für integrative Maßnahmen auf gesellschaftlicher und zwischenstaatlicher Ebene und sind eher bereit, im außereuropäischen Rahmen interkulturelle Kontakte einzugehen und mobil zu sein.

In einem *zweiten Schritt* wurde der Einfluss von Kontakt und Erfahrung im Umgang mit der kulturellen Vielfalt getestet. Den theoretischen Überlegungen entsprechend wurde erwartet, dass Schülerinnen und Schüler, die zu ihrem engen Freundeskreis Personen anderer ethnischer Herkunft zählen, sowohl auf nationaler als auch auf europäischer Ebene Integrationskonzepten gegenüber positiver eingestellt und eher bereit seien, sowohl interkulturelle als auch transnationale Kontakte einzugehen (vgl. Hypothesen g1-3). Die Ergebnisse belegen:

- einen *negativen* Einfluss der Erfahrung im Umgang mit kultureller Vielfalt auf die Orientierungen in Richtung auf Segregation und die Übernahme wirtschaftlicher Assoziationskriterien sowie
- einen *positiven* Einfluss der Erfahrung im Umgang mit kultureller Vielfalt gegenüber der Bereitschaft zu interkulturellen Kontakten und transnationaler Mobilität im außereuropäischen Rahmen.

Keinen nennenswerten Einfluss übt die Erfahrung im Umgang mit kultureller Vielfalt auf die Ankerkennung integrativer Maßnahmen, die Übernahme kultureller Assoziationskriterien sowie die Bereitschaft zu interkulturellen Kontakten oder zu transnationaler Mobilität im europäischen Rahmen aus. Entgegen den konzeptionellen Überlegungen dazu stellt sich heraus, dass zwar, wie erwartet, ein Mehr an Auslandserfahrungen zu einer Ablehnung der auf Segregation hin ausgerichteten Orientierungen auf gesellschaftlicher und transnationaler Ebene führt, in der Tendenz allerdings gleichzeitig eine stärkere Befürwortung wirtschaftlicher Assoziationskriterien zu beobachten ist. Es lässt sich festhalten:

Je mehr Erfahrung die Schülerinnen und Schüler im Umgang mit kultureller Vielfalt haben, desto weniger tendieren sie zu separatistischen Orientierungen und zur Übernahme wirtschaftlicher Assoziationskriterien und desto höher ist ihre Bereitschaft zu interkulturellen Kontakten und transnationaler Mobilität im außereuropäischen Rahmen.

Neben der Einflussnahme interkultureller Kontakte auf den Umgang mit kultureller Vielfalt wurde ferner ihr Einfluss auf die Übernahme sozialer Identifikationskategorien überprüft. Angenommen wurde, dass Schülerinnen und Schüler, die Erfahrungen im Umgang mit interkulturellen Kontakten haben, sich weniger stark über ihre eigene nationale Zugehörigkeit bzw. über ihre ethnische Gruppe identifizierten und transnationalen Identitätskonzepten offener gegenüberstünden (vgl. Hypothese h). Die Ergebnisse bestätigen:

- einen *positiven* Einfluss der Auslandserfahrungen und der Angabe freundschaftlicher Kontakte auf die transnationalen Identifikationskategorien.

Bedeutsame Auswirkungen der Erfahrung im Umgang mit interkulturellen Kontakten auf die Übernahme oder Ablehnung der nationalen Identifikationsangebote lassen sich keine nachweisen. Auch zeigt sich, dass die Erfahrungen im Umgang mit interkulturellen Kontakten in der Nachbarschaft nur eine marginale Rolle spielen. Es lässt sich festhalten:

Je mehr Auslandserfahrungen die Schülerinnen und Schüler haben und je mehr interkulturelle freundschaftliche Kontakte sie pflegen, desto eher identifizieren sie sich mit transnationalen Identifikationskategorien.

In einem *dritten Schritt* wurde nach dem Einfluss wertbezogener Orientierungen gefragt. Den theoretischen Überlegungen zur autoritären Persönlichkeit folgend wurde angenommen, dass Personen, die autoritären und/oder konservativen Werten gegenüber positiv eingestellt sind, verstärkt separatistische Einstellungen zeigten. Sie seien kaum bereit, Kontakte zu Fremdgruppenmitgliedern einzugehen, und stünden transnationalen Mobilitätsüberlegungen skeptisch gegenüber. Die Überprüfung des Einflusses der sozialen Wertorientierungen auf die Einstellungen der Schülerinnen und Schüler zur innergesellschaftlichen und zwischenstaatlichen kulturellen Vielfalt (vgl. Hypothesen d1-3) ergab:

- einen *positiven* Einfluss der sozialen Wertorientierung Konservatismus auf separatistische Beziehungsvorstellungen, auf die Anerkennung integrativer Maßnahmen, die Übernahme kultureller Assoziationskriterien sowie die Bereitschaft zu interkulturellen Kontakten und transnationaler Mobilität im europäischen Rahmen.

Neben dem Einfluss konservativer Wertorientierungen wurde überdies der Einfluss der Orientierung in Richtung auf Selbstverwirklichung, der Einfluss der sozialen Wertorientierung Neoliberalismus sowie der Einfluss politischer Orientierungen getestet. Bezüglich des Einflusses der Orientierung in Richtung auf Selbstverwirklichung zeigt sich:

- einen *positiven* Einfluss der Orientierung in Richtung auf Selbstverwirklichung auf die Ablehnung separatistischer Beziehungsvorstellungen, die Anerkennung integrativer Maßnahmen und die Bereitschaft zu interkulturellen Kontakten und transnationaler Mobilität im europäischen und außereuropäischen Rahmen sowie
- einen *negativen* Einfluss der Orientierung in Richtung auf Selbstverwirklichung auf die Übernahme kultureller Assoziationskriterien.

Bezüglich des Einflusses neoliberaler Orientierungen lässt sich festhalten:

- einen *positiven* Einfluss der sozialen Wertorientierung Neoliberalismus auf die Übernahme wirtschaftlicher und kultureller Assoziationskriterien sowie
- einen *negativen* Einfluss neoliberaler Orientierungen auf die Anerkennung integrativer Maßnahmen.

Und schließlich lassen sich bezüglich des Einflusses politischer Orientierungen festhalten:

- einen *positiven* Einfluss einer eher 'linken' politischen Orientierung auf die Ablehnung separatistischer Beziehungsvorstellungen, die Anerkennung integrativer Maßnahmen und die Bereitschaft zu interkulturellen Kontakten und transnationaler Mobilität im außereuropäischen Zusammenhang sowie
- einen *negativen* Einfluss 'linker' politischer Orientierung auf die Anerkennung wirtschaftlicher und kultureller Assoziationskriterien.

Grundlegend bestätigen die Ergebnisse die angenommenen Wechselwirkungen. Einzige Ausnahme stellen die Ergebnisse des Einflusses konservativer Orientierungen auf die Anerkennung integrativer Beziehungsvorstellungen auf gesellschaftlicher Ebene und die Bereitschaft zu interkulturellen Kontakten und transnationaler Mobilität im europäischen Rahmen dar. Entgegen der Erwartung, dass die Übernahme konservativer Werte mit einer Ablehnung integrativer Beziehungsvorstellungen und einer geringeren Bereitschaft zu interkulturellen Kontakten einhergehe, verweisen die Ergebnisse hier auf einen positiven Zusammenhang. Es lässt sich festhalten:

> Je stärker die Orientierung der Schülerinnen und Schüler in Richtung Konservatismus ausgeprägt ist, desto eher stimmen sie für separatistische Beziehungsvorstellungen, gleichzeitig aber auch für integrative Maßnahmen auf gesellschaftlicher Ebene. Sie übernehmen kulturelle Assoziationskriterien und sind zu interkulturellen Kontakten und transnationaler Mobilität im europäischen Rahmen bereit, nicht aber zu interkulturellen Kontakten und transnationaler Mobilität im außereuropäischen Rahmen.

Neben der Einflussnahme wertbezogener Orientierungen auf die Einstellungen der Schülerinnen und Schüler im Umgang mit der innergesellschaftlichen und zwischenstaatlichen kulturellen Vielfalt wurde dazu ihr Einfluss auf die Sozialen Identifikationsprozesse sowie ihr Einfluss auf die Angabe freundschaftlicher Kontakte getestet. Bezüglich der Einflussnahme wertbezogener Orientierungen auf die Sozialen Identifikationsprozesse (vgl. Hypothese f1-2) konnte festgehalten werden:

– ein *positiver* Einfluss der Orientierung in Richtung auf Selbstverwirklichung auf die transnationalen Identifikationsbezüge sowie
– ein *negativer* Einfluss der Orientierung in Richtung auf Selbstverwirklichung auf die ideologische Bewertung der eigenen nationalen Zugehörigkeit und schließlich

– ein *positiver* Einfluss neoliberaler und konservativer Wertbezüge sowie einer politisch eher `rechts´ gerichteten Anschauung auf die nationalen Identifikationsangebote.

Am deutlichsten zum Tragen kommt der Einfluss sozialer Wertorientierungen gegenüber der Angabe, stolz auf die eigene Nationalität zu sein. Es bestätigt sich:

> Je stärker die Orientierung der Schülerinnen und Schüler in Richtung auf Selbstverwirklichung, desto eher identifizieren sie sich mit transnationalen Identifikationskategorien und lehnen eine ideologische Überhöhung der eigenen nationalen Identität ab. Je stärker die Orientierung der Schülerinnen und Schüler in Richtung auf Konservatismus und Neoliberalismus und je mehr sie einer eher `rechten´ politischen Orientierung anhängen, desto eher neigen sie zur Wahrnehmung nationaler Identifikationsangebote.

Die Überprüfung des Einflusses Sozialer Orientierungen auf die Angabe freundschaftlicher Kontakte (Hypothese e1-2) ergab:

– einen *positiven* Einfluss der Orientierung in Richtung Selbstverwirklichung auf die Angabe freundschaftlicher Kontakte,
– einen *negativen* Einfluss konservativer Wertbezüge auf die Angabe freundschaftlicher Kontakte und schließlich
– einen *negativen* Einfluss einer `rechten´ politischen Orientierung auf die Angabe freundschaftlicher Kontakte vornehmlich für die Schülerinnen und Schüler aus Brandenburg.

Es zeigen sich also signifikante Zusammenhänge zwischen den Sozialen Orientierungen der Schülerinnen und Schüler und der Angabe freundschaftlicher interkultureller Kontakte. Einzig die Ergebnisse hinsichtlich einer neoliberalen Orientierung lassen keine eindeutigen Bezüge zu. Zusammenfassend lässt sich festhalten:

Je stärker die Orientierung der Schülerinnen und Schüler in Richtung auf Selbstverwirklichung, desto mehr interkulturelle freundschaftliche Kontakte pflegen sie. Je stärker die Orientierung der Schülerinnen und Schüler in Richtung auf Konservatismus und je mehr sie einer eher `rechten´ politischen Orientierung anhängen, desto weniger interkulturelle freundschaftliche Kontakte pflegen sie.

In einem *vierten Schritt* wurde schließlich der Einfluss Sozialer Ressourcen getestet. Angenommen wurde, dass ein hohes Maß an Sozialen Ressourcen mit einer geringeren Ausprägung separatistischer Orientierungen sowie der Ablehnung der an nationale Interessen gebundenen Assoziationsvorstellungen einhergehe. Die Anerkennung integrativer Beziehungsvorstellungen und die Bereitschaft zu interkulturellen Kontakten und transnationaler Mobilität sollten steigen (vgl. Hypothesen a1-3). Die Ergebnisse bestätigen:

- einen *positiven* Einfluss der formalen Schulbildung auf die Ablehnung der auf Segregation hin ausgerichteten Orientierungen,
- einen *negativen* Einfluss der formalen Schulbildung auf die Übernahme kultureller Assoziationskonzepte und schließlich
- einen *positiven* Einfluss der formalen Schulbildung auf die Bereitschaft zu interkulturellen Kontakten und transnationaler Mobilität im europäischen Rahmen.

Insgesamt belegen die Ergebnisse signifikante Einflüsse der formalen Schulbildung gegenüber der Orientierung in Richtung auf Segregation, der Übernahme kultureller Assoziationskriterien sowie der Bereitschaft zu interkulturellen Kontakten und transnationaler Mobilität im europäischen Rahmen. Nicht bestätigt werden konnte dagegen der Einfluss formaler Schulbildung auf integrative Beziehungskonzepte und die Bereitschaft zu interkulturellen Kontakten und transnationaler Mobilität im außereuropäischen Rahmen. Die Annahme, dass die Ablehnung der auf Segregation zielenden Orientierungen mit der Anerkennung integrativer Beziehungskonzepte einhergehe und in ähnlicher Weise durch die formale Schulbildung beeinflusst werde, muss verworfen werden. Überdies anfechtbar sind die Ergebnisse des Einflusses formaler Schulbildung auf die Übernahme wirtschaftlicher Assoziationskriterien. Grundsätzlich keine signifikanten Zusammenhänge zeigen sich hinsichtlich des Einflusses des Bildungsindexes der Eltern. Die Ergebnisse zusammenfassend lässt sich festhalten:

> Je höher die formale Schulbildung der Schülerinnen und Schüler, desto eher lehnen sie separatistische Beziehungskonzepte und kulturelle Assoziationskriterien ab und desto eher sind sie bereit zu interkulturellen Kontakten und transnationaler Mobilität im europäischen Rahmen.

Neben der Einflussnahme Sozialer Ressourcen auf die Einstellungen der Schülerinnen und Schüler im Umgang mit der innergesellschaftlichen und zwischenstaatlichen kulturellen Vielfalt wurde ihr Einfluss auf die Sozialen Orientierungen sowie ihr Einfluss auf die Sozialen Identifikationsprozesse getestet. Bezüglich des Einflusses Sozialer Ressourcen auf die sozialen Wertorientierungen (Hypothese b1-2) belegen die Ergebnisse:

– einen *positiven* Einfluss der formalen Schulbildung auf die Orientierung in Richtung Selbstverwirklichung sowie
– einen *negativen* Einfluss der formalen Schulbildung auf konservative Wertorientierungen.

Die Ergebnisse belegen signifikante Einflüsse der formalen Schulbildung auf die Orientierung in Richtung Selbstverwirklichung und Konservatismus. Der Einfluss formaler Schulbildung auf die Übernahme neoliberaler Wertbezüge und die politische Orientierung der Schülerinnen und Schüler fallen dagegen kaum ins Gewicht. Schließlich bleibt der Umstand, dass der Einfluss Sozialer Ressourcen hauptsächlich durch die formale Schulbildung hervorgerufen wird, zu betonen. Es lässt sich festhalten:

Je höher die formale Schulbildung, desto stärker ist die Orientierung der Schülerinnen und Schüler in Richtung Selbstverwirklichung ausgeprägt und desto schwächer fällt die Übernahme konservativer Wertorientierungen aus.

Hinsichtlich des Einflusses Sozialer Ressourcen auf die Sozialen Identifikationsprozesse (Hypothese C1-2) lässt sich festhalten:

- ein *positiver* Einfluss formaler Schulbildung auf transnationale Identifikationsbezüge sowie
- ein *negativer* Einfluss auf die Bekräftigung, stolz auf die eigene Nationalität zu sein.

Den höchsten Einfluss übt die formale Schulbildung auf die Identifikation als Weltbürgerin bzw. Weltbürger aus. Keine signifikanten Ergebnisse zeigen sich gegenüber den nationalen Identifikationskategorien: Identifikation mit Deutschland und Verbundenheit mit Deutschland. Wie bei den Ergebnissen zu den Orientierungen der Schülerinnen und Schüler im Umgang mit der kulturellen Vielfalt und bezüglich der Sozialen Orientierungen fällt der Einfluss des Bildungsindexes der Eltern auch hier insgesamt marginal aus. Im Einzelnen lässt sich sagen:

Je höher die formale Schulbildung der Schülerinnen und Schüler, desto eher identifizieren sie sich mit transnationalen Identifikationsbezügen und desto stärker lehnen sie eine ideologische Bewertung der eigenen nationalen Identität ab.

Damit sind die relevanten Ergebnisse beschrieben. Sie bilden die Grundlage für das abschließende Kapitel, in dem einzelne Befunde herausgegriffen und vor dem Hintergrund pädagogischer Überlegungen erneut zur Diskussion gestellt werden.

5   Diskussion der Gesamtergebnisse

Die Schülerinnen und Schüler heute befinden sich in einer immer komplexer werdenden Lebenswelt. Grundsätzlich ist es die Aufgabe der Schule, zwischen den gesellschaftlichen Anforderungen und den individuellen Voraussetzungen, d. h. subjektiven Strukturen der einzelnen Schülerinnen und Schüler zu vermitteln (vgl. u. a. Combe/Helsper 2002: 40). Zusammenfassend beschrieben werden die gesellschaftlichen Anforderungen und deren individuelle Umsetzung als Entwicklungsaufgaben. Sie bilden die „Schnittstelle" zwischen den objektiven Strukturen einerseits und den subjektiven Strukturen andererseits. Als die in einer gegebenen Gesellschaft für alle Heranwachsenden mehr oder weniger verbindlichen Anforderungen werden, im Rahmen der Theoriediskussion, u. a. genannt: der Aufbau eines Freundeskreises, die Entwicklung und Erfahrung von Rollenzugehörigkeiten, die Annahme und der Umgang mit dem eigenen Körper, die Ablösung von den Eltern, die Entwicklung von Vorstellungen über Partnerschaften, Beziehungen und Familie, die Entwicklung einer Zukunftsperspektive, die Entwicklung einer eigenen Weltanschauung, Werteorientierungen sowie die Konstruktion einer eigenen Identität (vgl. Hericks/Spörlein 2001: 36). Auch wenn der Umgang mit kultureller Vielfalt hier in den Überlegungen nicht explizit genannt ist, stellt die immer weiter voranschreitende Pluralisierung der Gesellschafts- und Lebensformen unausweichlich eine Aufgabe dar, die eine immer größer werdende Bedeutung im Leben der Schülerinnen und Schüler einnimmt. Er wird relevant im Aufbau eines Freundeskreises, ebenso wie in der Auseinandersetzung um Geschlechterrollen, der Vorstellung von Familie und Partnerschaft. Er wirkt sowohl auf die privaten als auch die beruflichen Zukunftspläne der Schülerinnen und Schüler ein, bildet die Basis für die Auseinandersetzung über Werte und spielt eine nicht zu unterschätzende Rolle, wenn es um die Entwicklung von Identitätskonzepten geht.

Das maßgebliche Charakteristikum der vorliegenden Untersuchung stellt die Konzeption der Arbeit als systematische Analyse der Zusammenhänge innerhalb und zwischen den Einstellungen von Schülerinnen und Schülern zur innergesellschaftlichen und zwischenstaatlichen kulturellen Vielfalt dar. Als relevante Aspekte, die auf den Umgang mit kultureller Vielfalt Einfluss nehmen, wurden insgesamt drei Einstellungsbereiche identifiziert: Die Haltungen der Schülerinnen und Schüler

– zur Art und zu den Zielen der Koexistenz verschiedener ethnischer Gruppen in einer Gesellschaft bzw. der Frage nach den Modalitäten und dem Ziel der Koexistenz von Nationalstaaten,
– zu den Kriterien der Zuwanderung von Personen nach Deutschland und der Aufnahme von Staaten in die Europäische Union sowie
– zur Bereitschaft zu interkulturellen Kontakten und zu transnationaler Mobilität auch über die Grenzen der Nationalstaaten hinaus.

Auf dieser Basis konnten *jeweils* zwei Einstellungsdimensionen rekonstruiert werden:

– die Ablehnung separatistischer Überlegungen von der Anerkennung integrativer Maßnahmen auf gesellschaftlicher Ebene,
– die Übernahme wirtschaftlicher Assoziationskriterien auf nationaler und transnationaler Ebene von der Übernahme kultureller Bezüge auf nationaler und transnationaler Ebene und schließlich
– die Bereitschaft zu interkulturellen Kontakten und transnationaler Mobilität im europäischen Rahmen von der Bereitschaft zu interkulturellen Kontakten und transnationaler Mobilität im außereuropäischen Rahmen.

Im Umgang mit kultureller Vielfalt verweisen die Ergebnisse der vorliegenden Studie also auf insgesamt *sechs* sich inhaltlich voneinander unterscheidende Einstellungskomponenten hin, die Aufschluss über die möglichen Orientierungen von Schülerinnen und Schülern geben. Sie stellen die Basis für eine reflektierte Auseinandersetzung mit dem Thema kulturelle Vielfalt in der Schule dar. Im Wesentlichen lassen sich die Orientierungen der Schülerinnen und Schüler im Umgang mit kultureller Vielfalt entlang der folgenden Parameter unterscheiden:

1. hinsichtlich ihrer Anerkennung oder Ablehnung separatistischer Orientierungen, der Abgrenzung von Personen oder Personengruppen anderer ethnischer oder kultureller Hintergründe;
2. hinsichtlich ihrer Anerkennung oder Ablehnung integrativer Maßnahmen, die auf eine gleichberechtigte Akzeptanz von Personen oder Personengruppen unterschiedlicher ethnischer oder kultureller Hintergründe abzielen;
3. hinsichtlich des Grades der Anerkennung oder Ablehnung wirtschaftlicher Assoziationskriterien für die Einwanderung von Personen nach Deutschland und die Aufnahme von Staaten in die Europäische Union;
4. hinsichtlich des Grades der Anerkennung oder Ablehnung kultureller Assoziationskriterien für die Einwanderung von Personen nach Deutschland und die Aufnahme von Staaten in die Europäische Union;
5. hinsichtlich ihrer Bereitschaft zu interkulturellen Kontakten und transnationaler Mobilität im europäischen Rahmen und schließlich
6. hinsichtlich ihrer Bereitschaft zu interkulturellen Kontakten und transnationaler Mobilität im außereuropäischen Rahmen.

Die Bezugnahme der Schülerinnen und Schüler auf die genannten Orientierungen wurde als abhängig von ihrer Berufung auf verschiedene soziale Identifikationsangebote, ihrer Erfahrung im Umgang mit interkulturellen Kontakten, ihrer sozialen Wertorientierungen sowie als abhängig von ihrer formalen Schulbildung und den Bildungs- und Ausbildungsabschlüssen ihrer Eltern interpretiert. Da die einzelnen Thesen und Zusammenhänge der verschiedenen Indikatoren bereits in den Kapiteln 3 und 4 ausführlich diskutiert wurden, liegt der Schwerpunkt dieses Kapitels auf der Bewertung der Gesamtergebnisse in Bezug auf ihren Gehalt für pädagogische Fragestellungen. Die Bewertung der Ergebnisse erfolgt entlang der vier Einflussbereiche: Soziale Identifikationsprozesse, interkulturelle Kontakte, Soziale Orientierungen und formale Schulbildung.

Zur Bedeutung Sozialer Identifikationsprozesse: Vor dem Hintergrund der auf politischer, insbesondere bildungspolitischer Ebene geforderten Umsetzung einer europäischen Identität wurde vor allem nach den Grenzen und Möglichkeiten des Einflusses europäischer Identifikationsbezüge im Vergleich zu nationalen Kategorien gefragt. Die Ergebnisse der Untersuchung bestätigen einen deutlichen Einfluss Sozialer Identifikationsprozesse auf die Einstellungen der Schülerinnen und Schüler im Umgang mit der innergesellschaftlichen und zwischenstaatlichen kulturellen Vielfalt. In der Gegenüberstellung nationaler versus europäischer Identifikationsbezüge zeigt sich, den Hypothesen entsprechend, ein positiver Einfluss der europäischen Identifikationsangebote auf die Übernahme integrativer Beziehungsvorstellungen, während die Bezugnahme auf nationale Kategorien mit separatistischen Beziehungskonzepten, der Anerkennung wirtschaftlicher und kultureller Assoziationskriterien zusammenfällt. Einzig hinsichtlich der Bereitschaft zu interkulturellen Kontakten und transnationaler Mobilität im europäischen Rahmen lassen sich keine eindeutigen Aussagen treffen.

Im Einzelnen lässt sich zeigen: Schülerinnen und Schüler, die europäische Bezüge in ihre Identitätskonzepte einbauen und sich skeptisch gegenüber einer ideologischen Bewertung der eigenen nationalen Zugehörigkeit äußern, sprechen sich verstärkt für integrative Maßnahmen aus und sind eher gegen separatistische Überlegungen und kulturelle Assoziationskriterien. Diejenigen Schülerinnen und Schüler dagegen, die nationale Kategorien betonen, befürworten separatistische Überlegungen, halten wirtschaftliche und kulturelle Assoziationskriterien hoch und sprechen sich gegen interkulturelle Kontakte und transnationale Mobilität im außereuropäischen Rahmen aus.

Im Vergleich zu den anderen genannten Einflussfaktoren spielen die Sozialen Identifikationsprozesse jedoch eine untergeordnete Rolle: Separatistische und kulturelle Vorstellungen, ebenso wie die Bereitschaft zu interkulturellen Kontakten und transnationaler Mobilität im europäischen Rahmen, sind vorrangig von der formalen Schulbildung und den Sozialen Orientierungen der Schülerinnen und Schüler abhängig. Integrative Überlegungen fallen hauptsächlich mit den Migrationserfahrungen der Schülerinnen und Schüler zusammen. Darüber hinaus bedeutsam sind die Orientierung in Richtung auf Selbstverwirklichung und die politische Orientierung. Die Übernahme wirtschaftlicher Assoziationskriterien steht in einem engen Zusammenhang mit der Bezugnahme auf neoliberale Überlegungen. Einzig die Bereitschaft zu interkulturellen Kontakten und transnationaler Mobilität im außereuropäischen Rahmen ist vorrangig über die Sozialen Identifikationsprozesse erklärbar.

Insgesamt fällt der Einfluss der Sozialen Identifikationsprozesse deutlich hinter dem der formalen Schulbildung und der sozialen Wertorientierungen zurück. Entgegen den theoretischen Überlegungen nur einen geringen Einfluss üben indes die Erfahrungen der Schülerinnen und Schüler mit interkulturellen Kontakten aus.

Zur Bedeutung interkultureller Kontakte: Wie bereits angesprochen fällt die Bedeutung freundschaftlicher Kontakte zu Personen anderer ethnischer oder kultureller Hintergründe sowohl in Bezug auf die Orientierungen der Schülerinnen und Schüler als auch hinsichtlich der Übernahme Sozialer Identifikationsprozesse insgesamt marginal aus. Lediglich hinsichtlich der grundsätzlichen Anerkennung oder Ablehnung separatistischer Orientierungen kennzeichnen die Ergebnisse signifikante Zusammenhänge. Ihr Einfluss auf die Anerkennung integrativer Beziehungskonzepte, bei der Übernahme wirtschaftlicher und kultureller Assoziationskriterien sowie hinsichtlich der Bereitschaft zu interkulturellen Kontakten und transnationaler Mobilität im europäischen Rahmen ist dagegen eher zu vernachlässigen. Ebenso fällt ihr Anteil an der Erklärung der Bezugnahme auf europäische und transnationale Identifikationskategorien gering aus. Grundsätzlich keine relevanten Bezüge zeigen sich, wenn es um die nationalen Kategorien geht. Allerdings betonen die Ergebnisse die Kontextbezogenheit der Erfahrung im Umgang mit interkulturellen Kontakten auf die Übernahme sozialer, konkret transnationaler Identifikationskategorien. Überdies zeigt sich ein signifikanter Einfluss der regionalen Zugehörigkeit vor allem auf die Bereitschaft der Schülerinnen und Schüler zu interkulturellen Kontakten und transnationaler Mobilität im europäischen Rahmen, aber auch hinsichtlich der Anerkennung separatistischer Orientierungen. Die Schülerinnen und Schüler aus Brandenburg sind im Vergleich weniger bereit, interkulturelle Kontakte und transnationale Mobilität im europäischen Rahmen einzugehen, und sprechen sich deutlich eher für separatistische Orientierungen aus als die Schülerinnen und Schüler aus Nordrhein-Westfalen und Baden-Württemberg.

Die Ergebnisse der Untersuchung legen die Interpretation nahe, dass die theoretisch angenommene Bedeutung von Kontakt und Erfahrung in ihrer Wirkung auf den Umgang mit kultureller Vielfalt sowie ihr Einfluss auf die Übernahme sozialer Identifikationskategorien prinzipiell überschätzt werden. Hingegen betonen die Ergebnisse der Teilstichprobe Brandenburg die Kontextbezogenheit der Erfahrung im Umgang mit interkulturellen Kontakten. Eine Erklärung für den unterschiedlichen Einfluss der regionalen Zugehörigkeit der Schülerinnen und Schüler könnte der grundsätzlich bestehende Unterschied in den Erfahrungen der Schülerinnen und Schüler im Umgang mit kultureller Vielfalt sein. So liegt der Anteil der Personen mit Migrationshintergrund in Brandenburg deutlich unter dem in Nordrhein-Westfalen und Baden-Württemberg (Wagner et al. 2003). Den Ausschlag geben also nicht, wie angenommen, freundschaftliche Kontakte, sondern vielmehr die in der alltäglichen Auseinandersetzung wahrgenommene soziale Realität, die „Normalität" der Erfahrung und die damit zusammenhängenden Vorstellungen und Bilder, die sozialen Diskurse. Die Bedeutung interkultureller Kontakte ist nicht unabhängig von den sozialen Gegebenheiten interpretierbar, das Thema kulturelle Vielfalt in der Schule nicht ohne Rücksichtnahme auf die gegebenen gesellschaftlichen Voraussetzungen und kontextabhängigen Diskurse verhandelbar.

Zur Bedeutung formaler Schulbildung: Den Ergebnissen der vorliegenden Studie nach zeitigt die formale Schulbildung der Schülerinnen und Schüler vor allem in Bezug auf die basalen Orientierungen im Umgang mit kultureller Vielfalt signifikante Effekte. Durch die formale Schulbildung primär beeinflusst sind die Anerkennung separatistischer Orientierungen, die Übernahme kultureller Assoziationskriterien für die Einwanderung von Personen und Integration von Staaten in die EU sowie die Bereitschaft zu interkulturellen Kontakten und transnationaler Mobilität im europäischen Rahmen. Eine ebenfalls relevante Rolle spielt die formale Schulbildung, wenn es um die Übernahme europäischer Identifikationsprozesse geht, und hinsichtlich der Sozialen Orientierungen: Selbstverwirklichung und Konservatismus.

Im gymnasialen Bereich findet sich daher eher die Ablehnung ethnozentrischer Gesellschaftsbilder, die einhergeht mit der Übernahme europäischer Bezüge und die verbunden ist mit dem Streben nach Selbstverwirklichung, Hedonismus und sozialer Anerkennung; andererseits, in der Haupt- und Gesamtschule verankert, findet sich die Orientierung entlang nationaler Kategorien, die einhergeht mit separatistischen Beziehungsvorstellungen, der Übernahme kultureller Assoziationskriterien und einer Bezugnahme auf konservative Wertvorstellungen.

Grundsätzlich lässt sich festhalten, dass der Einfluss formaler Schulbildung lediglich die Grenzen des Sagbaren, des „sozial Erwünschten", zum Nicht-sagbaren aufzuzeigen vermag, jedoch keine weiter reichenden Reflexionsprozesse in Gang bringt (vgl. Hollstein et al. 2002), da lediglich die basalen Orientierungen angesprochen werden. Weder die Bereitschaft der Schülerinnen und Schüler, in Kontakt zu Personen nicht europäischer Herkunft zu treten und über die Grenzen Europas hinaus mobil zu sein, noch die Anerkennung integrativer Maßnahmen, die einen gleichberechtigten Umgang von Personen unterschiedlicher ethnischer, religiöser und kultureller Hintergründe vorsieht, sind von der formalen Schulbildung beeinflusst. Vielmehr weisen die Ergebnisse auf schulformabhängige Tradierungen sozialer Identitätskonzepte hin, die unterschiedliche Partizipationsmöglichkeiten von Schülerinnen und Schülern an gesellschaftlichen, vor allem transnationalen Prozessen betonen: auf der einen Seite der die Grenzen des Nationalen überschreitende „Gymnasiast", auf der anderen Seite der an nationale, wenn nicht sogar regionale Interessen gebundene „Hauptschüler". Verstärkt wird diese Einsicht auch durch den nicht zu verifizierenden Einfluss der Bildungs- und Ausbildungsabschlüsse der Eltern. Der Einfluss der unterschiedlich zu bewertenden sozialen Kapitale der Eltern fällt hinter den der formalen Schulbildung zurück.

Zur Bedeutung Sozialer Orientierungen: Im Unterschied zur formalen Schulbildung bewirkt der Einfluss der Sozialen Orientierungen: Selbstverwirklichung, Konservatismus und Neoliberalismus sowie der Einfluss der politischen Ausrichtung der Schülerinnen und Schüler gegenüber sämtlichen genannten Orientierungen im Umgang mit kultureller Vielfalt signifikante Effekte. Im Vergleich der Sozialen Orientierungen die höchsten Effekte zeigen die Orientierung in Richtung auf Selbstverwirklichung und die politische Orientierung der Schülerinnen und Schüler. Deutlich geringer fällt der Einfluss konservativer und neoliberaler Wertbezüge aus.

In Anlehnung an die Überlegungen zur „autoritären Persönlichkeit" von Adorno et al. (1950) wurde angenommen, dass die Wertorientierung einer Person Auskunft über die Charakterstruktur der Person gebe und diese wiederum in einem engen Zusammenhang mit der Stärke der Ich-Entwicklung stehe (ausführlich Kapitel 2.1.). Auch wenn die hier erhobenen Wertorientierungen nur in einem geringen Maße mit charakterlichen Dispositionen in Verbindung gebracht werden können, lassen sich dennoch Zusammenhänge konstatieren. Die Ergebnisse der Studie belegen: Schülerinnen und Schüler, die Selbstverwirklichungsprozessen gegenüber positiv eingestellt sind, sprechen sich verstärkt für integrative Maßnahmen aus und sind eher zu interkulturellen Kontakten und transnationaler Mobilität im europäischen sowie außereuropäischen Rahmen bereit. Überdies stimmen sie deutlich eher gegen separatistische Beziehungsvorstellungen und kulturelle Assoziationsvorstellungen. Schülerinnen und Schüler, die eine eher ‚rechte' politische Meinung vertreten, stimmen eher für separatistische Vorstellungen, vertreten verstärkt wirtschaftliche und kulturelle Assoziationskriterien und lehnen signifikant häufiger den Kontakt zu Personen nicht europäischer Herkunft ab. In einem deutlich geringeren Maße gilt dies ebenso für die Schülerinnen und Schüler, die konservativen Wertvorstellungen gegenüber positiv eingestellt sind: Auch diese stimmen eher für separatistische Maßnahmen und kulturelle Assoziationskriterien, gleichzeitig aber auch für integrative Bezüge und die Bereitschaft zu interkulturellen Kontakten und transnationaler Mobilität im europäischen Rahmen. Währenddessen fällt die Orientierung an neoliberalen Wertbezügen vor allem mit den wirtschaftlichen Assoziationskriterien zusammen.

Soziale Kategorien sind, anders als die in den experimentellen Studien der Psychologie gesetzten Kategorien, in gesellschaftlichen Aushandlungsprozessen entstanden und damit notwendigerweise wandelbar. Die Grenzen und Inhalte nationaler Kategorien sind, ebenso wie die Grenzen und Inhalte europäischer Identifikationsbezüge, vom gesellschaftlichen Diskurs definierte, indes die Bezugnahme auf die genannten sozialen Kategorien, den Ergebnissen der vorliegenden Studie nach, vor allem als abhängig von der formalen Schulbildung der Schülerinnen und Schüler und ihren sozialen Wertorientierungen betrachtet werden müssen. Es ist also, wenn man die Befunde in Hinblick auf ihre Bedeutung für Schule und Unterricht bewerten will, weniger wichtig, die Messsonde bei den Einstellungen der Schülerinnen und Schüler anzusetzen, als vielmehr den Unterricht daraufhin zu beobachten, welche Möglichkeiten der Identifikation und der Gestaltung eigener Identitätskonzepte er den Schülerinnen und Schülern zur Verfügung stellt. Dabei zeigt sich auch, dass europabezogene Identifikationsprozesse nicht per se handlungspraktisch relevant sind, sondern eher als Spielfeld der symbolischen Herstellung von Unterschieden zu verstehen sind (vgl. dazu auch die Ergebnisse der Studie von Helsper et al. 2006).

Literatur

Adorno, Theodor W. (1973): Studien zum autoritären Charakter, Frankfurt a. M.

Adorno, Theodor W./Frenkel-Brunswik, Else/Levinson, Daniel/Sanford, Nevitt (1950): The Authoritarian Personality, New York

Ahlheim, Klaus/Heger, Bardo (2002): Die unbequeme Vergangenheit: NS-Vergangenheit, Holocaust und die Schwierigkeiten des Erinnerns, Schwalbach/Ts.

Allmendinger, Jutta/Leibfried, Stefan (2002): Bildungsarmut im Sozialstaat. In: Burkart, Günter/Wolf, Jürgen (Hrsg.): Lebenszeiten: Erkundungen zur Soziologie der Generationen, Opladen: 287-315.

Allport, Gordon W. (1954): The Nature of Prejudice, Cambridge

Allport, Gordon W. (1971): Die Natur des Vorurteils, Köln

Altemeyer, Bob (1981): Right-wing authoritarianisms, Winnipeg

Beck, Ulrich/Giddens, Anthony/Lash, Scott (1996): Reflexive Modernisierung. Eine Kontroverse, Frankfurt a. M.

Becker, Julia/Wagner, Ulrich/Christ, Oliver (2007): Nationalismus und Patriotismus als Ursache von Fremdenfeindlichkeit. In: Heitmeyer, Wilhelm (Hrsg.): Deutsche Zustände, Frankfurt a. M.: 131-149.

Berry, John W./Kim, Uichol/Power, S./Young, Marta/Bujaki, Merridee (1989): Acculturation attitudes in Plural Societies. Applied Psychology. In: An International Review 38: 185-206.

Boos-Nünning, Ursula/Karakaşoğlu, Yasemin (2005): Viele Welten leben. Zur Lebenssituation von Mädchen und jungen Frauen mit Migrationshintergrund, Münster

Bornewasser, Manfred (1999): Fremdenfeindlichkeit und Rassismus als Schattenseiten der nationalen Identität? In: Bornewasser, Manfred/ Wakenhut, Roland (Hrsg.): Ethnisches und nationales Bewusstsein – zwischen Globalisierung und Regionalisierung, Frankfurt a. M.: 171-188.

Bourhis, Richard Y./Moise, Lena C./Perreault, Stephane/Senécal, Sacha (1997): Towards an Interactive Acculturation Model: A Social Psychological Approach. In: International Journal of Psychology 32: 369-386.

Breit, Gotthard (2004): Was ist „Europa"? „Europa" in der Argumentation für und gegen eine Aufnahme der Türkei in die Europäische Union (EU). In: Weißeno, Georg (Hrsg.): Europa verstehen lernen. Eine Aufgabe des Politikunterrichts, Bonn: 51-69.

Brettschneider, Frank/Deth, Jan van/Roller, Edeltraud (2003): Europäische Integration in der öffentlichen Meinung: Forschungsstand und Forschungsperspektiven. In: Brettschneider, Frank/Deth, Jan van/Roller, Edeltraud (Hrsg.): Europäische Integration in der öffentlichen Meinung, Opladen: 9–26.

Brewer Marilyn B./Miller, Norman (1996): Intergroup Relations, Buckingham

Brewer Marilyn B./Miller, Norman(1984): Beyond the contact hypothesis: Theoretical perspectives on desegregation. In: Miller, Norman/Brewer, Marilyn B. (Hrsg.): Group in contact: The psychology of desegregation, Orlando: 281-302.

Brewer, Marilyn B./Miller, Norman (1988): Contact and cooperation: When do they work? In: Katz, Phyllis A./Taylor, Dalmas A. (Hrsg.): Eliminating racism: Means and controversy, New York: 315-326.

Brown, Rupert (2000): Social Identity Theory: past achievements, current problems and future challenges. In: European Journal of Social Psychology 30: 745-778.

Brown, Rupert/Eller, Anja/Leeds, Sarah/Stace, Kim (2007): Intergroup contact and intergroup attitudes: A longitudinal study. In: European journal of social psychology 37(4): 692-703.

Brown, Rupert/Vivian, James/Hewstone, Miles (1999): Changing attitudes through intergroup contact: the effects of group membership salience. In: European Journal of Social Psychology 29: 741-764.

Bühl, Achim/Zöfel, Peter (2005): SPSS 12. Einführung in die moderne Datenanalyse unter Windows, München

Buttler, J. Corey (2000): Personality and Emotional correlates of Right-Wing Authoritarianism. In: Social Behavior and Personality 28(1): 1-4.

Butler, Judith (1998): Haß spricht. Zur Politik des Performativen, Berlin

Clauß, Günter/Finze, Falk-Rüdiger/Partzsch, Lothar (1999): Statistik für Soziologen, Pädagogen, Psychologen und Mediziner. Grundlagen 3., Frankfurt a. M.

Clement, Russel W./Krueger, Joachim (2002): Social Categorization Moderates Social Projection. In: Journal of Experimental Social Psychology 38: 219-231.

Combe, Arno/Helsper, Werner (2002): Professionalität. In: Otto, Hans-Uwe/Rauschenbach, Thomas/Vogel, Peter (Hrsg.): Erziehungswissenschaft: Professionalität und Kompetenz, Opladen: 29-47.

Dekker, Paul/Ester, Peter (2005): Education and Authoritarianism: A Longitudinal Analysis of Dutch Survey Date, 1970-1996. In: Farnen, Russell/Dekker, Henk/Landtsheer, Christ De/Sünker, Heinz/German, Daniel (Hrsg.): Democratisation, Europeanisation, and Globalisation Trends. Cross-National Analysis of Authoritarianism, Socialisation, Communications, Youth, and Social Policy. Work - Technology - Organisation - Society, Bd. 29, Frankfurt a. M. et al.: 213-228.

Deutsche Shell (Hrsg.) (2000): Jugend 2000, Bd. 1, Opladen

Deutsche Shell (Hrsg.) (2004): Jugend 2002. Zwischen pragmatischem Idealismus und robustem Materialismus, Frankfurt a. M.

Dick van, Rolf/Wagner, Ulrich/Christ, Oliver/Pettigrew, Thomas. F./Wolf, Carina/Petzel, Thomas/Castro, Vanessa Smith/Jackson, James S. (2004): The Role of Perceived Importance in Intergroup Contact. Journal of Personality and Social Psychology 87(2): 211-227.

Dick, Rolf van/Wagner, Ulrich/Adams, Claudia/Petzel, Thomas (1997): Einstellungen zur Akkulturation: Erste Evaluation eines Fragebogens an sechs deutschen Stichproben. In: Gruppendynamik 28(1): 83-92.

Dick, Rolf van/Wagner, Ulrich/Christ, Oliver/Pettigrew, Thomas F./Wolf, Carina/Petzel, Thomas/Castro, Vanessa S./Jackson, James S. (2004): Role of Perceived Importance in Intergroup Contact. In: Journal of Personality and Social Psychology 87(2): 211-227.

Dixon, John/Durrheim, Kevin/Tredoux, Colin (2005): Beyond the Optimal Contact Strategy. A Reality Check for the Contact Hypothesis. In: American Psychologist 60(7): 697-711.

Dovidio, John F./Gaertner, Samuel L./Hodson, Gordon/Houlette, Melissa A./ Johnson, Kelly M. (2005): Social Inclusion and Exclusion: Recategorization and the perception of Intergroup Boundaries. In: Abrams, Dominic/Hogg, Michael A./Marques, Jose (Hrsg.): The Social Psychology of Inclusion and Exclusion, Philadelphia: 246-264.

Dovidio, John F./Gaertner, Samuel L./Validzic, Ana (1998): Intergroup bias: status, differentiation, and a common in-group identity. In: Journal of personality and social psychology 75(1): 109-120.

Dovidio, John F./Gaertner, Samuel L./Validzic, Ana/Matoka, Kimberly/Johnson, Brenda/Frazier, Stacy (1997): Extending the benefits of recategorization: Evaluations, selfdisclosure and helping. In: Journal of Experimental Social Psychology 33: 401-420.

Duckitt, John (1989): Authoritarianism and group identification: A new view of an old construct. In: Political Psychology 10(1): 63-84.

Duckitt, John/Fisher, Kristin (2003): The Impact of Social Threat on Worldview and Ideological Attitudes. In: Political Psychology 24(1): 199-222.

Duckitt, John/Sibley, Christ G. (2007): Right wing authoritarianism, social dominance orientation and the dimensions of generalized prejudice. In: European Journal of Personality 21: 113-130.

Duriez, Bart/Soenens, Bart/Vansteenkiste, Maarten (2007): In Search of the Antecedents of Adolescent Authoritarianism: The Relative Contribution of Parental Goal Promotion and Parenting Style Dimensions. In: European Journal of Personality 21: 507-527.

Duriez, Bart/Soenens, Bart (2006): Personality, Identity Styles and Authoritarianism: An Integrative Study among Late Adolescents. In: European Journal of Personality 20: 397-417.

Duriez, Bart/Van Hiel, Alain/Kossowska, Malgorzata (2005): Authoritarianism and Social Dominance in Western and Eastern Europe: The importance of the Sociopolitical Context and of Political Interest. In: Political Psychology 26(2): 299-320.

Eder, Klaus (2001): Klasse, Macht und Kultur. Zum Theoriedefizit der Ungleichheitsforschung. In: Weiß, Anja/Koppetsch, Cornelia/Scharenberg, Albert/Schmidtke, Oliver (Hrsg.): Klasse und Klassifikation. Die symbolische Dimension sozialer Ungleichheit, Wiesbaden: 7-26.

215

Ellemers, Naomi/Spears, Russel/Soosje, Bertjan (2002): Self and social Identity. In: Annual Review of Psychology 53: 161-186.

Eller, Anja/Abrams, Dominic (2004): Come together: longitudinal comparisons of Pettigrew´s reformulated intergroup contact model and the Common Ingroup Identity Model in Anglo-French and Mexican-American contexts. In: European Journal of Social Psychology 34, 229-256.

Entschließung des Rates und der im Rat vereinigten Minister für das Bildungswesen zur europäischen Dimension im Bildungswesen vom 24. Mai 1988/Amtsblatt Nr. C 177 vom 06/07/1988 S005-007/ http://eurlex.europa.eu/LexUriServ /LexUriServ.do?uri= CELEX:419880706(01):DE:HTML (Stand 14.11.2006)

Europäische Kommission (2000): Eurobarometer. Die öffentliche Meinung in der europäischen Union, Bericht Nr. 54, Brüssel

Europäische Kommission (2001): Wie die Europäer sich selbst sehen. Aktuelle Themen im Spiegel der öffentlichen Meinung, Luxemburg

Evanoff, Richard (2006): Integration in intercultural ethics. In: International Journal of Intercultural Relations (30): 421-437.

Feldman, Ofer/Watts, Meredith (2000): Autorität und politische Autorität in Japan: Kulturelle und soziale Orientierungen in einer nicht-westlichen Gesellschaft. In: Rippl, Susanne/Seipel, Christian/Kindervater, Angela (Hrsg.): Autoritarismus. Kontroversen und Ansätze der aktuellen Autoritarismusforschung, Opladen: 147-172.

Feldman, Stanley (2000). Die Konzeptualisierung und die Messung von Autoritarismus: Ein neuer Ansatz. In: Rippl, Susanne/Seipel, Christian/Kindervater, Angela (Hrsg.): Autoritarismus. Kontroversen und Ansätze der aktuellen Autoritarismusforschung, Opladen: 69-90.

Feldman, Stanley (2003): Enforcing Social Conformity: A Theory of Authoritarianism. In: Political Psychology 24(1): 41-74.

Fritzsche, Sylke (2006): Multikulturelle Schülerschaft und Fremdenfeindlichkeit. In: Helsper, Werner/Krüger, Heinz-Hermann/Fritzsche, Sylke/ Sandring, Sabine/Wiezorek, Christine/Böhm-Kasper, Oliver/Pfaff, Nicolle (Hrsg.): Unpolitische Jugend? Eine Studie zum Verhältnis von Schule, Anerkennung und Politik, Wiesbaden: 75-96.

Fritzsche, Yvonne (2000): Inflation am „Wertehimmel". In: Deutsche Shell (Hrsg.): Jugend 2000, Opladen: 93-156.

Fritzsche, Yvonne (2000): Modernes Leben: Gewandelt, vernetzt und verkabelt. In: Deutsche Shell (Hrsg.): Jugend 2000, Opladen: 181-220.

Fröhlich, Hans/Müller, Bernhard (1995). Überfremdungsdiskurs und die Virulenz von Fremdenfeindlichkeit vor dem Hintergrund internationaler Migrationsbewegungen, Abhandlung zur Erlangung der Doktorwürde der Philosophischen Fakultät I der Universität Zürich, Bokos/Zürich

Fromm, Erich (1987): Theoretische Entwürfe über Autorität und Familie. Sozialpsychologischer Teil. In: Horkheimer, Max/Fromm, Erich/Mar cuse, Herbert/Mayer, Hans/Wittfogel, Karl A./Honigsheim, Paul (Hrsg.): Studien über Autorität und Familie. Forschungsberichte aus dem Institut für Sozialforschung, Lüneburg: 77-135.

Fuchs, Marek/Sixt, Michaela (2007): Zur Nachhaltigkeit von Bildungsaufstiegen. Soziale Vererbung von Bildungserfolgen über mehrere Generationen. In: Kölner Zeitschrift für Soziologie und Sozialpsychologie, 59(1): 1-29.

Funke, Friedrich (2003): Die dimensionale Struktur von Autoritarismus, Jena (http://www.db-thueringen.de/servlets/DerivateServlet/Derivate-734/diss_funke.pdf)

Funke, Friedrich (2005): The Dimensionality of Right-Wing Authoritarianism: Lessons from the Dilemma between Theory and Measurement. In: Political Psychology 26(2): 195-218.

Gaertner, Samuel L./Dovidio, John F./Anastasio, Phyllis A./Bachevan, Betty A./Rust, Mary C. (1993): The common ingroup identity model: recategorization and the reduction of intergroup bias. In: Stroebe, Wolfgang/Hewstone, Miles (Hrsg.): European review of social psychology 4: 1-26.

Gaertner, Samuel L./Dovidio, John F. (2000): Reducing Intergroup Bias: The Common Ingroup Identity Model, Philadelphia

Gaertner, Samuel L./Mann, Jeffrey A./Dovidio, John F./Murrell, Audrey J./ Pomare, Marina (1990): How does cooperation reduce intergroup bias? In: Journal of Personality and Social Psychology 59: 692-704.

Gaertner, Samuel L./Mann, Jeffrey/Murrell, Audrey J./Dovidio, John F. (1989): Reducing intergroup bias: The benefits of recategorization. In: Journal of Personality and Social Psychology 57(2): 239-249.

Gaertner, Samuel L./Rust, Mary C./Dovidio, John F./Bachman, Betty A./ Anastasio, Phyllis A. (1996): The Contact Hypothesis: The role of a common ingroup identity on reducing intergroup bias among majority and minority group members. In: Nye, Judith L./Brower, Aaron M. (Hrsg.): What's social about social cognition? Newbury Park: 230-360.

Gaertner, Samuel L./Rust, Mary C./Dovidio, John F./Bachman, Betty A./ Anastasio, Phyllis A. (1994): The contact hypothesis: The role of a common ingroup identity on reducing intergroup bias. In: Small Groups Research 25: 224–249.

Giddens, Anthony (1995): Konsequenzen der Moderne, Frankfurt a. M.

Giddens, Anthony (1996): Leben in einer posttraditionalen Gesellschaft. In: Beck, Ulrich/Giddens, Anthony/Lash, Scott (Hrsg.): Reflexive Modernisierung. Eine Kontroverse, Frankfurt a. M.: 113-194.

Gille, Martina/Krüger, Winfried (Hrsg.) (2000): Unzufriedene Demokraten. Politische Orientierungen der 16- bis 29jährigen im vereinigten Deutschland. DJI-Jugendsurvey 2., Opladen

Gonzales Roberto/Brown Robert (2003): Generalization of positive attitude as a function of subgroup and superordinate group identifications in intergroup contact. In: European Journal of Social Psychology 33: 195-214.

Gonzalez, Roberto/Brown, Rupert (2006): Dual identities in intergroup contact: Group status and size moderate the generalization of positive attitude change. In: Journal of Experimental Social Psychology 42: 753-767.

Grier, Sonya/McGill Ann L. (2000): How We Explain Depends on Whom We Explain: The Impact of Social Category on the Selection of Causal Comparisons and Causal Explanations. In: Journal of Experimental Social Psychology 36: 545-566.

Grieve, Paul G. /Hogg, Michael A. (1999): Subjective Uncertainty and Intergroup Discrimination in the Minimal Group Situation. In: Personality and Social Psychology Bulletin 25(8): 926-940.

Gün, Ali Kemal (1994): Einflüsse des Tourismus auf die Einstellung Deutscher gegenüber Türken. Eine empirische Untersuchung. In: Thomas, Alexander (Hrsg.): Psychologie und multikulturelle Gesellschaft. Problemanalysen und Problemlösungen, Göttingen/Bern/Toronto/Seattle: 287-293.

Habermas, Jürgen (2001): Warum braucht Europa eine Verfassung? In: Die Zeit, 28. 6. 2001: 7.

Hadjar, Andreas (2007): Desintegration, Deprivation, Autoritarismus und Bedrohungsgefühle. In: Rippl, Susanne/Baier, Dirk/Boehnke, Klaus (Hrsg.): Europa auf dem Weg nach rechts? Die EU-Osterweiterung und ihre Folgen für politische Einstellungen in Deutschland, Polen und der Tschechischen Republik, Wiesbaden: 131-150.

Haslam, S. Alexander/Oakes, Penelope J./Reynolds, Katherine J./Turner, John C. (1999): Social Identity Salience and the Emergence of Stereotype Consensus. In: Personality and Social Psychology Bulletin 25(7): 809-818.

Hefler, Gerd/Boehnke, Klaus/Butz, Petra (1999): Zur Bedeutung der Familie für die Genese von Fremdenfeindlichkeit bei Jugendlichen. Eine Längsschnittanalyse. In: Zeitschrift für Sozialisationsforschung und Erziehungssoziologie 19(1): 72-87.

Helsper, Werner (2004): Antinomien, Widersprüche, Paradoxien: Lehrerarbeit – ein unmögliches Geschäft? Eine strukturtheoretisch-rekonstruktive Perspektive auf das Lehrerhandeln. In: Koch-Priewe, Barbara (Hrsg.): Grundlagenforschung und mikrodidaktische Reformansätze zur Lehrerbildung. Bad Heilbrunn/Obb: 49-98.

Helsper, Werner (2006): Zwischen Gemeinschaft und Ausschluss – die schulischen Integrations- und Anerkennungsräume im Kontrast. In: Helsper, Werner/Krüger, Heinz-Hermann/Fritzsche, Sylke (Hrsg.): Unpolitische Jugend? Eine Studie zum Verhältnis von Schule, Anerkennung und Politik, Wiesbaden: 293-318.

Helsper, Werner/Böhme, Jeanette/Kramer, Rolf-Thorsten (2001): Schulkultur und Schulmythos. Gymnasien zwischen elitärer Bildung und höherer Volksschule im Transformationsprozess. Rekonstruktionen zur Schulkultur I. Studien zur Schul- und Bildungsforschung, Bd.13, Opladen

Helsper, Werner/Böhm-Kasper, Oliver/Sandring, Sabine (2006): Die Ambivalenzen der Schülerpartizipation – Partizipationsmaße und Sinnstruktur der Partizipation im Vergleich. In: Helsper, Werner/Krüger, Heinz-Hermann/Fritzsche, Sylke/Sandring, Sabine/Wiezorek, Christine/Böhm-Kasper, Oliver/Pfaff, Nicolle (Hrsg.): Unpolitische Jugend? Eine Studie zum Verhältnis von Schule, Anerkennung und Politik, Wiesbaden: 319-340.

Helsper, Werner/Krüger, Heinz-Hermann (2006): Politische Orientierungen Jugendlicher und schulische Anerkennung. In: Helsper, Werner/Krüger, Heinz-Hermann/Fritzsche, Sylke/Sandring, Sabine/Wiezorek, Christine/Böhm-Kasper, Oliver/Pfaff, Nicolle (Hrsg.): Unpolitische Jugend? Eine Studie zum Verhältnis von Schule, Anerkennung und Politik, Wiesbaden: 11-32.

Hennig, Marina (2001): Wandel von Einstellungen und Werten unter dem Aspekt des Autoritarismus deutscher Eltern im Zeitvergleich. In: SWS-Rundschau 41: 373-392.

Henschel, Thomas R. (1993): „Europa – det is"n Anfang". Jugendliche und ihre Einstellungen zu Europa 1993, Schriftenreihe der Forschungsgruppe Jugend und Europa, Bd. 2, Mainz

Henschel, Thomas R. (1997): Die deutschen Europäer. Einstellungen Jugendlicher zu Europa 1990–1995, München

Henschel, Thomas R. (1999): Jugend und Europa. In: Weidenfeld, Werner (Hrsg.): Europa-Handbuch, Bonn: 618-630.

Henschel, Thomas R./Rappenglück, Stefan (1997): Jugend und Europa. In: Außerschulische Bildung: 176-181.

Hertel, Guido/Kerr, Norbert L. (2001): Priming In-Group Favoritism: The Impact of Normative Scripts in the Minimal Group Paradigm. In: Journal of Experimental Social Psychology 37: 316-324.

Hess U. (1994): Der Einfluß von Auslandsreisen auf Fremdenfeindlichkeit: Soziologische Aspekte im Zusammenhang mit der aktuellen Situation in Deutschland. In: Thomas, Alexander (Hrsg.): Psychologie und multikulturelle Gesellschaft. Problemanalysen und Problemlösungen, Göttingen/Bern/Toronto/Seattle: 293-295.

Hewstone, Miles/Brown, Rupert (1986): Contact is not enough: An intergroup perspective on the „contact hypothesis". In: Hewstone, Miles/ Brown, Rupert (Hrsg.): Contact and conflict in intergroup encounters. Oxford: 1-44.

Hewstone, Miles/Rubin, Mark/Willis, Hazel (2002): Intergroup Bias. In: Annual Review of Psychology 53: 575-603.

Heyder, Aribert/Schmidt, Peter (2000): Autoritäre Einstellung und Ethnozentrismus – Welchen Einfluß hat die Schulbildung? In: Rippl, Susanne/Seipel, Christian/Kindervater, Angela (Hrsg.): Autoritarismus: Kontroversen und Ansätze der aktuellen Autoritarismus-forschung, Opladen: 119-143.

Hiel, Alain van/Cornelis, Ilse/Roets, Arne/De Clercq, Barbara (2007): A Comparison of Various Authoritarianism Scales in Belgian Flanders. In: European Journal of Personality 21: 149-168.

Hiel, Alain van/Mervielde, Ivan (2003): The Measurement of Cognitive Complexity and Its Relationship With Political Extremism. In: Political Psychology 24(4): 781-801.

Hill, Paul (1993): Die Entwicklung der Einstellungen zu unterschiedlichen Ausländergruppen zwischen 1980 und 1992. In: Willems, Helmut (Hrsg.): Fremdenfeindliche Gewalt. Einstellungen, Täter, Konflikteskalation, Opladen: 25-67.

Hillmann, Karl-Heinz (1994): Wörterbuch der Soziologie, Stuttgart

Hodson, Gordon/Dovidio, John F./Esses, Victoria M. (2003): Ingroup identification as a moderator of positive-negative asymmetry in social discrimination. In: European Journal of Social Psychology 33: 215-233.

Hoffmann-Lange, Ursula (1995) (Hrsg.): Jugend und Demokratie in Deutschland. DJI Jugendsurvey 1, Opladen

Hogg, Michael A. (1987): Social identity and group cohesiveness. In: Turner, John C./Hogg, Michael A./Oakes, Penelope J./Reicher, Stephen D./Wetherell, Margaret (Hrsg.): Rediscovering the Social Group: A Self-Categorization Theory, Oxford: 89-116.

Hogg, Michael A./Abrams, Dominic (1990): Social identifications: A social psychology of intergroup relations and group processes, London

Hogg, Michael A./Sherman, David K./Dierselhuis, Joel/Maitner, Angela T./Moffitt, Graham (2007): Uncertainty, entitativity, and group identification. In: Journal of Experimental Social Psychology 43: 135-142.

Hogg, Michael A./Turner, John C. (1987): Intergroup behavior, self-stereotyping and the salience of social categories. In: British Journal of Social Psychology 26: 325-340.

Hollstein, Oliver/Meseth, Wolfgang/Müller-Mahnkopp, Christine/Proske, Matthias/Radtke, Frank-Olaf (2002): Nationalsozialismus im Geschichtsunterricht. Beobachtungen unterrichtlicher Kommunikation. Bericht zu einer Pilotstudie. Reihe: Frankfurter Beiträge zur Erziehungswissenschaft. Forschungsberichte 3, Frankfurt a. M.

Hopf, Christel (1987): Zur Aktualität der Untersuchungen zur „autoritären Persönlichkeit". In: Zeitschrift für Sozialisationsforschung und Erziehungssoziologie 7: 162-177.

Hopf, Christel (2000): Familie und Autoritarismus – zur politischen Bedeutung sozialer Erfahrungen in der Familie. In: Rippl, Susanne/Seipel, Christian/Kindervater, Angela (Hrsg.): Autoritarismus: Kontroversen und Ansätze der aktuellen Autoritarismusforschung, Opladen: 34-51.

Hopf, Christel/Rieker, Peter/Sanden-Marcus, Martina/Schmidt, Christiane (1995): Familie und Rechtsextremismus: familiale Sozialisation und rechtsextreme Orientierungen junger Männer, Weinheim

Hopf, Wulf (2000): Soziale Schichtung und Autoritarismus. Oder: Sind Arbeiter besonders autoritär? In: Rippl, Susanne/Seipel, Christian/Kindervater, Angela (Hrsg.): Autoritarismus: Kontroversen und Ansätze der aktuellen Autoritarismusforschung, Opladen: 93-118.

Horkheimer, Max/Adorno, Theodor W. (1988): Dialektik der Aufklärung, Frankfurt a. M.

Horkheimer, Max/Fromm, Erich/Marcuse, Herbert/Mayer, Hans/Wittfogel, Karl A./Honigsheim, Paul (1987): Studien über Autorität und Familie. Forschungsberichte aus dem Institut für Sozialforschung, Lüneburg

Hradil, Stefan (2001): Soziale Ungleichheit in Deutschland, Opladen

Hurrelmann, Achim (2005): Verfassung und Integration in Europa. Wege zu einer supranationalen Demokratie, Frankfurt a. M./New York

Iffert, Hannelore/Moritz, Petra/Schlimme, Wolfgang (1995): Jugend im Land Brandenburg. Kenntnisse, Bewertungen, Urteile, Einstellungen und Wünsche zu Europa. In: Franke, Kurt F. K. (Hrsg.): Jugend und Europa, Bd. 1, Schriftenreihe – Jugend und Politische Bildung, Berlin

Jackman, Mary R. (1978): „General and Applied Tolerance: Does Education Increase Commitment to Racial Integration?". In: American Journal of Political Science 22(2): 302-332.

Jackman, Mary R. (1981): Education and policy commitment to racial integration. In: American Journal of Political Science 25: 256-269.

Jackman, Mary R./Muha, Michael J. (1984): Education and Intergroup Attitudes: Moral Enlightenment, Superficial Democratic Commitment, or Ideological Refinement? In: American Sociological Review 49(6): 751-769.

Johnston, Lucy/Hewstone, Miles (1990): Intergroup contact: Social identity and social cognition. In: Abrams, Dominic/Hogg, Michael A. (Hrsg.): Social Identity Theory. Constructive and Critical Advances, New York: 185-210.

Kaib, Kirsten (1995): Mobilitätstypen westdeutscher Jugendlicher – Ergebnisse einer exemplarischen Untersuchung in Mainz und Wiesbaden. In: Henschel, Thomas R. (Hrsg.): Mobilität ist mehr als Reisen. Die Einstellungen der jungen Generation in Polen und Deutschland zu einer Schlüsselqualifikation, Bonn: 16-55.

Kindervater, Angela (2007): Stereotype versus Vorurteile: Ein empirischer Beitrag zur Begriffsbestimmung, Frankfurt a. M.

Klink, Andreas/Hamberger, Jürgen/Hewstone, Miles/Avci, Meltem (1998): Kontakte zwischen sozialen Gruppen als Mittel zur Reduktion von Aggression und Gewalt: sozialpsychologische Theorien und ihre Anwendung in der Schule. In: Bierhoff, Hans Werner/Wagner, Ulrich (Hrsg.): Aggression und Gewalt. Phänomene, Ursachen und Interventionen, Stuttgart/Berlin/Köln: 280-306.

KMK (1990): Europa im Unterricht. Beschluss der Kultusministerkonferenz vom 8.6.1978 i. d. F. vom 7.12.1990/http://bebis.cidsnet.de/faecher /feld/europa/unterricht_dateien/ kmkeuropa.htm (Stand 05.10.06)

KMK (1996): Interkulturelle Bildung und Erziehung in der Schule. Beschluss der Kultusministerkonferenz vom 25.10.1996/http://www.kmk.org/ doc/beschl/671-1_ Interkulturelle %20Bildung.pdf (Stand 05.10.06)

KMK (2008): Europabildung in der Schule. Empfehlung der Ständigen Konferenz der Kulturminister der Länder in der Bundesrepublik Deutschland. Beschluss der Kultusministerkonferenz vom 08.06.1978 i. d. F. vom 05.05.2008/http://www.kmk.org/ doc/beschl/555_Europa_in_ der_Schule.pdf (Stand 06.10.2008)

Kohlschmidt, Lutz (1995): Europa und Mobilität im Bewusstsein ostdeutscher Jugendlicher – Ergebnisse von Gruppengesprächen in Leipzig. In: Henschel, Thomas R. (Hrsg.) (1995): Mobilität ist mehr als Reisen. Die Einstellungen der jungen Generation in Polen und Deutschland zu einer Schlüsselqualifikation, Bonn: 56-83.

Kromrey, Helmut (2006): Empirische Sozialforschung, Stuttgart

Lanmek, Siegfried (2005): Qualitative Sozialforschung: Lehrbuch, Weinheim

Lavine, Howard/Lodge, Milton/Freitas, Kate (2005): Threat, Authoritarianism, and Selective Exposure to Information. In: Political Psychology 26(2): 219-244.

Lederer, Gerda (1995): Die „Autoritäre Persönlichkeit": Geschichte einer Theorie. In: Lederer, Gerda/Schmidt, Peter (Hrsg.): Autoritarismus und Gesellschaft. Trendanalysen und vergleichende Jugenduntersuchungen 1945–1993, Opladen: 25-51.

Lederer, Gerda/Kindervater, Angela (1995): Wandel des Autoritarismus unter Jugendlichen in den USA. In: Lederer, Gerda/Schmidt, Peter (Hrsg.): Autoritarismus und Gesellschaft. Trendanalysen und vergleichende Jugenduntersuchungen 1945–1993, Opladen: 86-101.

Leiprecht, Rudolf/Kerber, Anne (2006): Einleitung. Schule in der pluriformen Einwanderungsgesellschaft. In: Leiprecht, Rudolf/Kerber, Anne (Hrsg.): Schule in der Einwanderungsgesellschaft. Ein Handbuch, Schwalbach/Ts.: 7-23.

Lilli, Waldemar (1975): Soziale Akzentuierung, Stuttgart

Lilli, Waldemar/Lehner, Franz (1971): Stereotype Wahrnehmung: eine Weiterentwicklung der Theorie Tajfels. In: Zeitschrift für Sozialpsychologie 2: 285-294.

Lilli, Waldemar (1970): Das Zustandekommen von Stereotypen über einfache und komplexe Sachverhalte. Experimente zum klassifizierenden Urteil. In: Zeitschrift für Sozialpsychologie 1: 57-79.

Malka, Ariel/Miller, Dale T. (2007): Political-Economic Values and the Relationship Between Socioeconomic Status and Self-Esteem. In: Journal of Personality 75(1): 25-39.

Marchand, B. (1970): Auswirkungen einer emotional wertvollen und einer emotional neutralen Klassifikation auf die Schätzung einer Stimulus-Serie. In: Zeitschrift für Sozialpsychologie 1: 264-274.

Massing, Peter (2004): Bürgerleitbilder – Anknüpfungspunkte für eine europazentrierte Didaktik des Politikunterrichts. In: Weißeno, Georg (Hrsg.): Europa verstehen lernen. Eine Aufgabe des Politikunterrichts, Bonn: 144-157.

McFarland, Sam/Mathews, Melissa (2005): Who Cares About Human Rights? In: Political Psychology 26(3): 365-385.

Meloen, Jos D. (2000): Die Ursprünge des Staatsautoritarismus. Eine empirische Untersuchung der Auswirkungen von Kultur, Einstellungen und der Politik im weltweiten Vergleich. In: Rippl, Susanne/Seipel, Christian/Kindervater, Angela (Hrsg.): Autoritarismus: Kontroversen und Ansätze der aktuellen Autoritarismusforschung, Opladen: 215-236.

Mickel, Wolfgang W. (1993): Lernfeld Europa. Didaktische Grundlagen einer europäischen Erziehung, Opladen

Mickel, Wolfgang W. (2002): Europa in Unterricht und Bildung. Ausgewählte Schriften zur europäischen Erziehungs-, Bildungs- und Kulturpolitik, Grevenbroich

Milburn, Michael A./Conrad, Sheree D. (2000): Die Sozialisation von Autoritarismus. In: Rippl, Susanne/Seipel, Christian/Kindervater, Angela (Hrsg.): Autoritarismus: Kontroversen und Ansätze der aktuellen Autoritarismusforschung, Opladen: 53-67.

Milburn, Michael A./Conrad, Sheree D./Sala, Fabio/Carberry, Sheryl (1995): Childhood punishment, denial, and political attitudes. In: Political Psychology 16: 447-478.

Münchmeier, Richard (2000): Europa-Fassade oder Chance? In: Deutsche Shell (Hrsg.): Jugend 2000, Bd. 1., Opladen: 327-342.

Münchmeier, Richard (2000): Miteinander – Nebeneinander – Gegeneinander? Zum Verhältnis zwischen deutschen und ausländischen Jugendlichen. In: Deutsche Shell (Hrsg.): Jugend 2000, Bd. 1, Opladen: 221-260.

Navas, Marisol/García, Maria C./Sánchez,Juan/Rojas, Antonio J./Pumares, Pablo/Fernández, Juan S. (2005): Relative Acculturation Extended Model (RAEM): New contributions with regard to the study of acculturation. In: International Journal of Intercultural Relations 29: 21-37.

Navas, Marisol/Rojas, Antonio J./Garcia, Maria/Pumares, Pablo (2007): Acculturation strategies and attitudes according to the Relative Acculturation Extended Model (RAEM): The perspectives of natives versus immigrants. In: International Journal of Intercultural Relations 31: 67-86.

Nieke, Wolfgang (2000): Interkulturelle Erziehung und Bildung. Wertorientierungen im Alltag, Opladen

Noack, Peter/Kracke, Bärbel (1995): Jugendliche, Ausländer und Europa: Einstellungen in Abhängigkeit von globalen Werthaltungen und Schultyp. In: Psychologie in Erziehung und Unterricht 42: 89-98.

Oakes, Penelope. (1987): The salience of social categories. In: Turner, John C./Hogg, Michael A./Oakes, Penelope J./Reicher, Stephen D./ Wetherell, Margaret (1987): Rediscovering the Social Group: A Self-Categorization Theory. Oxford: 117-141.

Oepke, Maren (2005): Rechtsextremismus unter ost- und westdeutschen Jugendlichen. Einfluss von gesellschaftlichem Wandel, Familie, Freunden und Schule, Opladen

Oesterreich, Detlef (1993): Autoritäre Persönlichkeit und Gesellschaftsordnung. Der Stellenwert psychischer Faktoren für politische Einstellungen – eine empirische Untersuchung von Jugendlichen in Ost und West, Weinheim/München

Oesterreich, Detlef (1996): Flucht in die Sicherheit. Zur Theorie des Autoritarismus und der autoritären Reaktion, Opladen

Oesterreich, Detlef (2000): Autoritäre Persönlichkeit und Sozialisation im Elternhaus. Theoretische Überlegungen und empirische Ergebnisse. In: Rippl, Susanne/Seipel, Christian/Kindervater, Angela (Hrsg.): Autoritarismus: Kontroversen und Ansätze der aktuellen Autoritarismusforschung, Opladen: 69-90.

Oesterreich, Detlef (2005): Flight into Security: A New Approach and Measure of the Authoritarian Personality. In: Political Psychology 26(2): 275-297.

Onorato, Rina S./Turner, John C. (2004): Fluidity in the self-concept: the shift from personal to social identity. In: European Journal of Social Psychology 34: 257-278.

Peterson, Bill E./Pang, Joyce S. (2006): Beyond Politics: Authoritarianism and the Pursuit of Leisure. In: The Journal of Social Psychology 146(4): 443-461.

Pettigrew, Thomas F./Christ, Oliver/Wagner, Ulrich/Stellmacher, Jost (2007): Direct and indirect intergroup contact effects on prejudice: A normative interpretation. In: International Journal of Intercultural Relations 31: 411-425.

Pettigrew, Thomas F./Tropp, Linda R. (2006): A Meta-Analytic Test of Inter-group Contact Theory. In: Journal of Personality and Social Psychology 90(5): 751-783.

Pettigrew, Thomas. F. (1998): Intergroup Contact Theory. In: Annual Review of Psychology 49: 65-85.

Piepenschneider, Melanie (1993): Europa als Zukunftsgut. Einstellungen, Wünsche, Perspektiven der jungen Generation zur europäischen Integration. In: Pädagogische Welt 47(12): 530-533.

Piepenschneider, Melanie (1996): Europa als Zukunftsgut. Einstellungen – Wünsche – Perspektiven der jungen Generation in der Bundesrepublik Deutschland zur europäischen Integration. In: Bendit, Rene (Hrsg.): Jugend im Aufbruch – Jugend in der Krise?, Baden-Baden: 312-326.

Richter, Dagmar (2004): „Doing European" statt „Europäische Identität" als Ziel politischer Bildung. In: Weißeno, Georg (Hrsg.): Europa verstehen lernen. Eine Aufgabe des Politikunterrichts, Bonn: 172-184.

Rippl, Susanne (1997): Ostdeutsch, westdeutsch oder deutsch? Gruppenzugehörigkeiten und ihr Einfluß auf das Selbstkonzept. In: Gruppendynamik 28(2): 171-189.

Rippl, Susanne/Baier, Dirk/Boehnke, Klaus (2007): Europa auf dem Weg nach rechts? Die EU-Osterweiterung und ihre Folgen für politische Einstellungen in Deutschland, Polen und der Tschechischen Republik?, Wiesbaden

Rippl, Susanne/Kindervater, Angela/Seipel, Christian (2000): Die autoritäre Persönlichkeit: Konzept, Kritik und neuere Forschungsansätze. In: Rippl, Susanne/Seipel, Christian/Kindervater, Angela (Hrsg.): Autoritarismus: Kontroversen und Ansätze der aktuellen Autoritarismusforschung, Opladen: 13-30.

Roccas, Sonia (2003): The effects of status on identification with multiple groups. In: European Journal of Social Psychology 33: 351-366.

Roccas, Sonia/Brewer, Marilynn B. (2002): Social Identiy Complexity. In: Personality and Social Psychology Review 6(2): 88-106.

Rost, Detlef H. (2005): Interpretation und Bewertung pädagogisch-psychologischer Studien: Eine Einführung, Weinheim

Rubini, Monica/Moscatelli, Silvia/Palmonari, Augusto (2007): Increasing Group Entitativity? Linguistic Intergroup Discrimination in the Minimal Group Paradigm. In: Group Processes and Intergroup Relations 10(2): 280-296.

Rubinstein, Gidi (2005): Differences in Authoritarianism between Immigrants from the Former Soviet Union and Native-Born Israelis. In: Farnen, Russell F./Dekker, Henk/Landtsheer, Christ De/Sünker, Heinz/German, Daniel B. (Hrsg.): Democratization, Europeanization, and Globalization Trends. Cross-National Analysis of Authoritarianism, Socialization, Communications, Youth, and Social Policy, Frankfurt a. M.: 295-307.

Sandring, Sabine (2006): Die ‚schlimmste Klasse‚ der Schule – Inkonsistente Anerkennungsbeziehungen zwischen Stigmatisierung und pädagogischer Problembearbeitung. In: Helsper, Werner/Krüger, Heinz-Hermann/Fritzsche, Sylke/Sandring, Sabine/Wiezorek, Christine/ Böhm-Kasper, Oliver/Pfaff, Nicolle (Hrsg.): Unpolitische Jugend? Eine Studie zum Verhältnis von Schule, Anerkennung und Politik, Wiesbaden: 231-256.

Scharenberg, Albert (2001): Der diskursive Aufstand der schwarzen „Unterklasse". Hip Hop als Protest gegen materielle und symbolische Gewalt. In: Weiß, Anja/Koppetsch, Cornelia/Scharenberg, Albert/ Schmidtke, Oliver (Hrsg.): Klasse und Klassifikation. Die symbolische Dimension sozialer Ungleichheit, Wiesbaden: 243-270.

Scharpf, Fritz W. (1999): Demokratieprobleme in der europäischen Mehrebenenpolitik. In: Merke, Wolfgang/Busch, Andreas (Hrsg.): Demokratie in Ost und West, Frankfurt a. M.: 672-694.

Scheepers, Daan /Spears, Russell/Doosje, Bertjan/Manstead, Antony S. R. (2006): Diversity in In-Group Bias: Structural Factors, Situational Features, and Social Functions. In: Journal of Personality and Social Psychology 90(6): 944-960.

Scheepers, Daan/Ellemers, Naomi (2005): When the pressure is up: The assessment of social identity threat in low and high status groups. In: Journal of Experimental Social Psychology 41: 192-200.

Schelle, Carla (2004): Kulturelle Ausdrucksformen in europäischen Kontexten politisch neu deuten. In: Weißeno, Georg (Hrsg.): Europa verstehen lernen. Eine Aufgabe des Politikunterrichts, Bonn: 185-197.

Scheuregger, Daniel/Spier, Tim (2007): Working-class authoritarianism und die Wahl rechtspopulistischer Parteien – Eine empirische Untersuchung für fünf westeuropäische Staaten. In: Kölner Zeitschrift für Soziologie und Sozialpsychologie(1): 59-80.

Schlickum, Christine (2005): Europäische Identität oder reflektierter Umgang mit kultureller Vielfalt – Ergebnisse einer empirischen Untersuchung zu den Einstellungen von Schülern. In: Loth, Wilfried (Hrsg.): Europäische Gesellschaft. Grundlagen und Perspektiven, Wiesbaden: 131-147.

Schnell, Rainer/Hill, Paul B./Esser, Elke (1999): Methoden der empirischen Sozialforschung, Wien

Schwartz, Shalom H./Bilsky, Wolfgang (1987): Toward a universal psychological structure of human values. In: Journal of Personality and Social Psychology 53: 550-562.

Schwartz, Shalom H./Bilsky, Wolfgang (1990): Toward the theory of universal content and structure of values: Extensions and crosscultural replications. In: Journal of Personality and Social Psychology 58(5): 878-891.

Schwartz, Shalom H./Bilsky, Wolfgang (1994): Values and personality. In: European Journal of Personality 8: 163-181.

Seipel, Christian/Rippl, Susanne (1999): Jugend und Autorität. Ist die Theorie der „Autoritäten Persönlichkeit" heute noch ein tragfähiges Erklärungsmodell? In: Zeitschrift für Soziologie der Erziehung und Sozialisation, 19(2): 188-202.

Seipel, Christian/Rippl, Susanne/Schmidt, Peter (1995): Autoritarismus, Politikverdrossenheit und rechte Orientierungen. In: Lederer, Gerda/Schmidt, Peter (Hrsg.): Autoritarismus und Gesellschaft, Opladen: 228-249.

Selg, Herbert/Klapprott, Jürgen/Kamenz, Rudolf (1992): Forschungsmethoden der Psychologie, Stuttgart

Simon, Bern/Trötschel, Roman (2006): Soziale Identität. In: Bierhoff, Hans-Werner/Frey, Dieter (Hrsg.): Handbuch der Psychologie, Bd. 3: Handbuch der Sozialpsychologie und Kommunikationspsychologie, Göttingen/Bern/Toronto/Seattle: 684-693.

Sinclair, Stacey/Hardin, Curtis D./Lowery, Brian S. (2006): Self-Stereotyping in the Context of Multiple Social Identities. In: Journal of Personality and Social Psychology 90(4): 529-542.

Six, Bernd (1997): Autoritarismusforschung: zwischen Tradition und Emanzipation. In: Gruppendynamik 28(3): 223-238.

Six, Bernd (2006): Autoritäre Persönlichkeit. In: Bierhoff, Hans-Werner/ Frey, Dieter (Hrsg.): Handbuch der Psychologie, Bd. 3: Handbuch der Sozialpsychologie und Kommunikationspsychologie, Göttingen/Bern/ Toronto/Seattle: 63-70.

Stellmacher, Jost/Petzel, Thomas (2005): Authoritarianism as a group phenomenon. In: Political Psychology 26: 245-274.

Stellmacher, Jost/Petzel, Thomas (2005): Das Gruppenautoritarismus Prozessmodell: Zur Kontextbezogenheit autoritären Verhaltens. In: Politische Psychologie 13: 169-194.

Stroebe, Wolfgang (Hrsg.) (1982): Sozialpsychologie, Bd. 2: Gruppenprozesse, Wege der Forschung, Darmstadt

Tajfel, Henri (1957): Value and the perceptual judgment of magnitude. In: Psychological Review 64: 192-204.

Tajfel, Henri (1959): Quantitative judgement in social perception. In: British Journal of Psychology 50: 16-29.

Tajfel, Henri (1975): Soziales Kategorisieren. In: Moscovici, Serge (Hrsg.): Forschungsgebiete der Sozialpsychologie, Bd. 1, Frankfurt a. M.: 345-380.

Tajfel, Henri (1978): Differentiation between social groups, London

Tajfel, Henri (1981): Human groups and social categories, Cambridge

Tajfel, Henri (1982): Instrumentality, identity, and social comparison. In: Tajfel, Henri (Hrsg.): Social Identity and Intergroup Relations, Cambridge: 483-508.

Tajfel, Henri (1982): Social psychology of intergroup relation. In: Annual Review of Psychology 33: 1-39.

Tajfel, Henri/Billig, Michael/Bundy, Robert P./Flament, Claude (1971): Social categorization and intergroup behavior. In: European Journal of Social Psychology 1: 149-178.

Tajfel, Henri/Turner, John C. (1979): An integrative theory of intergroup conflict. In: Austin, William G./Worchel, Stephen (Hrsg.): The social psychology of intergroup relations, Chicago: 7-14.

Tajfel, Henri/Turner, John C. (1986): The social identity theory of intergroup behavior. In: Worchel, Stephen/Austin, William. G. (Hrsg.): Psychology of intergroup relations, Monterey: 33-47.

Tajfel, Henri/Billig, Michael (1974): Familiarity and categorization in inter-group behavior. In: Journal of Experimental Social Psychology 10: 159-170.

Tajfel, Henri/Wilkes, Alan L. (1963): Classification and quantitative judgement. In: British Journal of Psychology 54: 101-114.

Tausch, Nicole/Hewstone, Miles/Kenworthy, Jared/Cairns, Ed/Christ, Oliver (2007): Cross-community contact, intergroup attitudes and trust in Northern Ireland: The mediating roles of individual-level vs. group-level threats and the moderating role of social identification. In: Political Psychology 28: 53-68.

Thiele, Burkard (2000): Die Bildungspolitik der Europäischen Gemeinschaft: Chancen und Versäumnisse der EG-Bildungspolitik zur Entwicklung des Europas der Bürger, Münster

Todosijevic, Bojan (2005): Authoritarianism and socialist ideology: the case of Yugoslavia, 1995. In: Farnen, Russell F./Dekker, Henk/Landtsheer, Christ De/Sünker, Heinz/German, Daniel B. (Hrsg.): Democratization, Europeanization, and Globalization Trends. Cross-National Analysis of Authoritarianism, Socialization, Communications, Youth, and Social Policy, Frankfurt a. M. et al.: 229-254.

Triandis, Harry. C. (1971): Attitude and Attitude Change, New York

Triandis, Harry. C. (1984): Cross-culture psychology. In: American Psychologist 39(9): 1006-1016.

Triandis, Harry C. (1990): Theoretical concepts that are applicable to the analysis of ethnocentrism. In: Brislin, Richard. W. (Hrsg.): Applied Cross-cultural psychology, Newbury Park: 34-55.

Trüdinger, Eva-Maria (2006): Vom Wert der Werte. Erklärungsmodelle für Einstellungen politischer Toleranz, Frankfurt a. M. et al.

Tulodziecki, Gerhard/Herzig, Bardo/Blömeke, Sigrid (2004): Gestaltung von Unterricht. Eine Einführung in die Didaktik, Bad Heilbrunn

Turner, John C./Brown, Rupert (1978): Social status, cognitive alternatives and intergroup relation. In: Tajfel, Henri (Hrsg.): Differentiation between social groups, London: 101-140.

Turner, John C./Hogg, Michael A./Oakes, Penelope J./Reicher, Stephen D./ Wetherell, Margaret (1987): Rediscovering the Social Group: A Self-Categorization Theory, Oxford

Turner, Rhiannon. N./Hewstone, Miles/Voci, Alberto/Paolini, Stefania/Christ, Oliver (2007): Reducing prejudice via direct and extended cross-group friendship. In: European Review of Social Psychology 18: 212-255.

Urada, Darren/Stenstrom, Douglas M./Miller, Norman (2007): Crossed Categorization Beyond the Two-Group Model. In: Journal of Personality and Social Psychology 92(4): 649-664.

Verkuyten, Maykel/Drabbles, Marco/Nieuwenhuijzen, Koen van den (1999): Self-categorisation and emotional reactions to ethnic minorities. In: European Journal of Social Psychology 29: 605-619.

Vester, Michael (2001): Soziale Milieus im gesellschaftlichen Strukturwandel: zwischen Integration und Ausgrenzung, Frankfurt a. M.

Wagner, Ulrich (1982): Soziale Schichtzugehörigkeit, formales Bildungsniveau und ethnische Vorurteile. Unterschiede in kognitiven Fähigkeiten und der sozialen Identität als Ursache für Differenzen im Urteil über Türken, Inaugural – Dissertation zur Erlangung des Grades eines Doktors der Philosophie in der Abteilung für Philosophie, Pädagogik, Psychologie der Ruhr – Universität Bochum

Wagner, Ulrich (1994): Eine sozialpsychologische Analyse von Intergruppenbeziehungen, Göttingen

Wagner, Ulrich (2006): Intergruppenbeziehungen. In: Bierhoff, Hans-Werner/Frey, Dieter (Hrsg.): Handbuch der Psychologie, Bd. 3: Handbuch der Sozialpsychologie und Kommunikationspsychologie, Göttingen/Bern/Toronto/Seattle: 663-668.

Wagner, Ulrich/Hewstone, Miles/Machleit, Uwe. (1989): Contact and Prejudice between Germans and Turks: A Correlation Study. In: Human Relations 42(7): 561-574.

Wagner, Ulrich/Christ, Oliver/Wolf, Carina/Dick, Rolf van/Stellmacher, Jost/ Schlüter, El-
mar/Zick, Andreas (2008): Social and political context effects on intergroup contact
and intergroup attitudes. To appear in. In: Wagner, Ulrich/Tropp, Linda
R./Finchilescu, Gillian/Tredoux, Colin (Hrsg.): Improving intergroup relations: Build-
ing on the legacy of Thomas F. Pettigrew, Oxford

Wagner, Ulrich/Dick, Rolf van/Pettigrew, Thomas F./Christ, Oliver (2003): Ethnic prejudice
in East- and West-Germany: The explanatory power of intergroup contact. In: Group
Processes and Intergroup Relations 6: 22-36.

Wagner, Ulrich/Zick, Andreas (1990): Psychologie der Intergruppenbeziehungen: Der „Social Identity Approach". In: Gruppendynamik 21(3): 319-330.

Wasmer, Marina/Koch, Achim (2000): Ausländer als Bürger 2. Klasse? Einstellungen zur
rechtlichen Gleichstellung von Ausländern. In: Alba, Richard/Schmidt, Peter/Wasmer,
Marina (Hrsg.): Deutsche und Ausländer: Freunde, Fremde oder Feinde? Empirische
Befunde und theoretische Erklärungen, Wiesbaden: 256-293.

Wegener, Ingo (2000): Soziale Kategorien im situativen Kontext: Kognitive Flexibilität bei
der Personenwahrnehmung, Bonn (Online-Dissertation, Universität Bonn) http://nbn-
resolving.de/urn/resolver.pl?urn=urn: nbn:de:hbz:5-02285 (Stand 14.10.2006)

Weidenfeld, Werner/Piepenschneider, Melanie (1990): Junge Generation und Europäische
Einigung. Einstellungen – Wünsche – Perspektiven, Bonn

Weins, Cornelia (2004): Fremdenfeindliche Vorurteile in den Staaten der EU, Wiesbaden

Weiß, Anja/Koppetsch, Cornelia/Scharenberg, Albert/Schmidtke, Oliver (2001): Horizontale
Disparitäten oder kulturelle Klassifikationen? Zur Integration von Ethnizität und Geschlecht in die Analyse sozialer Ungleichheit. In: Weiß, Anja/Koppetsch, Corne-
lia/Scharenberg, Albert/ Schmidtke, Oliver (Hrsg.): Klasse und Klassifikation. Die
symbolische Dimension sozialer Ungleichheit, Wiesbaden: 7-26.

Westle, Bettina (2003): Universalismus oder Abgrenzung als Komponente der Identifikation
mit der Europäischen Union? In: Brettschneider, Frank/Deth, Jan van/Roller, Edeltraud (Hrsg.): Europäische Integration in der öffentlichen Meinung, Opladen: 115-152.

Wilder, David. A. (1984): Predictions of belief homogenity and similarity following social
categorization. In: British Journal of Social Psychology 23: 323-333.

Wilson, Marc Stewart (2003): Social Dominance and Ethical Ideology: The End Justifies the
Means? In: The Journal of Social Psychology 143(5): 549-558.

Zick, Andreas (1992): „Fremdenfeindlichkeit" – Versuch einer Systematisierung der Debatte. In: Gruppendynamik 23(4): 353-373.

Zick, Andreas (1997): Vorurteile und Rassismus. Eine sozialpsychologische Analyse, New
York/München/Berlin

Zick, Andreas/Six, Bernd (1997): Autoritarismus, Vorurteile und Einstellungen zur Akkulturation. In: Gruppendynamik 28(3): 305-320.

Zick, Andreas/Wagner, Ulrich/van Dick, Rolf/Petzel, Thomas (2001): Acculturation and
prejudice in Germany: Perspectives of majority and minority. In: Journal of Social Issues 57:
541-557.

MIX
Papier aus verantwortungsvollen Quellen
Paper from responsible sources
FSC® C105338

FSC
www.fsc.org

If you have any concerns about our products,
you can contact us on
ProductSafety@springernature.com

In case Publisher is established outside the EU,
the EU authorized representative is:
Springer Nature Customer Service Center GmbH
Europaplatz 3, 69115 Heidelberg, Germany

Printed by Libri Plureos GmbH
in Hamburg, Germany